Werner Enzmann • Das Roller-Buch

Werner Enzmann

Das ROLLER Buch

MOTORBUCH VERLAG STUTTGART

Einbandgestaltung: Ina Sigerist
Titelbild: Archiv ROLLER

ISBN 3-613-01779-2

Lektorat: Joachim Kuch
DTP: Stefanie Götz
Druck: Gulde-Druck, 72070 Tübingen
Bindung: E. Riethmüller, 70176 Stuttgart
Printed in Germany

Inhaltsverzeichnis

An dieser Stelle

...ist der Platz, all jenen zu danken, die bei der Arbeit an diesem Buch mit ihrem Fachwissen, mit Informationen, Fotos und Texten mitgeholfen haben:

Michael Allner, Derlin Chang, Michael Dregni, Friedhelm Fiedler (Chefredakteur MOTORRAD/ ROLLER SPEZIAL), Klaus Herder, Hans Hoffmann, Uli Holzwarth, Ulrich Kubisch, Daniel Lengwenus, Tim Parker, Ralph Söhner, Svenja Timm, Karl-Heinz Vetter, Gerfried Vogt und der Redaktion Motociclismo (Mailand). Mein besonderer Dank gilt Rainer Bäumel (Red. MOTORRAD) für seine Beiträge zur Roller-Technik, Uschi Backes (Red. ROLLER SPEZIAL) für ihre Hilfe beim Thema Roller-Praxis, meinem Lektor Joachim Kuch für seine Langmut, Mike Schümann (Red. ROLLER SPEZIAL) für kritische Lektüre, Fred Siemer für moralische Unterstützung und Ideen, Nicolas Streblow für konstruktive Kritik zum Thema Fahrtechnik, Hans-Joachim Wiehager (Geschäftsführender Redakteur ROLLER SPEZIAL) für organisatorische Unterstützung und – last not least – Christiane Kuschnick für ihr Verständnis und ihre Geduld.

Fotos, Daten und Meßwerte des Testteils wurden größtenteils von der Redaktion der Zeitschrift ROLLER SPEZIAL und deren Mitarbeitern zur Verfügung gestellt. Ohne ihre professionelle Arbeit wäre es nicht möglich gewesen, dieses Buch zu realisieren.

Weil sich trotz aller Sorgfalt Fehler nie ganz ausschließen lassen, bin ich für Hinweise auf unrichtige Angaben dankbar. Schreiben Sie bitte an den Motorbuch Verlag, Olgastraße 86 in 70180 Stuttgart.

Stuttgart, im August 1996

Einleitung

Roller kommen gewaltig

Roller-Bücher, von denen es eine ganze Anzahl (darunter einige recht gute) gibt, widmen sich mit Vorliebe der Vergangenheit und am allerliebsten der Vespa – was ja auch legitim ist, zumal der italienische Klassiker 1996 seinen fünfzigsten Geburtstag feierte. Um die Entwicklung des Rollers aus skurrilen Anfängen, seine Glanzperiode im Europa der 50er Jahre und die tragende Rolle der Vespa kommt auch dieses Buch nicht herum. Die technische und stilistische Entwicklung der Gattung, bei der es frühe und heute schon vergessene Pionierleistungen gab, ist schließlich faszinierend genug.

Doch jede Historie ist Vorspiel der Gegenwart, und um die geht es hier vor allem. Unter mehr als 150 Modellen können Roller-Interessierte mittlerweile wählen. Immer mehr Roller stehen in den Schaufenstern von Zweiradhändlern renommierter Marken, aber auch an Tankstellen und in Autohäusern, in Bau- und Supermärkten. Wer an einem warmen Abend durch die City schlendert, findet Roller vor jedem Café und an jeder Ecke. Und in den Vororten sind die bunten Flitzer neben dem Auto in der Garage beinahe normal. Mancher Nachbar, der bisher an jedem Wochenende seinen GTI wienerte und mit motorisierten Zweirädern nichts am Hut zu haben schien, schnurrt neuerdings auf einem Scooter durchs Viertel und wirkt dabei ungewohnt fröhlich.

Kein Zweifel – Roller liegen im Trend. Mehr als 186 000 Stück kamen 1995 nach der Statistik des Verbands der Fahrrad- und Motorrad-Industrie (VFM) neu auf Deutschlands Straßen, über 155 000 davon gehörten zur populären Kategorie der 50er Mokickroller. Zehn Jahre zuvor fanden sich – als zaghafte Andeutung neu erwachten Interesses am Roller – unter den gerade mal 24 angebotenen Modellen zwar schon überwiegend neuere Konstruktionen, doch verkauft wurden nur rund 10 000 Roller über 50 cm³ (einschließlich der 80er) und weit unter 10 000 Roller der 50er-Kategorie. Seit 1990 wuchs der Roller-markt rapide von 25 000 Stück auf 45 000 (1991), 66 000 (1992), 82 000 (1993) und 108 000 (1994). Wer vom Roller-Boom der neunziger Jahre spricht, übertreibt sicher nicht.

Erwartet hat diese Entwicklung kaum jemand. Mehr als einmal wurde der Roller totgesagt – eigentlich schon, bevor es ihn richtig gab. Denn als die ersten, Kindertretrollern nachempfundenen Fahrzeuge dieses Typs nach dem ersten Weltkrieg in Deutschland auftauchten (sie hießen »Motorläufer« und »Sesselrad«, »Stadtdiener« oder eben »Roller«), höhnte die Presse: »Motorisierte Pantoffel«. Tatsächlich waren die unter anderem von Krupp und DKW gefertigten Vehikel zwar originell, aber nicht sonderlich ausgereift. Sie verschwanden so sang- und klanglos, wie sie erschienen waren. Zwanzig Jahre später bescherte die Weltwirtschaftskrise dem motorisierten Roller für kurze Zeit in den USA ein Comeback als preiswertes Transportmittel, das sogar Kinder fahren durften. Schon damals kamen einige wegweisende technische Entwicklungen wie Automatikgetriebe, doch auf die Dauer behielt das Auto die Oberhand.

Erst nach dem Zweiten Weltkriegs schaffte in Europa und Japan der Roller den Durchbruch: als preiswertes, zuverlässiges Verkehrsmittel für all die vielen Menschen, die eigentlich ein Auto wollten, es sich aber (noch) nicht leisten konnten. Individuelle Mobilität bei verkraftbarem finanziellen Einsatz zu ermöglichen – das war 1945 die Idee des italienischen Industriellen und Flugzeugherstellers Enrico Piaggio gewesen. Das Ergebnis, die Vespa, entpuppte sich als Geniestreich und wurde zum Inbegriff des Rollers schlechthin. 15 Millionen Vespas wurden in den vergangenen fünf Jahrzehnten in aller Welt produziert, und noch immer kommen Jahr für Jahr hunderttausende dazu. Die Vespa, die 1996 ihren fünfzigsten Geburtstag feierte, hat nicht nur die Welt des Zweirads verändert – und deshalb wird ihre Geschichte in diesem Buch etwas ausführlicher behandelt.

Daß der Erfolg der Vespa sofort Nachahmer auf den Plan rief, versteht sich von selbst. Diese Art von Fahrzeug – anspruchslos, mit ordentlichem Wetterschutz, leicht zu fahren und noch dazu stilistisch gelungen – war haargenau, was die Menschen brauchten. Man kam schnell und preiswert vom Fleck und, im Gegensatz zum Motorrad- oder Mopedfahrer, sauber im Büro oder beim Kunden an. Goldgräberstimmung brach aus: Tüftler und Industrielle, geniale Schrauber und gewiefte Geschäftsleute begannen, Roller zu entwickeln. Oft blieb es beim Entwickeln, aber immer noch genügend Typen erreichten Serienreife. Ein Kapitel widmet sich dieser ereignisreichen Epoche, in der vieles von dem erfunden und ausprobiert wurde, was heute bei Rollern als neu verkauft wird: Zweizylinder, Automatik, hydraulische und Scheibenbremsen, Fahrwerke mit großen Raddurchmessern, luxuriöse Ausstattung samt Scheibe und Kofferraum, Radio und elektrischer Ganganzeige.

Doch auch dieses Feuerwerk industrieller und stilistischer Kreativität verlosch so schnell, wie es aufgeflammt war. Schon Mitte der fünfziger Jahre war Deutschland auf dem Auto-Trip, zehn Jahre später hatten sich so gut wie alle Hersteller aus dem Rollergeschäft zurückgezogen. In den siebziger und achtziger Jahren war der Roller im Westen Deutschlands mausetot und fast gänzlich aus dem Straßenbild verschwunden, nur in der DDR gedieh die Simson-Schwalbe unter den ökonomischen Bedingungen planwirtschaftlichen Mangels. Auch die italienischen Hersteller verwandten ihre Energie auf das florierende Geschäft mit Mofas und Mokicks, die Rollerproduzenten konnte man an den Fingern einer Hand abzählen: Gilera, Benelli und die Vespa-Schmiede Piaggio. Und während das Motorrad als Freizeit- und Sportgerät neben dem Auto eine Renaissance erlebte, schien das Schicksal des Rollers besiegelt. Er taugte nur noch zum Attribut nostalgisch verklärter Vergangenheit – neben Nierentisch und Caprifischern, Petticoat und Rock'n'Roll. Geist und Themenwahl vieler Bücher und Zeitschriftenbeiträge aus den achtziger Jahren zum Thema Roller spiegelten diese Haltung: Es war einmal – der Roller.

Ähnlich war auch die Entwicklung in Fernost verlaufen. Die Transportbedürfnisse wuchsen, aber Geld war knapp. So entstand in Indien eine florierende Vespa-Lizenzproduktion. Auch die Lambretta-Fertigungsanlagen wurden nach der Produktionseinstellung in Europa nach Indien und China verkauft. Japans Motorradhersteller erkannten ihre Chance und gründeten Tochterfirmen in einigen Ländern Asiens. Hatten sich japanische Roller technisch und formal zunächst an europäischen Produkten orientiert, setzte sich während der achtziger Jahre eine Art asiatisches Standard-Design durch: mit Kunststoffkarosserie, Elektrostarter, gebläsegekühltem Zweitakter und Automatik. Ausstrahlung oder gar Charakter konnte man diesen Rollern nicht bescheinigen, und technisch war nichts an ihnen revolutionär. Aber dank der einheitlichen Antriebstechnik waren sie billig und in großen Stückzahlen zu produzieren, dazu ausgereift, kinderleicht zu fahren und praktisch. Deshalb setzten sie sich durch.

Das taten sie dann auch in Europa. Zunächst verschämt unter traditionsreichen Namen wie Hercules und Puch angeboten, dann als Yamaha Salient, Honda Melody und Honda Lead. Europäische Hersteller erkannten die Vorzüge des Konzepts, und 1990 brach sogar Marktführer Piaggio mit dem geheiligten Vespa-Prinzip der selbsttragenden Stahlkarosserie: Sfera (zu deutsch: Kugel) hieß der erste Piaggio-Roller, der alle Merkmale der modernen Rollergeneration in sich vereinte. Die Sfera wurde ein Hit – Insider behaupten sogar, sie habe Piaggio vor der Pleite gerettet.

Technische Vorzüge, auch wenn sie das Rollerfahren erleichtern, taugen allerdings kaum als einzige Antwort auf die Frage, warum der Roller nach jahrzehntelangem Mauerblümchendasein in den letzten Jahren eine so umwerfende Popularität genießt. Auch Geldmangel spielt für die Entscheidung, einem Roller den Vorzug vor einem Auto zu geben, heute wohl die geringste Rolle. Ein gewichtigeres Motiv dürften die Verkehrs- und Parkprobleme in den Ballungsräumen sein, die zusammen mit immer spürbareren Restriktionen Autofahren eher zum Frust- als zum Lusterlebnis haben werden lassen. Im Stau hilflos festzusitzen oder auf der Suche nach einem Parkplatz um den Block zu kreisen, während wertvolle Zeit verrinnt – das ist das Gegenteil der Unabhängigkeit, die wir mit der Idee individueller Mobilität verbinden. Der Roller aber kann uns diese Unabhängigkeit zurückgeben, und das haben immer mehr Menschen verstanden.

Teil 1
Die Roller-Szene

Roller sind unser Leben...

Herzlich wenig wissen wir über der Welt ersten Roller-Club. Bekannt ist nur, daß sich Fahrer des französischen Roller-Vorläufers Autofauteuil kurz nach der Jahrhundertwende in Paris zu einem Club zusammenschlossen. Die Radfahrer hatten längst ein blühendes Vereinsleben entwickelt, Motorradfahrer und Automobilisten taten es ihnen nach. Eine richtige Roller-Szene entfaltete sich dagegen erst in den 50er Jahren um die Vespa. Später hatten auch die Fahrer von Lambretta, Heinkel und anderen Marken ihre oft kopfstarken und aktiven Organisationen, die – teilweise als Veteranenclubs wie bei Heinkel – noch heute bestehen. Mit dem Roller-Boom der 90er Jahre entstanden neue Schwerpunkte, alte erwachten zu neuem Glanz. Das Gravitationszentrum der Roller-Szene aber ist die Vespa geblieben.

Schon ihr Start war furios. Die ersten Vespa-Clubs blühten, wie nicht anders zu erwarten, in Italien auf; 112 waren es bereits 1952. Daß Pulks von 1000 oder mehr Vespen zur Mailänder Zweiradmesse anrollten, war damals keine Seltenheit. Aber auch in Deutschland entwickelte sich rasch geselliges Leben um die Vespa. Hamburg, Köln, Pforzheim, Stuttgart und Wiesbaden waren Clubs der ersten Stunde, die ohne offizielle Unterstützung schon 1950 gegründet wurden, als die ersten deutschen Lizenz-Vespas die Lintorfer Hoffmann-Werke verließen. Im gleichen Jahr fanden die ersten internationalen Vespa-Treffen statt. Zwei Jahre später zählten die europäischen Vespa-Clubs schon 50 000 Mitglieder, 1000 Vespisten gründeten in Düsseldorf den Vespa-Club von Deutschland. 1953 konnten die 130 deutschen Clubs auf über 13000 Mitglieder stolz sein, das Vespa-Fieber hatte den ganzen Kontinent erfaßt. 400 Vespa-Clubs gab es in Europa 1956, zur Euro-Vespa kamen 1800 Vespisti aus der ganzen Welt nach München, und allein in Italien drehten 31000 Geistliche am Gasgriff

einer Vespa. Bis Anfang der 60er Jahre setzte sich der Aufstieg des Kult-Rollers aus Pontedera fort. In den 60er und 70er Jahren ging es dann zahlenmäßig bergab, 1978 gab es in Deutschland nur noch 38 Vespa-Clubs mit 1300 Mitgliedern.

Eine skurrile Blüte mit weitreichenden Folgen erlebte der Roller in den 60er Jahren in England, wo die Mods (ihr Name leitete sich von »Modernism« ab) mit möglichst vielen Lampen und Spiegeln ausstaffierte Vespas und Lambrettas, teure Anzüge und selbstbesetzte Armee-Parkas zu den Insignien ihres Lifestyle erkoren. Ein Mod-Revival während der siebziger Jahre kulminierte im Who-Musikfilm *Quadrophenia*, wo Rocksänger Sting den coolen Über-Mod gibt. Seitdem existiert eine ganz andere Roller-Szene abseits der etablierten Marken-Clubs: Hier geht es in erster Linie um den Roller selbst, um Tuning und Customizing, was sich frei mit Verschönerung nach den individuellen Maßstäben des Besitzers übersetzen läßt. Chrom, abgesägte Trittbretter und möglichst ausgefallene Airbrush-Lackierungen gehören dazu.

Der Trend hat längst auch in Deutschland Fuß gefaßt. Seine Anhänger sind jung, oft kahlrasiert und tragen Bomberjacken. Wer bei dieser Beschreibung an Rechtsradikale denkt, liegt völlig falsch. Viele Mitglieder der Scooter-Clubs nennen sich zwar Skinheads, aber ihre Politik heißt Vespa und Lambretta. Scooter Runs nennen sie ihre Treffen, Allnighter ihre Parties, bei denen zu Tekkno nächtelang abgetanzt wird.

Die größte und extremste Roller-Show dieses Zuschnitts im deutschsprachigen Raum ist die seit 1990 jährlich stattfindende Extravaganza. Neben gnadenlosem Dragster-Tuning wie bei einer 225 cm³-Lambretta mit Lachgaseinspritzung gehören herrlich restaurierte Veteranen und atemberaubende Airbrush-Designs zu den Glanzpunkten der Ausstellung. Das Zubehör-Angebot, mittlerweile ins fast Uferlose gewachsen, dient nicht

Die Vespa brachte Menschen aus aller Welt zusammen, Tausende kamen zu Treffen und rollten durch Rom oder Mailand. Bei Vespa-Clubs fiel die Idee eines geeinten Europa schon früh auf fruchtbaren Boden

allein dem Auge, sondern auch massiver (und nicht immer legaler) technischer und leistungsmäßiger Verbesserung der Roller, die grundsätzlich weder Automatik noch Plastikkarosserien aufweisen dürfen. Hier gehen Stil und Sport nahtlos ineinander über.

Neu in der Blech-Szene ist die Simson Schwalbe. Mehr als eine Million Exemplare des skurrilen DDR-Roller wurden zwischen 1964 und 1986 gebaut, um die Werktätigen bequem, preiswert und zuverlässig in die volkseigenen Betriebe zu bringen – oder um als Exportartikel gegen begehrte Rohstoffe getauscht zu werden. Deshalb sind Simson-Roller ein geläufiger Anblick in vielen Ländern der Dritten Welt. Doch nach der Wende wollte sie keiner mehr haben, gebrauchte Schwalben gab's für einen Hunderter oder auch umsonst.

Das hat sich gründlich geändert: 1000 Mark muß man für eine halbwegs gepflegte Schwalbe mindestens hinlegen. Vor allem in den nördlichen und westlichen Bundesländern wurde die Schwalbe neben der Vespa zum Kult-Roller, um sie

herum ist eine lebendige Szene mit Treffen, Dutzenden von Clubs, Teilemärkten und sogar Schwalbe-Rennen entstanden. Schwalben sind dort aus dem alltäglichen Straßenbild nicht mehr wegzudenken, aber auch immer mehr Bürger der neuen Bundesländer besinnen sich ihrer Vorzüge und steigen wieder auf eine Schwalbe.

Zur Beliebtheit des blechernen Vogels trägt nicht nur seine ausgefallene Erscheinung bei. Fahrverhalten und Federung sind recht gut, ihre Technik ist bis auf die Zündung früher Modelle solide und leicht zu reparieren. Motorenteile der heute noch produzierten Star Classic-Modelle passen als Ersatzteile, und vor allem darf die Schwalbe als Mokick ganz legal 60 km/h schnell fliegen. Diese in den Einigungsvertrag übernommene DDR-Regelung gilt für alle bis spätestens 28. Februar 1992 erstmals in den Verkehr gebrachten Mokicks und Roller der früheren DDR. Weil sie durch den Vertrag rechtlich den westdeutschen 50ern gleichgestellt sind, dürfen (was manchen Zulassungsstellen noch unbekannt zu sein scheint) auch Westdeutsche mit dem Führerschein der Klasse 4 eine 60 km/h schnelle Schwalbe fahren.

Helix-Fahrer wird man nicht so leicht. Das vom deutschen Honda-Importeur jahrelang verschmähte Viertaktsofa erfordert wegen seiner 250 cm³ Hubraum nicht nur den Führerschein der Klasse 1 oder 1a, sondern auch eine spürbare Investition und reichlich Platz in der Garage. Dafür durften sich Helix-Fahrer bis zum Erscheinen des Yamaha Majesty als unangefochtene Vertreter einer Elite fühlen, denn größer, stärker, schneller und bequemer war kein anderer Roller. Kein Wunder, daß

zahlreiche regionale Helix-Freundeskreise oder IG's (Interessengemeinschaften) entstanden. 1996 feierte die Helix-Gemeinde den zehnten Geburtstag ihres Lieblings mit einem großen Fest auf der Festung Ehrenbreitstein bei Koblenz, zu der hunderte von Helix-Fahrern aus halb Europa kamen. Konkurrenz erhielt der Helix 1995 durch den erwähnten Yamaha YP 250 Majesty, der beim rollenden Publikum sehr gut ankam. Der erste Majesty-Club war bei Drucklegung dieses Buches gerade im Entstehen, und es scheint nur eine Frage der Zeit, bis den Majesty eine ähnlich rege Szene umgibt wie den Helix. Daß Sofa-Fah-

Die junge Blech-Szene pflegt ihre eigenen Vorlieben: Seitenständer, Sportsitzbank und unauffällige Tuning-Maßnahmen können einer Vespa nur guttun

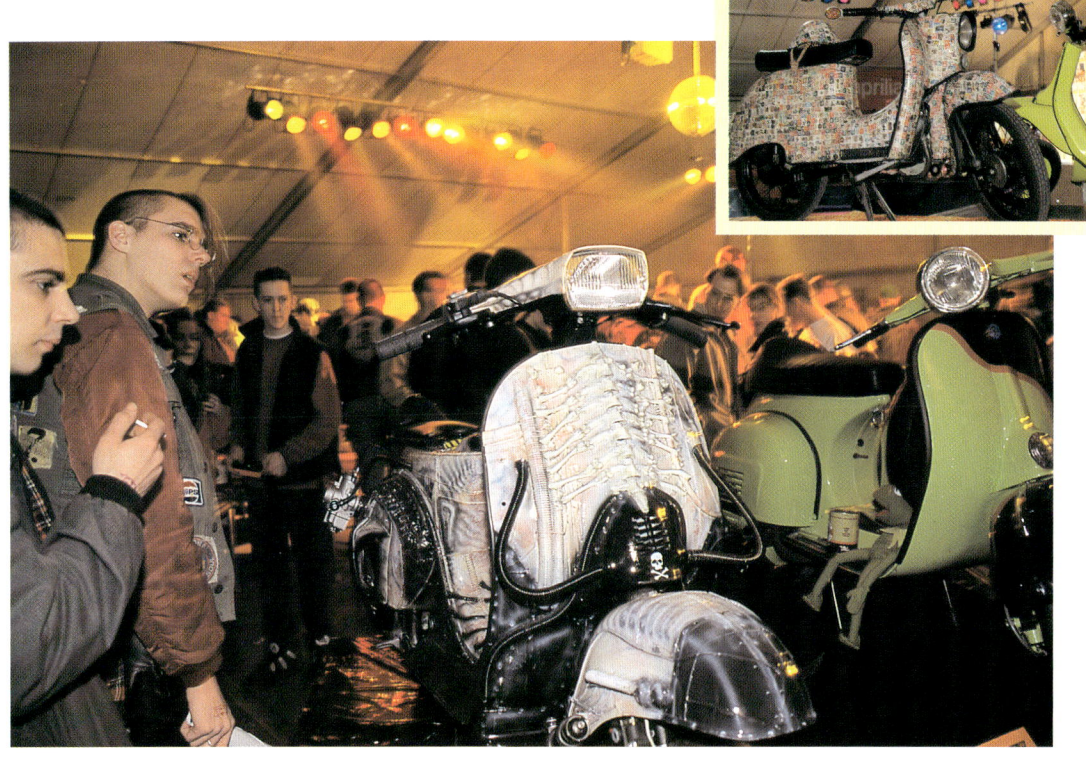

Oben: Bei Szene-Veranstaltungen wie der Extravaganza in Herten sind bizarre Konstruktionen wie eine 225er
Lambretta mit Lachgas-Einspritzung und völlig abgedrehte Fantasy-Designs zu bewundern
Oben rechts: Ost-Bote: Seit der Wende ist die Simson-Schwalbe zum Kult-Roller avanciert.
Enthusiasten kommen manchmal auf skurrile Verschönerungs-Ideen

ren gesellig macht, beweist auch die Existenz des 1995 gegründeten Ersten Hexagon-Clubs Deutschland, der außer Treffen auch Tagesfahrten und längere Touren organisiert. Und seit es den Hexagon auch mit 125 cm^3 Hubraum gibt, bleibt das Reisen mit einem Sofa-Roller nicht mehr allein den Inhabern eines Motorradführerscheins vorbehalten.

Roller-Sport

Roller und Motorsport – das klingt nach dem Zusammenprall einander fremder Welten. Vespa sah das von Anfang an anders: Schon 1948 schickte Piaggio Werksmannschaften ins Rennen, 33 Siege fuhren Vespas noch im gleichen Jahr ein. Erzrivale Lambretta war ebenfalls nicht faul und trat erfolgreich bei Langstreckenrennen an. 1950 unterbot erstmals eine Vespa die bei diesen Rennen dominierenden Lambrettas und stellte

bei dieser Gelegenheit sechs neue Weltrekorde für 125er auf, darunter die zwei Stunden mit einem Schnitt von 130,1 km/h. Ein Jahr später brachte es eine aluminiumverkleidete Rekord-Vespa gar auf 201 km/h.

Neben diesen technisch anspruchsvollen Rekordversuchen gab es Straßenwettbewerbe, an denen sich hunderte von Fahrern beteiligten. Im Juni 1951 starteten 273 Vespa-Fahrer zu einer Zuverlässigkeitsfahrt über 1000 Kilometer, 266 kamen innerhalb der Wertung an. In den folgenden Jahren entstanden überall auf der Welt Zuverlässigkeits-Wettbewerbe, Trials und andere sportliche Roller-Veranstaltungen. Besonders beliebt waren Sternfahrten, bei denen am Ort des Treffens üblicherweise Geschicklichkeitsturniere zu absolvieren waren. Sie sind bis heute Bestandteil vieler Treffen. Ein motorsportliches Glanzlicht fiel auf die damals bereits 135 deutschen Vespa-Clubs, als 1958 Renn-As Hans Stuck deren Präsi-

Geschicklichkeitsturniere gehören zum festen Programm-Bestandteil bei Treffen von Vespa-Clubs

dentschaft übernahm. Drei Jahre später siegten vier Vespas beim 24-Stunden-Rennen um den Goldenen Bären auf der Berliner Avus.

In jenen Jahren war die Vespa natürlich nicht allein auf der Piste. Außer der notorisch sportlichen Lambretta machte ihnen sogar ein vergleichsweise schwerer Viertakt-Roller ernsthafte Konkurrenz. Der Heinkel Tourist hielt sich vor allem bei Geländwettbewerben erstaunlich gut, Heinkel-Fahrer sammelten selbst gegen Motorrad-Konkurrenz reichlich Goldmedaillen ein.

Nachlassende Motorsport-Begeisterung und die Krise der Rollerindustrie brachten ab Mitte der 60er Jahre den Roller-Sport zwar nicht völlig zum Erliegen, aber die Veranstaltungen wurden mehr und mehr zu Club-Interna. Mit dem Aufkommen der Automatik-Roller brach zunächst in Südeuropa und Frankreich eine neue Ära an, die dem Roller-Rennsport seit Anfang der 90er Jahre auch in Deutschland zu verstärkter Attraktivität verhalf. Jetzt wird im Rahmen von Cup-Rennen mit mehr oder weniger professionell getunten Rollern aller Hubraum-Kategorien auf kurvenreichen Kartstrecken, Verkehrsübungs- oder umfunktionierten Parkplätzen beinhart gefightet. Dabei geht es weder um Geld noch um den Ruhm einer Marke, sondern schlicht und einfach um den Spaß an der Rennerei.

In Deutschland waren der TGB Bunny-Impor-

Die üble Nachrede, Vespas seien unsportlich, widerlegte das schon in den frühen 50er Jahren ausbrechende Rallye-Fieber

teur Fritz Röth und MOTO aktiv, ein freier Veranstalter von Fahrerlehrgängen und Rennsport-Veranstaltungen, die Pioniere des neuen Roller-Sports. Bei der in fünf Klassen eingeteilten MOTO aktiv Scooter Challenge und dem Junior Cup darf jeder mitfahren, der einen Führerschein hat – lizenzfrei heißen solche Veranstaltungen in der Sportler-Fachsprache. Bei diesen Rennen ist das Starterfeld bunt gemischt, in den großen Hubraumklassen balgen sich gnadenlos schnelle Automatikroller mit wild um die Ecken schlingernden Vespas und leistungsstarken Lambretta-Umbauten, denen man den Roller manchmal kaum noch ansieht. Dazwischen taucht auch mal eine Zündapp Bella oder ein Heinkel Tourist, in den kleinen Klassen eine Simson Schwalbe auf. Das geht in Ordnung, denn auch

wenn die vorderen Plätze meist von Teams mit ziemlich professionell getuntem Gerät besetzt werden, macht das Mitfahren bei Roller-Rennen einfach Spaß und kostet nicht viel Geld.

Oben: Bei Roller-Rennen wie der Scooter Challenge geht es auf kurvenreichen Rundkursen richtig zur Sache. Mitmachen darf jeder, der einen Roller und einen Führerschein besitzt
Oben rechts: Einmal im Jahr fliegen in Lugau die Simson-Schwalben ziemlich tief. Dann ist die Rallye Monte Lugau los – die bizarrste Roller-Rennveranstaltung in Deutschland

Dazu kommen Wettbewerbe des ADAC im Rahmen der Vespa-Sportmeisterschaft, des Vespa Club von Deutschland, des Deutschen Scooter Sport Komitee DSSC, der Simsonfreunde Osten und des österreichischen Motor Roller Sport Vereins MRSV Austria. Daneben gibt es gänzlich skurrile Rennen, die – wie könnte es anders sein – mit Simson-Schwalben gefahren werden. Wenn wilde Gestalten durch das verschlafen wirkende brandenburgische Örtchen Lugau 20 Kilometer westlich von Finsterwalde knattern und ihre Schwalben über Stock und Stein scheuchen, wenn sogar das Behinderten-Dreirad Simson Duo das Fliegen lernt – dann ist die Rallye Monte Lugau ausgebrochen. Friedhofskurve, Feuerwehrschikane und Dünengerade verstellen auf dem drei Kilometer langen Rundkurs den Weg zum Sieg, und auch das Publikum entwickelt einen ausgeprägten Hang, durch Zusammenrottungen auf der Strecke ins Renngeschehen einzugreifen – nicht nur, um Gefallenen wieder auf die Räder zu helfen. Tuning-Orgien gibt's bei dieser Rallye nicht, zumal die gezielt anspruchsvolle Streckenführung an den neuralgischen Punkten doch nur sehr moderate Geschwindigkeiten erlaubt. Lars Mende, der Gesamtsieger von 1995, hatte keinerlei technische Manipulationen an seinem Siegergefährt nötig. Das ist ganz im Sinn der Veranstalter, denn die Heldin von Lugau, die Simson Schalbe, soll auch wie eine Schwalbe aussehen: Der wahre Verehrer liebt seine Angebetete so, wie sie ist.

Vom dritten Rad

Roller mit Seitenwagen waren ein geläufiger Anblick in den 50ern und zu Beginn der 60er Jahre. Die Seitenwagen-Tauglichkeit eines Rollers war damals ein wichtiges Verkaufsargument. Denn sobald aus einem Paar eine Familie wurde, mußte ein Platz für den Nachwuchs her. Die Hoffmann-Vespa gab es ab Werk auch mit Boot, der renommierte österreichische Roller-Hersteller Lohner hatte mit dem Rapid 200 sogar ein speziell konstruiertes Rollergespann im Programm, dessen geräumiges Kunststoff-Boot fugenlos an die Rollerkarosserie paßte und sich mit nur sechs Schrauben abnehmen ließ. Andere Hersteller wiesen in ihrer Werbung gern darauf hin, daß Motorlei-

stung und Rahmenkonstruktion die Montage eines Beiwagens gestatteten.

Heute sind Rollergespanne eine Rarität. Der Besitz eines Autos hat sie überflüssig gemacht, zumal für Roller- wie für Motorradgespanne der spitzzüngige Spruch gilt, daß sie die Nachteile des Autos mit denen des Zweirads verbinden: Man muß sich im Stau hinten anstellen, und man wird naß. Dazu kommen mehr oder weniger eingeschränkte Fahrleistungen, hoher Verbrauch, ausgeprägter Reifenverschleiß und die gespanntypischen Fahreigenschaften, die schon manchen Neuling in den Straßengraben führten. Als handwerkliche Einzel- oder Kleinserienprodukte sind Gespanne überdies nicht billig.

Roller- und Motorradgespanne braucht also kein Mensch. Warum kaufen sich trotzdem manche Leute ein so unpraktisches Fahrzeug? Weil Gespannfahren, wenn man's einmal gelernt hat, unglaublich Spaß macht – wie alle etwas schwierigen Dinge. Das Vergnügen bleibt nicht auf den Fahrer beschränkt: Kinder sind geradezu verrückt danach, im Boot sitzen zu dürfen. Dazu kommt die positive Seite der vereinten Auto- und Zweiradeigenschaften: Auf einem Gespann sitzt man im Freien und kann trotzdem Sack und Pack mitnehmen. Mit der richtigen Bekleidung macht Gespannfahren sogar bei Eis und Schnee Freude, denn so ein Dreirad ist auf rutschiger Fahrbahn viel besser zu kontrollieren als ein Auto. Motorrad-Gespannfahrer zelebrieren ihre Treffen deshalb mit Vorliebe im Winter und, wenn irgend möglich, in Norwegen.

Seit Roller Konjunktur haben, ist auch das Angebot an Gespannumbauten größer geworden. Weil ein Boot den Fahr- und Luftwiderstand beträchtlich erhöht, finden als Zugfahrzeuge vor allem kräftige Roller Verwendung. Dennoch gibt es sogar 50er-Gespanne wie das Piaggio TPH 50-Gespann von Theo Däschlein. Wesentlich beliebter sind Vespa-Umbauten, die von mehreren Gespannschmieden angeboten werden (Adressen im Anhang). Aus Indien gibt's das auf der Vespa der frühen 60er Jahre basierende Bajaj-Gespann sogar als Großserienprodukt. Die Rechtslastigkeit einer Vespa wirkt im Gespannbetrieb eher ausgleichend, ihre Robustheit ist ebenfalls von Vorteil. Daß ein Vespa-Gespann mit seinem kurzen Radstand nicht besonders stabil geradeaus läuft, sollte jedem Interessenten klar sein – dafür kann es rechtsherum fast auf der Stelle wenden.

Das Nonplusultra sind luxuriöse Gespanne auf der Basis von Sofa-Rollern wie Honda CN 250 Helix, Piaggio Hexagon oder Yamaha YP 250 Majesty. Ihre Motorleistung ermöglicht immerhin Reisegeschwindigkeiten auf Lastwagen-Niveau, ihre Preise nähern sich allerdings der 20000-Mark-Grenze.

Däschlein-Gespann TPH 50
Einen völlig serienmäßigen Piaggio TPH 50 macht der fränkische Gespann-Spezialist Theo Däschlein mit dem indischen Globe-Boot zum 148 Kilogramm leichten Dreirad. Der massive ein-Punkt-Anschluß macht einen sehr stabilen Eindruck, eine originale TPH-Scheibenbremse mit Stahlflexleitung bremst das Seitenwagenrad. Die 4 PS des TPH-Zweitakters beschleunigen das Gefährt auf der Ebene auf 54 km/h, an Steigungen ist es mit dem Geschwindigkeitsrausch allerdings

vorbei. 11350 Mark kostet das TPH-Gespann, für einen empfehlenswerten hydraulischen Bitubo-Lenkungsdämpfer sollte man noch 450 Mark drauflegen.

Bajaj Chetak 150-Gespann
Ein serienmäßiges Rollergespann gibt es tatsächlich – und noch dazu ist es mit rund 6500 Mark nicht mal teuer. Das in Indien hergestellte und

von Krüger montierte Gespann auf der Basis des Vespa Sprint-Nachbaus Bajaj Chetak 150 ist in seiner Heimat ein anspruchsloses Transportmittel für Kleingewerbe und Großfamilie, in Deutschland wirkt es mit seinem zigarrenförmigen, bequemen Globe Rocket-Boot wie ein gut restaurierter Veteran. So sollte man es auch sehen, denn mit 6,1 PS und schwer dosierbaren Bremsen vermittelt es das Fahrerlebnis vergangener Epochen. Schwingsattel, Kickstarter und Mischungsschmierung sind da selbstverständlich. Immerhin kann man bei Ersatzteil-Problemen häufig auf Vespa-Teile zurückgreifen.

Honda CN 250 Helix-Gespann
Mit seinem langen Radstand von 1625 Millimetern sowie einem niedrigen und weit hinten liegenden Schwerpunkt bietet der Honda Helix gute Voraussetzungen für den Gespannbetrieb. Zusammen mit dem flachen, von Walter-Gespann-Technik angebotenen Jeaniel-Boot, das auch formal perfekt zum Helix paßt, wird ein überraschend leicht fahrbares Dreirad daraus – auch im Vergleich zu Motorradgespannen. Die Leistung des wassergekühlten und erwiesenermaßen standfesten Helix-Viertakters reicht für eine Höchstgeschwindigkeit knapp unter 90 km/h und passable Reiseschnitte, der Verbrauch bleibt

Theo Däschlein aufgebaute Majesty-Gespann zum Raum-Fahrzeug, sogar Zweimeter-Männer können im Seitenwagen die Beine ausstrecken. Knapp 100 km/h sind mit dem 20 PS starken Yamaha-Viertakter immer noch drin. Die Federung des bootsseitigen Langschwingen-Fahrwerks ist komfortabel, die des Rollers dagegen eher straff. Bis auf augeprägtes Lenkerflattern bei 40 bis 50 km/h benahm sich das gefahrene Gespann lammfromm, mit einem von Däschlein für 650 Mark angebotenen Lenkungsdämpfer sollten die Fahreigenschaften perfekt sein. Der Preis des Majesty-Gespanns liegt mit Lenkungsdämpfer allerdings bei beeindruckenden 19 600 Mark.

mit weniger als fünf Litern auf 100 Kilometer für ein Gespann bemerkenswert niedrig. Das Seitenwagenrad ist gebremst, wahlweiser Solobetrieb möglich. Da der Umbau eines angelieferten Rollers mit 8969 Mark einschließlich TÜV zu Buche schlägt, kommt ein komplettes Helix-Gespann auf 19 439 Mark.

Däschlein-Gespann
Yamaha YP 250 Majesty
Kaum stand der neue Yamaha Majesty bei den Händlern, gab es auch Gespannumbauten. Mit dem sehr geräumigen, etwas kantig wirkenden Spatz-Boot von Peter Sauer wird das von

Teil 2
Roller-Technik

Roller ohne Geheimnisse

Der moderne Roller ist nicht unbedingt quadratisch, aber in der Regel praktisch und gut. Das hat damit zu tun, daß er – ganz egal, welcher Hersteller auf dem Typenschild steht – niemals komplett von einer Firma konstruiert und gebaut wird. Kleine Produzenten, wie es sie in Italien gibt, kaufen fast alle Teile bei Zulieferern und montieren sie nur. Aber auch die Großen der Branche ersparen es sich zunehmend, alles und jedes in Eigenregie entwickeln und produzieren zu wollen. Der Einkauf bei einem spezialisierten Zulieferer, der etwa Vergaser, Bremsen oder komplette Triebsatzschwingen samt Motor in großen Stückzahlen baut, senkt nicht nur die Kosten. Er erspart dem Roller-Hersteller zeitaufwendige Entwicklungsarbeit und das damit verbundenen Risiko, bei der Konstruktion Fehler zu machen, die der Kunde als Versuchskaninchen ausbaden müßte.

Viele Typen, gleiche Technik: Verflechtungen

Mit Vergasern zum Beispiel plagt sich kein Roller-Hersteller herum. Sie kommen von Dellorto, Mikuni oder Keihin. Und von der Elektrik lassen Fahrzeughersteller schon seit den Tagen Robert Boschs wohlweislich die Finger. Modellvielfalt und steigende technische Ansprüche führten in den letzten zehn Jahren dazu, daß immer mehr Rollerproduzenten auch die Fertigung von Bremsen und anderen Fahrwerkskomponenten wie Rädern, Gabeln oder Federbeinen den Spezialisten überlassen. Bei Triebsatzschwingen (Motor und Kraftübertragung bilden beim Roller eine konstruktive Einheit) wird es etwas komplizierter. Wenn man Piaggio, Honda, Yamaha oder Suzuki heißt, entwickelt und baut man den Motor selbst und kauft nur die passende Variomatik ein. Tochterunternehmen oder Lizenznehmer dürfen vom technischen Know-How profitieren und

sogar ihr eigenes Firmenlogo auf dem Gehäuse prangen lassen. Dann steht Peugeot, Sachs, Sanyang oder Kymco drauf, aber Honda ist drin. Andere machen es ähnlich: Yamaha-Technik steckt in den Motoren des italienischenen Zulieferers Minarelli, der halb Europa mit Triebsatzschwingen versorgt. In Rollern von Aprilia, Beta und KTM, Malaguti und in den Yamaha-50ern arbeiten Minarelli-Motoren. Suzuki dagegen kooperiert mit Franco Morini, dessen Triebsatzschwingen in Rollern von Atala, Derbi, Italjet und sogar im neuen Simson Star sitzen. Ältere Baumuster japanischer Provenienz treiben die in Millionenauflagen produzierten chinesischen Billigroller wie Sasy Classic 2000 E oder Sundiro Speedy 50 an. Als einziger europäischer Hersteller stemmt sich Piaggio mit eigenen Motoren gegen die japanische Techno-Macht. Lizenz-Vespas werden schon seit Jahrzehnten nicht nur in Spanien, sondern auch in Indien, Taiwan, Bangladesh, Pakistan und Nigeria produziert. Seit 1994 laufen moderne Piaggio-Roller bei Lyman Foshan in China vom Band. Von wenigen Ausnahmen und Exoten wie der indischen SIL-Lambretta abgesehen, sind alle anderen Roller-Triebwerke dieser Welt letztlich japanischen Ursprungs und funktionieren völlig narrensicher.

Einfach, aber effektiv – das Bauprinzip

Roller bestehen also aus Komponenten, die häufig von Zulieferern stammen und deren Aufbau immer dem gleichen, einfachen Schema folgt. Ob ein Roller ordentlich funktioniert, hängt trotzdem in erster Linie von seinem Hersteller ab. An ihm liegt es, die Komponenten (vor allem Fahrwerk, Motor, Vergaser, Auspuff und Automatikgetriebe) auszuwählen, richtig aufeinander abzustimmen und zusammenzubauen. Vor allem Anbieter preisgünstiger Fahrzeuge versuchen da schon mal zu sparen – am liebsten an der Ausstattung und am Fahrwerk. Ganz unlogisch ist das nicht, denn wer im Roller ein möglichst billiges und praktisches Transportmittel sieht, erwartet zwar wie jeder andere Rollerfahrer funktionierende Technik, wird aber auf ein luxuriöses Cockpit, Doppelscheinwerfer und die ultimativen Breitreifen verzichten können. Bei schlappen Bremsen, durchschlagenden Federelementen oder fehlendem rechtem Rückspiegel allerdings wurde die Sparwut zu weit getrieben.

Tragende Rolle: Der Rahmen

Von Blech-Vespas abgesehen, ist das Grundkonzept aller modernen Roller gleich. Die tragende Struktur besteht aus einem Rohrrahmen, den man allenfalls von unten sieht. Er führt vom Lenkkopf-Lager in der Frontverkleidung unter dem Trittbrett durch, wo er sich gabelt und die beiden Lager für die Triebsatzschwinge aufnimmt. Eine Verlängerung führt nach oben, um das Hinterteil des Rollers samt Sattel zu tragen und sich auf ein oder zwei Federbeine zu stützen. Auch wenn man den Rahmen nicht sieht, ist seine Verwindungssteifigkeit Voraussetzung für ordentliche Fahreigenschaften. Vor allem am Lenkkopf-Lager greifen beim Bremsen gewaltige Kräfte an, und bei Kurvenfahrten auf welliger Fahrbahn werden die Lagerstellen der Triebsatzschwinge durch Verwindungskräfte belastet. Dafür ist großenteils die einarmige Radführung an den meisten Triebsatzschwingen verantwortlich. Bei großen und schweren Rollern wie dem Honda CN 250 Helix und dem Yamaha YP 250 Majesty, aber auch beim Aprilia Leonardo 125 und den Simson Star Classic-Typen führt deshalb eine Zweiarmschwinge mit zwei Federbeinen das Hinterrad. Weil sich die Steifigkeit eines Rahmens am ehesten unter extremer Beanspruchung zeigt, gehören brachiale Bremsungen und zügige Kurvenfahrten auf schlechten Straßen zum Pflichtprogramm eines Roller-Tests.

Führungs-Job: Vorderrad-Aufhängungen

Bis vor wenigen Jahren wurde ein Roller-Vorderrad typischerweise von einer gezogenen Kurzschwinge geführt. Inzwischen haben neue, technisch anspruchsvolle Roller den Markt erobert und einen Führungsstreit entfacht: Telegabel und Achsschenkel-Lenkung sägen am Steuerrohr, auf dem die traditionsreiche Kurzschwinge sitzt.

Gezogen heißt diese Schwingen-Varianten, weil der Drehpunkt, an dem der Schwingenarm am Steuerrohr gelagert ist, vor der Radachse liegt – das Rad wird hinterhergezogen. Das Federbein ist oben mit dem Steuerrohr verschraubt und unten entweder am Schwingenarm (wie in Abb. 1) oder direkt an der Achsaufnahme befestigt. Beim Überfahren einer Bodenwelle weicht das Rad nach oben aus, die Feder wird zusammengedrückt. Dabei beschreibt die Radachse eine Kreisbahn um den Schwingendrehpunkt. Daß sich die Feder anschließend ungebremst entspannt und den Roller zum Schaukeln bringt, verhindert der Dämpfer im Federbein.

Im Vergleich zu einer Telegabel spricht die Federung einer gezogenen Kurzschwinge deutlich besser an, weil ihre innere Reibung um ein Vielfaches geringer ist. Dies wirkt sich natürlich bei Rollern mit ihren kleinen Reifen besonders positiv aus. Dafür hat die Schwinge auch zwei gravierende Nachteile: Bauartbedingt ist ihr Federweg sehr begrenzt, und die Frontpartie des Rollers taucht beim Bremsen tief ein. Den Nachteil des begrenzten Federwegs haben die kurzen Telegabeln der meisten Roller allerdings auch: Das gängige Roller-Design läßt keinen Platz für eine langhubige Gabel mit entsprechend hoch positionierter Gabelbrücke, die sich beim Einschlagen des Lenkers ja drehen können muß. Eine Ausnahme macht der Simson Star 50, der seine ausgeprägte Nase der langen Telegabel verdankt.

Das Bremsnicken ist bei der Telegabel weniger ausgeprägt. Bei der konventionellen Variante sind die Standrohre fest mit dem Lenker verbunden, die Tauch- oder Gleitrohre mit der Achsaufnahme gleiten über den Standrohren auf und ab. Bei der Upside-down-Gabel ist es umgekehrt: Die Gleitrohre mit der Achsaufnahme gleiten nicht über, sondern in den Standrohren. Die Vorteile dieser Anordnung, höhere Steifigkeit und sensibles Ansprechen, dürften bei Rollern weniger ins Gewicht fallen als der Renn-Look.

Richtig futuristisch sieht die Achsschenkel-Lenkung der Italjet-Roller aus. Ihr Vorderrad wird von einer geschobenen Einarmschwinge geführt. Geschoben heißt sie, weil ihr Drehpunkt hinter der Radachse liegt. Die Federung übernimmt ein Tor-

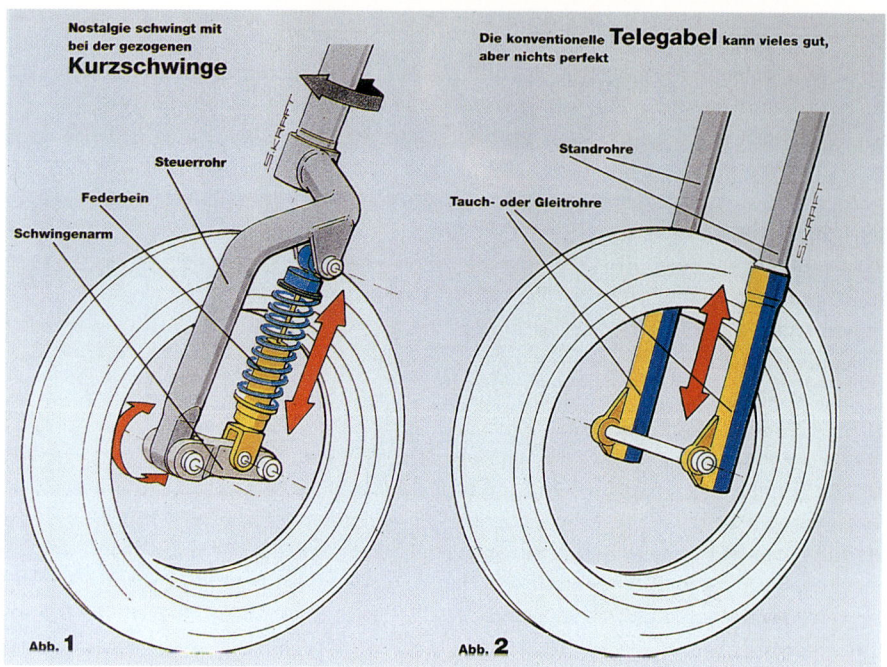

Nostalgie schwingt mit bei der gezogenen Kurzschwinge

Steuerrohr
Federbein
Schwingenarm

Abb. **1**

Die konventionelle Telegabel kann vieles gut, aber nichts perfekt

Standrohre
Tauch- oder Gleitrohre

Abb. **2**

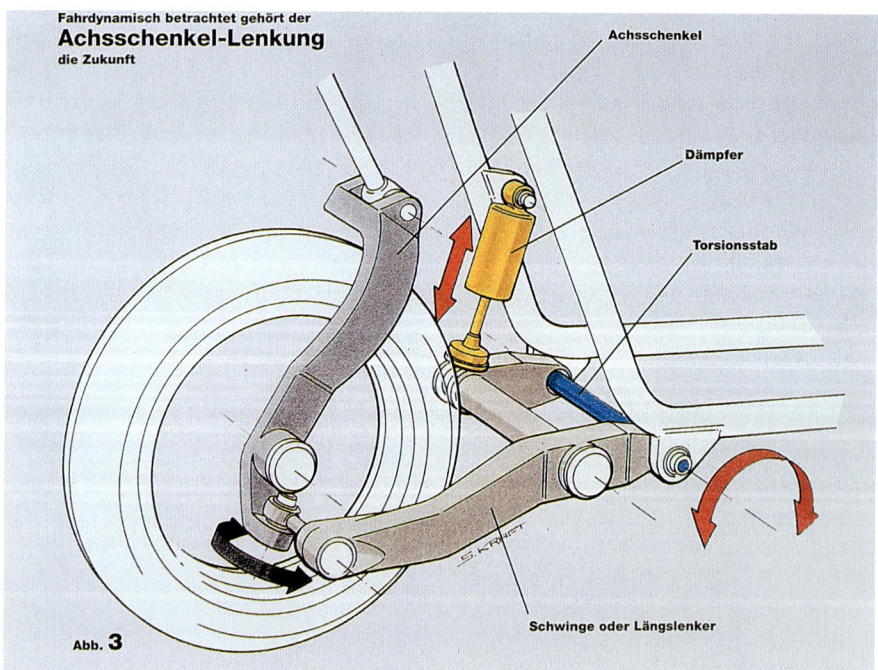

Fahrdynamisch betrachtet gehört der Achsschenkel-Lenkung die Zukunft

Achsschenkel
Dämpfer
Torsionsstab
Schwinge oder Längslenker

Abb. **3**

sionsstab, der Achsschenkel sitzt auf der Schwinge und ist über ein Gestänge mit dem Lenker verbunden.

Entscheidender Vorteil dieser Anordnung ist, daß sich das Rad beim Bremsen nach hinten über die Schwinge abstützen kann. Dabei wirken weder auf den Torsionsstab noch auf den Dämpfer Kräfte. Die Frontpartie taucht kaum ein, der Federweg bleibt voll erhalten. Nachteile der Achsschenkellenkung sind höhere Lenkkräfte und ein großer Wendekreis, weil die die Schwinge den Lenkeinschlag begrenzt.

Fahrdynamisch betrachtet, hat die Achsschenkel-Lenkung die besten Führungsqualitäten des Trios. Vom Aufwand abgesehen bleibt jedoch die Frage, ob dieses Mehr an Fahrdynamik bei einem Roller die Einbuße an Handlichkeit aufwiegt.

Stillgestanden: Die Bremsen

Scheibenbremsen liegen im Trend, Trommelbremsen gelten als veraltet und primitiv. Bei der Simplex-Trommelbremse trifft der Spruch »nomen est omen« wirklich zu. Vor allem die über einen Seilzug betätige Variante, wie sie fast ausnahmslos am Roller-Hinterrad vorkommt, besticht durch ihren einfachen Aufbau. Entsprechend günstig ist ihre Herstellung, allerdings bietet sie auch die schlechteste Bremswirkung.

Sie besteht in der Hauptsache aus der Bremstrommel, die sich als Bestandteil der Nabe mit dem Rad dreht, zwei Bremsbacken mit Belägen sowie einem Bremsnocken mit Hebel. Diese sind auf der fest mit dem Radträger verbundenen Ankerplatte gelagert. Wird die Bremse gezogen, dreht sich der Bremsnocken und drückt die beiden Bremsbacken auseinander, bis die Beläge an der Bremstrommel anliegen: Das Rad wird abgebremst.

Bessere Bremswirkung und gleichmäßigeren Belagverschleiß erreicht man mit einer Duplex-Trommelbremse. Bei ihr drücken zwei synchron arbeitende Bremsnocken jeweils einen Brems-

backen an die Trommel und verzögern so das Rad. Der komplizierte und teure Mechanismus rechtfertigte aber niemals den Einsatz bei Rollern. Nach der Einführung der Scheibenbremse hatte die Duplex-Bremse auch im Motorradbau ausgedient.

Gegenüber den beiden Varianten der Trommelbremse bietet eine hydraulisch betätigte Scheibenbremse gleich eine ganze Reihe von Vorteilen: Zum einen ist ihre Kennlinie linear – das heißt, die Verzögerung steigt proportional zur Handkraft. Die Bremsleistung ist also besser zu dosieren als mit einer Trommelbremse, deren Kennlinie progressiv verläuft. Zum anderen kann die durch Reibung produzierte Wärme über die Bremsscheibe besser an die Umgebungsluft abgeleitet werden – je größer die Scheibe, desto schneller. So ist länger eine gleichbleibend gute Bremswirkung bei hohen Belastungen garantiert – die Bremse erliegt nicht so schnell dem als Fading bezeichneten Hitzekollaps. Außerdem braucht eine Scheiben-Bremsanlage nicht nachjustiert zu werden, wenn die Beläge langsam dünner werden. Sie stellt sich selbst nach, weil Bremsflüssigkeit aus dem Ausgleichsbehälter nachfließt.

Zwei Bauformen der Scheibenbremse haben sich an Motorrädern bewährt und halten seit einigen Jahren auch bei Rollern Einzug. Die eine ist die Schwimmsattel-Scheibenbremse, deren Brems-

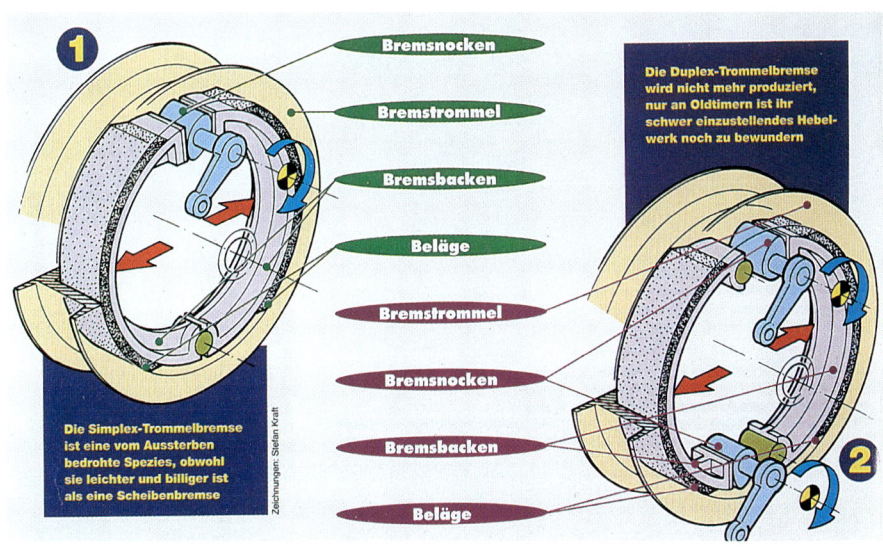

Bremsnocken
Bremstrommel
Bremsbacken
Beläge
Bremstrommel
Bremsnocken
Bremsbacken
Beläge

Die Duplex-Trommelbremse wird nicht mehr produziert, nur an Oldtimern ist ihr schwer einzustellendes Hebelwerk noch zu bewundern

Die Simplex-Trommelbremse ist eine vom Aussterben bedrohte Spezies, obwohl sie leichter und billiger ist als eine Scheibenbremse

Zeichnungen: Stefan Kraft

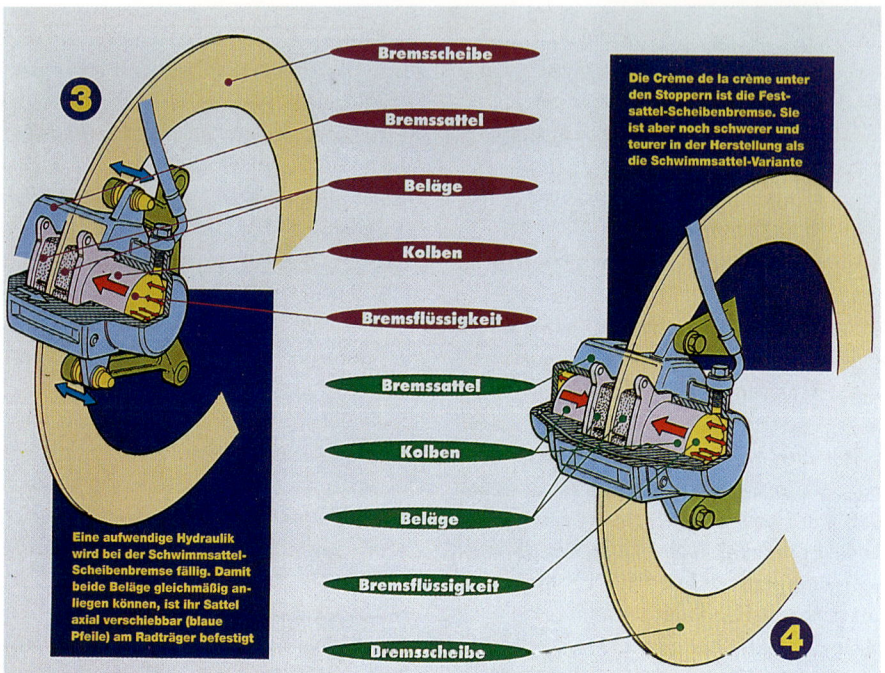

③

Bremsscheibe

Bremssattel

Beläge

Kolben

Bremsflüssigkeit

Bremssattel

Kolben

Beläge

Bremsflüssigkeit

Bremsscheibe

④

Die Crème de la crème unter den Stoppern ist die Festsattel-Scheibenbremse. Sie ist aber noch schwerer und teurer in der Herstellung als die Schwimmsattel-Variante

Eine aufwendige Hydraulik wird bei der Schwimmsattel-Scheibenbremse fällig. Damit beide Beläge gleichmäßig anliegen können, ist ihr Sattel axial verschiebbar (blaue Pfeile) am Radträger befestigt

sattel axial verschiebbar am Radträger – zum Beispiel an der Vorderradgabel – befestigt ist. Die Bremsscheibe dagegen ist mit der Nabe verschraubt und dreht sich mit dem Rad. Sobald der Fahrer am Bremshebel zieht, wird die Bremsflüssigkeit unter Druck gesetzt und der bewegliche der beiden Kolben samt Bremsbelag an die Scheibe gedrückt. Der Kolben stützt sich an der Bremsscheibe ab und zieht den Sattel samt dem gegenüberliegenden, festsitzenden Bremsbelag an die Scheibe heran – sie wird in die Zange genommen. Eine Steigerung ist der Doppelkolbensattel – also das Ganze in doppelter Ausführung.

Noch eine Stufe exklusiver ist die Festsattel-Scheibenbremse, bei der zwei gegenüberliegende, bewegliche Bremskolben die Scheibe in die Mitte nehmen. In diesem Fall spricht man von einem Zweikolbensattel. Über eine Bohrung sind die beiden mit Bremsflüssigkeit gefüllten Kammern hinter den Kolben verbunden. Der Bremssattel ist fest mit dem Radträger verschraubt, nur die Kolben bewegen sich und pressen die Beläge an die Bremsscheibe. Steigerungsformen an sportlichen Motorrädern sind Vier- und Sechskolbenzangen mit zwei beziehungsweise drei gegenüberliegenden Kolbenpaaren. Aber das wäre für einen Roller eindeutig des Guten zuviel.

Pflege im eigentlichen Sinn braucht eine Bremse nicht. Bei Scheibenbremsen muß der Bremsflüssigkeits-Stand im Vorratsbehälter stimmen, und alle zwei bis drei Jahre sollte die Bremsflüssigkeit gewechselt werden. Trommelbremsen kann man nachstellen. Schleifen dürfen sie allerdings nicht, die Bremse könnte sonst bei längerer Fahrt überhitzen und festgehen. Einfacher Test: Roller auf den Hauptständer stellen, das Rad muß sich frei drehen lassen. Leichte Schleifgeräusche sind unbedenklich.

Anzeichen für verschlissene Beläge ist ein längerer Leerweg am Handhebel, bei Scheibenbremsen auch ein abgesunkener Bremsflüssigkeitsstand im Vorratsbehälter. Manche Trommelbremsen tragen einen Pfeil an der Bremsnocke. So läßt sich leichter erkennen, wenn sich die Belagstärke dem Minimum nähert. Bei Scheibenbremsen erfüllen eine mittige Nut oder farbige Kennzeichnung der Beläge den gleichen Zweck. Nicht selten finden aber auch Öl oder Fett ihren Weg auf die Beläge. Zusammen mit Abrieb ergibt das eine Schmiere, die ebenfalls den Austausch der Beläge erforderlich macht.

Neue Bremsbeläge – an einem Neufahrzeug oder nach einem Austausch – entfalten nicht von Anfang an ihre volle Wirkung. Vor allem bei

Scheibenbremsen müssen sich Beläge und Scheibe aufeinander einschleifen, ehe die Bremse ihren vollen Biß bekommt.

Was Roller handlich macht: Fahrwerks-Geometrie

Schon am Zeichenbrett werden einem Zweirad Eigenschaften wie gute Handlichkeit oder hohe Fahrstabilität in die Wiege gelegt. In der Regel versucht der Konstrukteur einen Kompromiß zwischen gutem Handling und ausreichender Fahrstabilität zu finden – bei Rollern seit jeher mit stärkerer Tendenz zur Handlichkeit. Bei ihnen finden sich deshalb meist mehrere der folgenden Parameter, die die Handlichkeit verbessern: großer Lenkkopfwinkel, kurzer Nachlauf, kurzer Radstand, wenig Last auf dem Vorderrad sowie kleine und leichte Räder.

Der Lenk- oder Steuerkopfwinkel gibt an, wie steil die Lenkachse über dem Vorderrad steht. Je größer der Lenkkopfwinkel ist, desto leichter läßt sich ein Zweirad einlenken, um so empfindlicher wird allerdings auch der Geradeauslauf. Der Lenkkopfwinkel beträgt bei Rollern um die 65 Grad. Tourenmotorräder dagegen weisen etwa bei 63 Grad auf, bei manch langgabligem Chopper beträgt er gar nur 55 Grad.

Auch der Nachlauf wirkt sich auf die Handlichkeit aus. Je größer der Nachlauf, desto größer ist auch die Rückstellkraft, die das Vorderrad in Fahrtrichtung ausrichtet und stabilisiert. Bei normalen Straßenmotorrädern mißt der Nachlauf mindestens 100 Millimeter, bei einem Roller dagegen nur 70 bis 80 Millimeter. Entsprechend geringer sind die Rückstellkräfte am Vorderrad.

Ein langer Radstand begünstigt die Fahrstabilität von Zweirädern. Schon wegen der kompakten Bauweise von Rollern (kleine Räder, kleiner Motor) ist auch der Radstand bei ihnen mit etwa 1200 Millimeter um mindestens 200 Millimeter kürzer als bei Motorrädern. Nur Sofa-Roller wie Piaggio Hexagon (1400 mm), Yamaha Majesty (1500 mm) und Honda Helix (1625 mm) machen da eine Ausnahme.

Wegen der Triebsatzschwinge mit dem Motor im Heck liegt auch der Schwerpunkt eines Rollers viel weiter hinten als bei Motorrädern. Ein Roller bringt daher nur etwa ein Drittel seines sowieso schon geringen Gewichts aufs Vorderrad, Motorräder etwa die Hälfte. Zwar sind sogar Experten uneins, ob viel Last auf dem Vorderrad tatsächlich das Handling verschlechtert. Fest steht aber, daß zumindest die Fahrstabilität mit mehr Gewicht auf dem Vorderrad besser wird. Schwere Lasten gehören deshalb nach Möglichkeit aufs Trittbrett und nicht auf den Gepäckträger.

Ein weiterer und vielleicht entscheidender Grund, warum ein Roller in der Lenkung viel feinfühliger als ein Motorrad reagiert, ist das geringere Massenträgheitsmoment seiner Räder. Je kleiner der Raddurchmesser und je leichter ein Rad, desto geringer sind sein rotatorisches Trägheitsmoment und deshalb auch die stabilisierenden Kreiselkräfte. Das läßt bei höherer Geschwindigkeit die Lenkung weniger steif als bei einem Zweirad mit großen Rädern erscheinen, sorgt aber auch für eine Instabilität, die der Fahrer durch Lenkkorrekturen ausgleichen muß.

Ein Roller vereint also wie in kein anderes Zweirad sämtliche denkbaren Konstruktionsmerkmale, die zwar für ein gutes Handling, aber für eine eher mäßige Fahrstabilität sorgen. Dazu kommt, daß der Anteil des Fahrers am Gesamtgewicht von Mensch und Fahrzeug eine entscheidende Rolle für das Handling eines Zweirads spielt. Ein 100 Kilogramm leichter Roller reagiert viel schneller auf die Gewichtsverlagerung seiner Besatzung als eine mindestens doppelt so schwere Straßenmaschine. So konnte im direkten Vergleich eine Yamaha XJR 1200 gegen einen Piaggio SKR 125 auf dem Slalom-Parcours nicht mithalten. Bis sich das 253 Kilogramm schwere Motorrad um die Pylonen geschwungen hatte, war der wendige Roller längst enteilt. Dafür blieb das Motorrad im Kreisverkehr oder beim Einlenken in schnelle Kurven zielsicher auf Kurs, während der Roller trotzig und immer wieder vom Idealzustand konstanter Schräglage abrückte. Das ständig notwendige Korrigieren lag nicht zuletzt daran, daß der Fahrer über die Sitzbank des Rollers nur erahnen konnte, ob die Schräglage zur momentanen Geschwindigkeit paßte. Dagegen wurde der Motorradfahrer durch den Knieschluß am Tank präzise über den jeweiligen Schräglagenwinkel seines Untersatzes informiert und konnte entsprechend gefühlvoller die Balance halten.

Eine Frage des Prinzips: oder Viertakter?

Man kann es, aber man muß nicht – nämlich aus der Konkurrenz zweier Motorenkonzepte eine Frage des Prinzips machen. Der Verbrennungsmotor, wie ihn Nikolaus Otto vor 120 Jahren erfand, war ein Viertakter, aber schon ein paar Jahre später gab es auch Zweitaktmotoren. Technisch gesehen ist der Zweitakter eine faszinierend elegante Konstruktion: Während der Viertakter fürs Ansaugen, Verdichten, Verbrennen und Auspuffen je einen Arbeitstakt und eine halbe Kurbelwellen-Umdrehung braucht, erledigt der Zweitakter seine Arbeit in der halben Zeit. Ein- und Auslaß besorgen Schlitze in der Zylinderwand, die der Kolben beim Abwärtsgehen freigibt und auf seinem Weg nach oben wieder verschließt. Bei jeder Kurbelwellenumdrehung eine Zündung – das gibt nicht nur mehr Leistung, sondern auch gleichmäßigeren Lauf. Und wo der Viertakter mit Ventilen, Nockenwelle, Kipphebeln und diverser anderer Mechanik hantiert, die natürlich geschmiert und gewartet werden will, übt der Zweitakter noblen Verzicht. Damit spart er nicht nur Herstellungskosten, sondern auch Gewicht, was ihn für die Verwendung gerade in leichten, kleinen Zweirädern prädestiniert. Kein Wunder, daß Zweitakt-Fans den Viertakter als »Stationärmotor« hänseln.

Einfach und preiswert, so gut wie wartungsfrei, dazu klein, leicht und leistungsfähig – kann es einen besseren Motor geben? Hersteller von 50er Rollern meinen »nein« und übersehen dabei großzügig einige Unarten, die konventionellen Zweitaktern bisher nicht auszutreiben waren: schlechte Abgaswerte und hoher Verbrauch.

Rauchzeichen: Abgasreinigung bei Zweitaktern

Wenn in einem Motor alles glatt läuft, verbrennt er Benzin mit dem Sauerstoff aus der Luft zu Wasserdampf (H_2O) und ungiftigem Kohlendioxid (CO_2). Aber genau wie im richtigen Leben läuft hier nicht alles glatt. Das Gemisch aus Kraftstoff und angesaugter Luft verbrennt nur unvollständig, und so können umweltschädliche Abgase ins Krümmerrohr entweichen: Zum einen Kohlenmonoxid (CO), dem ein Sauerstoffatom zum

ungefährlichen Kohlendioxid fehlt, zum anderen unverbrannte Kohlenwasserstoffe (HC). Benzin und das beim Zweitakter mitverbrannte Schmieröl sind Kohlenwasserstoff-Verbindungen. Außerdem entstehen Stickoxide (NO_X), bei denen die angesaugten Gase Sauerstoff (O_2) und Stickstoff (N_2) eine unheilige Allianz eingehen.

Besonders die Anteile von unverbranntem Benzin und Schmieröl im Abgas sind bei einem Zweitakter konzeptbedingt hoch. Während des Gaswechsels im Zylinder gibt der Kolben die Einlaß- und Auslaßkanäle einen Moment lang gleichzeitig frei, und dabei entwischt unvermeidlich eine gewisse Menge an Frischgas in den Auspuff. Diese Spülverluste treiben nicht nur den Verbrauch, sondern auch die Emissionen eines Zweitakters in die Höhe.

In einem ungeregelten Zwei-Wege-Katalysator, wie er bei Zweitakt-Rollern ausnahmslos verwendet wird, werden diese unverbrannten Kohlenwasserstoffe und das Kohlenmonoxid oxidiert – sie reagieren mit mit Sauerstoff, dabei entstehen harmloses Kohlendioxid und Wasserdampf. Die Beschichtung des metallischen oder keramischen Katalysators verändert sich dabei nicht, sie setzt nur die chemische Reaktion in Gang.

Die Nachverbrennung funktioniert allerdings nur, wenn im Abgas noch genug Sauerstoff zur Verfügung steht und der Kat seine Betriebstemperatur von 800 Grad erreicht hat. Daran aber hapert es. Im städtischen Stop-and-Go-Betrieb arbeitet der Motor hauptsächlich im »fetten« Bereich – mit viel Kraftstoff und relativ wenig Luft. Unter Sauerstoffmangel läuft die Oxidation im Kat aber nur unvollständig, während der Kaltstartphase überhaupt nicht ab. So setzt Ölkohle den Kat nach und nach zu. Er wird wirkungslos, zugleich sinkt die Motorleistung. Malaguti-Importeur Robert Rau fand bei Langstrecken-Versuchen heraus, daß ein handelsüblicher Roller-Kat nach nur 4000 bis 5000 Kilometern hinüber ist. Es ist deshalb nicht übertrieben, wenn Insider behaupten, der Kat konventioneller Zweitakter tauge nur dazu, die Abgashürde bei der Homologation zu überspringen.

Es gibt allerdings Alternativen. Die Siegburger Firma Twin-Tec hat ein Twin-Air genanntes Sekundärluftsystem entwickelt, das als Umrüstsatz auf

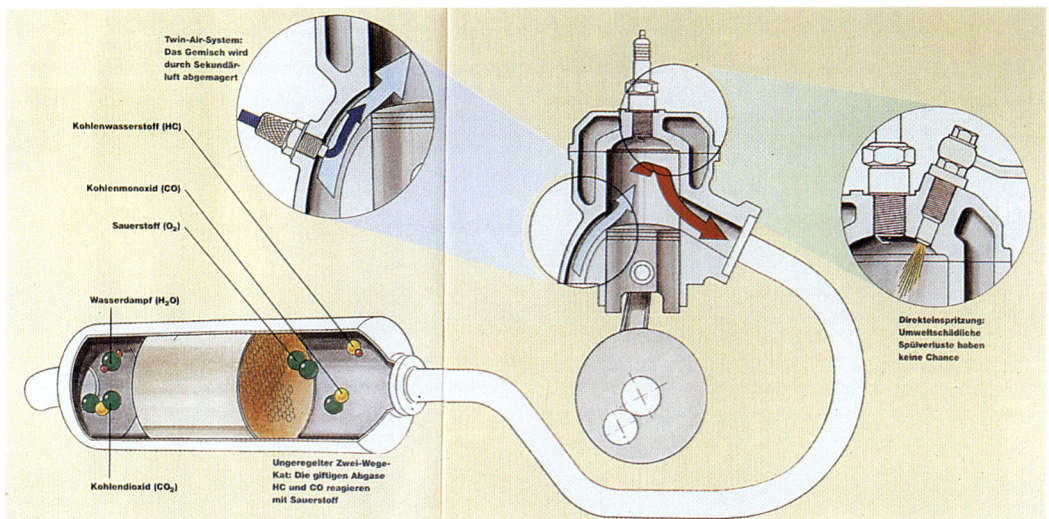

Twin-Air-System:
Das Gemisch wird
durch Sekundär-
luft abgemagert

Kohlenwasserstoff (HC)

Kohlenmonoxid (CO)

Sauerstoff (O₂)

Wasserdampf (H₂O)

Kohlendioxid (CO₂)

Ungeregelter Zwei-Wege-
Kat: Die giftigen Abgase
HC und CO reagieren
mit Sauerstoff

Direkteinspritzung:
Umweltschädliche
Spülverluste haben
keine Chance

den Markt kommen soll, falls vom Umweltbundes-
amt das Siegel »Schadstoffarm« für das Patent er-
teilt wird. Dabei wird dem Kraftstoff/Luft-Gemisch
über eine Düse im Ansaugstutzen oder im Über-
strömkanal (wie auf der Abbildung dargestellt)
Luft zugeführt. Ein Ventil in der Düse regelt die
Luftzufuhr und verhindert, daß beim Beschleunigen das Gemisch zu stark abmagert und der
Motor zu ruckeln und zu stottern beginnt. Weil
der zusätzliche Sauerstoff aus dieser Sekundärluft
für eine optimale Nachverbrennung sorgt, produziert ein Twin-Air-Roller gegenüber einem her-
kömmlichen Zweitakter – jeweils mit Kat natürlich
– um 50 Prozent weniger Kohlenwasserstoffe und
um 70 Prozent weniger Kohlenmonoxid. Entsprechend langsamer setzt sich der Kat zu. Außerdem sorgt das abgemagerte Gemisch für höhere
Verbrennungstemperaturen, sodaß der Kat nach
dem Kaltstart schneller anspricht.

Eine zweite Möglichkeit, die Abgase eines
Zweitakters in den Griff zu bekommen, hat die
Firma Ficht in Kirchseeon ausgetüftelt. Über ein
Pumpen-Düsen-Element wird der Kraftstoff direkt in
den Zylinder eingespritzt, nachdem die Auslaßkanäle bereits verschlossen sind. Dadurch
gehören die Spülverluste, die für einen Großteil
des unverbrannten Benzins im Auspuff verantwortlich sind, endgültig der Vergangenheit an. Der
Ausstoß von Kohlenwasserstoffen geht hier um 85
Prozent, der von Kohlenmonoxid um 65 Prozent
zurück. In Außenbordmotoren und in Motorsägen
wird dieses Patent mittlerweile verwendet.

Daß die Emissionen von Rollern drastisch ge-
senkt werden müssen, wenn sie ihre Paraderolle
als urbanes Verkehrsmittel behalten und ausbau-
en wollen, ist den Entwicklern in der Industrie
längst klar. »Das Thema Emission wird in Zukunft
erste Priorität in unserer Arbeit haben«, erklärte
Piaggio-Entwicklungsingenieur Federico Martini
1996 im Gespräch mit dem Autor. »Bei Motoren
ab 125 cm³ liefern auch Viertakter mit Kat gute
Leistung und brauchbare Emissionswerte. Im
50er-Segment sind sie aber wegen ihres Lei-
stungsdefizits und ihres 25 bis 30 Prozent höheren Preises ungeeignet. Mit magerer Verbren-
nung bekommt man bei Vergasermotoren zwar
die Emissionen in den Griff, aber sie sind wegen
ihrer verzögerten Gasannahme schlecht fahrbar.
Deshalb führt bei den 50er Zweitaktern kein
Weg an Benzineinspritzung und geregeltem Kat
vorbei. Solche Protoypen laufen bei uns schon
seit Jahren.«

Weil es die laschen gegenwärtigen Grenzwer-
te zulassen und die Kaufleute mitzureden haben,
werden die meisten Zweitakter noch immer ohne
Kat verkauft. Bei Viertaktern ist ein Kat in
Deutschland nicht mal als Extra erhältlich.

Taiwans Hersteller sind da unter dem Zwang
des Gesetzes schon weiter. Auf der mit 21 Millionen Einwohnern doppelt so dicht wie die Bundesrepublik besiedelten Insel vor Chinas Küste ballen
sich 8,5 Millionen Roller: Zweitakt-Fünfziger und
Viertakter bis 150 cm³. Seit 1991 haben sie ausnahmslos Kat. Weil die Abgas-Grenzwerte in

naher Zukunft deutlich verschärft werden sollen, droht den Zweitaktern das Aus. Deshalb arbeiten Taiwans größte Roller-Produzenten Kymco und SYM mit Hochdruck an Zweitaktern mit Einspritzung und Viertakt-50ern.

Einfach genial – genial einfach: Triebsatzschwinge mit Riemenautomatik

Die bei modernen Rollern übliche Triebsatzschwinge bringt über ein stufenloses Riemengetriebe mit Fliehkraftkupplung die Motorkraft aufs Hinterrad. Es besteht im Prinzip aus zwei Kegelscheiben-Paaren – das erste sitzt auf der Antriebs-, das zweite auf der Abtriebswelle. Jeweils eine Kegelscheibe ist auf ihrer Welle verschiebbar gelagert, der breite Zahnkeilriemen läuft zwischen diesen beiden Scheibenpaaren.

Im Leerlauf wird das Scheibenpaar auf der hinten liegenden Abtriebswelle von einer Schraubenfeder zusammengedrückt, sodaß der Riemen dort am größten Kegeldurchmesser angreift. Durch seine konstante Länge preßt der Riemen zugleich die antriebsseitigen Kegelscheiben auseinander und schafft so die kürzeste Übersetzung des Riemengetriebes, die zum Anfahren gebraucht wird.

Sobald die Motordrehzahl steigt, wandern die Laufrollen der vorn liegenden Variomatik-Einheit durch die Fliehkraft nach außen und schieben die Kegelscheiben auf der Motorwelle zusammen. Sie zwingen den Riemen auf einen größeren Durchmesser, und der Riemen preßt seinerseits die Abtriebsscheiben gegen den Federdruck auseinander, bis bei Höchstdrehzahl die längste Übersetzung erreicht ist. Die Auslegung einer Variomatik wird deshalb durch das Zusammenspiel der Fliehkraftgewichte mit der hinteren Schraubenfeder definiert.

Die Kegelscheiben auf der Abtriebswelle sind mit der Kupplungsankerplatte verbunden und gemeinsam drehbar auf der Abtriebswelle gelagert. Sobald die Ankerplatte rotiert, werden die Kupplungsbacken von der Fliekraft nach außen gedrückt, bis ihre Beläge an der Kupplungstrommel anliegen, die fest mit der Abtriebswelle verbunden ist. So entsteht eine kraftschlüssige Verbindung.

Beim Bremsen läuft die Kettenreaktion umgekehrt ab. Sinkende Drehzahl läßt die Fliehgewichte der Variomatik nach innen wandern, weil sie der Kraft der hinteren Schraubenfeder immer weniger entgegenzusetzen haben. Die Übersetzung wird kürzer, und bei Standgasdrehzahl lösen sich auch die Kupplungsbacken wieder von der Trommel.

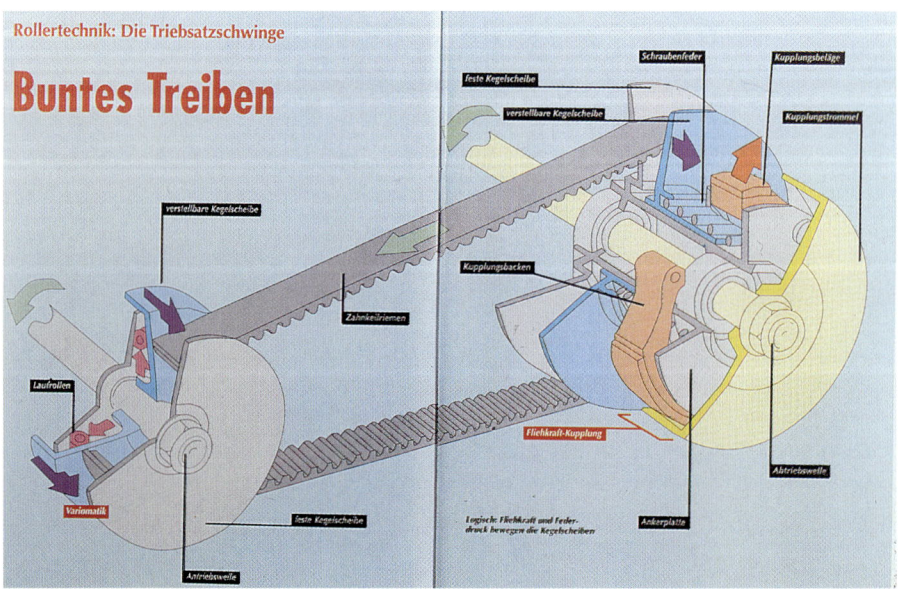

Rollertechnik: Die Triebsatzschwinge

Buntes Treiben

feste Kegelscheibe · verstellbare Kegelscheibe · Schraubenfeder · Kupplungsbeläge · Kupplungstrommel · verstellbare Kegelscheibe · Zahnkeilriemen · Kupplungsbacken · Laufrollen · Variomatik · feste Kegelscheibe · Antriebswelle · Fliehkraft-Kupplung · Logisch: Fliehkraft und Federdruck bewegen die Kegelscheiben · Ankerplatte · Abtriebswelle

Teil 3
Roller-Tests

Unter das Blech geschaut

Eines gleich vorweg: Trotz der Kapitel-Überschrift haben die meisten Roller heute ein Kunststoffkleid aufzuweisen, das allerdings nicht weniger solide ist als das von Vespa, Lambretta, Zündapp und Co. Im Gegensatz zu damals spielt Karosserierost keine Rolle mehr, dafür allerdings ließen sich die Blechschäden früher im Falle eine Umfalls relativ leicht und kostengünstig wieder geradebiegen - Kunststoff dagegen splittert und bricht, eine Reparatur ist nur in seltensten Fällen möglich. Doch das ist so ziemlich das einzige, das man gegen die Roller von heute vorbringen kann, ansonsten haben die modernen Roller praktisch nur Vorteile - wie die folgenden Seiten beweisen.

In diesem Testteil werden alle wichtigen Modelle mit Fahreindrücken, Meßwerten und technischen Daten vorgestellt – darunter natürlich auch die weiterhin angebotenen Vespa-Klassiker. Für die Objektivität der Meßwerte und Beurteilungen steht das Redaktionsteam von Deutschlands größ-ter Roller-Zeitschrift ROLLER SPEZIAL, auf deren Text-, Bild- und Datenmaterial der Autor dankenswerterweise zurückgreifen konnte. Fahrleistungen (Beschleunigung und Höchstgeschwindigkeit) wurden von der Redaktion mit einem äußerst präzisen Computer-Meßgerät ermittelt, das seine Daten von einem am Rad des Testrollers angebrachten Magnetabnehmer erhält. Die Angaben zu Verbrauch, Fahreigenschaften, Fahrkomfort und dergleichen basieren auf ausführlichen Testfahrten durch mehrere Tester.

Der auf den Technik-Abschnitt folgende Testteil führt zunächst die 50er Mokickroller, danach die Modelle über 50 cm^3 auf. Mofa-Varianten, die es von vielen 50ern gibt, wurden nicht berücksichtigt. Sie sind mit ihrer Höchstgeschwindigkeit von 25 km/h im heutigen Straßenverkehr nach Ansicht des Autors eher eine Gefahr für den Benutzer. 80er wurden nach Inkrafttreten der neuen 125er-Regelung bei fast allen Herstellern aus der Produktion genommen, sie tauchen deshalb ebenfalls nicht mehr auf.

Aprilia Gulliver
Design oder Nichtsein

Als der Aprilia Gulliver 1995 vorgestellt wurde, wirkte er auf viele Betrachter wie ein Roller von einem anderen Stern. Frech schnuppernde, asymmetrische Nüstern, kecke Stufen in der Plastikschale, fein geschwungene Kurven und pastellige Metallic-Farben - mit seinem mutigen Design wirkte er wie ein Oldtimer aus einer fernen Zukunft und festigte den Ruf des Hauses Aprilia, sich nicht mit konventionellen Lösungen zufriedenzugeben. Schließlich hatte der innovationsfreudige Hersteller aus dem norditalienischen Noale schon mit dem Sportroller SR 50 einen Markstein in Sachen Roller-Fahrwerke gesetzt, und der Scarabeo mit seinen großen Rädern und nostalgischen Formen wurde bei den stilbewuß-ten Rollerfahrern Italiens schnell zum Renner. Mit dem Gulliver zeigte Aprilia der Konkurrenz zum dritten Mal und wieder mit einem ganz anderen Konzept, daß Roller einander nicht zu gleichen brauchen wie ein Ei dem anderen. Da ist es um so erfreulicher, daß das ansehnliche Äußere nicht mit Schwächen in der Praxis bezahlt werden muß. Im Gegenteil, der Gulliver kann mit einer Reihe von Vorzügen aufwarten, die unter Rollern noch längst nicht Standard sind.

Das beginnt bei seiner Ausstattung mit einem riesigen Fach unter der Sitzbank, das mit einem Helm noch längst nicht voll ist. Im Cockpit gibt's neben Tacho, Tankanzeige und den obligatorischen Lämpchen eine Zeituhr, darunter tut sich ein zusätzliches,

Oben: Helmfach wäre untertrieben – unter der Gulliver-Sitzbank öffnet sich ein beleuchteter Gepäckraum
S. 31: Der Aprilia Gulliver (4 PS, zwölf-Zoll-Räder, 4340 DM) gehört zu den geräumigsten unter den 50er Rollern. Auch Fahrkomfort und Fahreigenschaften sind Spitze

ebenfalls abschließbares Staufach im Beinschild auf. Griffige und gut funktionierende Schalter auf Motorrad–Standard, große Spiegel und helles Licht gehören ebenfalls zu den erfreulichen Aspekten des Umgangs mit dem Aprilia–Roller. Klar, daß der Gulliver auch E–Starter und Automatik hat. Nicht ganz so modern verläuft die Startprozedur, denn zum Kaltstart verlangt der Gulliver nach dem am linken Lenkerende versteckten Choke.

Sobald der gebläsegekühlte und mit einem ungeregelten Kat versehene Zweitakter läuft, legt der Gulliver ruhig, fast sänftenmäßig ab und läßt sich zügig in den Verkehrsfluß einfädeln. Dort kann er endlich zeigen, welch gutes Fahrwerk unter der auffallenden Karosserie steckt. Seinen ausladend–barocken Formen zum Trotz läßt er sich wieselflink um die Ecke dirigieren. Daran hat auch sein niedriger Schwerpunkt (der Sechs–Liter–Tank liegt unter dem Trittbrett) Anteil. Eine stabile Telegabel und zwölf Zoll große Felgen mit breiten Reifen des Formats 120/70 erziehen den Aprilia zu überlegener Laufruhe; seine straffe, aber komfortable Federung schluckt

dabei alle Härten der Straße weg. Und falls mal gebremst werden muß – die Scheibe im Vorderrad erledigt das wirkungsvoll und gut dosierbar.

Gelungen ist auch die Sitzposition mit reichlich Fußraum. Nur ganz, ganz Lange stoßen sich die Knie beim Einschlagen am Lenker – aber das ist bei fast allen Rollern so. Der auf der langen Sitzbank bequem untergebrachte Sozius vermißt allerdings einen Haltegriff, denn die hübsche Leiste an der Seite taugt zwar gut zum Zupacken beim Aufbocken, für den Beifahrer sitzt sie aber viel zu tief. Auch beim Tanken heißt es aufpassen: Durch den ungeschickt plazierten Stutzen hinter einer verschließbaren Klappe links vorne in der Frontverkleidung spuckt der Gulliver den letzten Schluck gern seinem Fahrer vor die Füße. Daß Aprilia dem Gulliver auch weite Reisen zutraut, beweist die Garantie: Für ein paar Mark extra gibt es drei Jahre ohne Kilometerbegrenzung.

Aprilia Gulliver

Motor: Gebläsegekühlter Einzylinder-Zweitakter, 3 kW (4 PS) bei 7000/min, 49 cm³, E- und Kickstarter, stufenlose Riemenautomatik, ungeregelter Kat
Fahrwerk: Stahlrohrrahmen, Telegabel (Federweg 90 mm) und Scheibenbremse (190 mm) vorn, Triebsatzschwinge mit Federbein (Federweg 65 mm) und Trommelbremse (110 mm) hinten
Fahrleistungen:

0-30 km/h	3,5 s
0-40 km/h	6,5 s
0-50 km/h	12,1 s

Höchstgeschwindigkeit: 53 km/h
Gewicht vollgetankt: 97 kg
Zuladung: 178 kg
Sitzhöhe: 820 mm
Wendekreis: 3,80 m
Testverbrauch: 3,4 l Super bleifrei/100 km
Tankinhalt/Reichweite: 6 l/ca. 176 km
Lieferbare Farben: grünmetallic, kupfermetallic
Garantie: 12 Monate (36 Monate gegen Aufpreis)
Preis: 4340 Mark inkl. Nebenkosten

➕ **Gelungenes Design**
➕ **Großzügiges Platzangeot**
➕ **Überzeugendes Fahrwerk**
➕ **Hoher Qualitätsstandard**
➖ **Nicht billig**

Aprilia Rally 50
Harter Bursche

So sieht ein kerniger Offroad-Roller aus. Doch die Enduro-Zutaten sind beim
Aprilia Rally (4,5 PS, Upside-down-Gabel, 4390 Mark) wie bei den meisten Rollern nur Show

Aprilia Rally 50

Motor: Gebläsegekühlter Einzylinder–Zweitakter, 3,2 kW (4,3 PS) bei 7000/min, 49 cm^3, Getrenntschmierung, E– und Kickstarter, stufenlose Riemenautomatik, ungeregelter Kat

Fahrwerk: Stahlrohrrahmen, Upside–down–Gabel (Federweg 90 mm) und Scheibenbremse (Ø 190 mm) vorn, Triebsatzschwinge mit einem Federbein (Federweg 80 mm) und Trommelbremse (Ø 110 mm) hinten

Fahrleistungen:

0–30 km/h	3,5 s
0–40 km/h	6,2 s
0–50 km/h	11,0 s

Höchstgeschwindigkeit: 55 km/h
Gewicht vollgetankt: 88 kg
Zuladung: 182 kg
Sitzhöhe: 840 mm
Wendekreis: 3,85 m
Testverbrauch: 3,1 l Super bleifrei/100 km
Tankinhalt/Reichweite: 6 l/ca. 193 km
Lieferbare Farben: rot
Garantie: 12 Monate
Preis: 4390 Mark inkl. Nebenkosten

- ⊕ **Gute Ausstattung**
- ⊕ **Präzises Fahrverhalten**
- ⊕ **Ordentliche Fahrleistungen**
- ⊕ **Sparsam**
- ⊖ **Harte Federung**
- ⊖ **Nicht sehr wendig**

Handprotektoren und Lufteinlässe in der Frontverkleidung sind bei 50er Rollern furchtbar wichtig – fürs Design

Roller mit Stollenreifen liegen im Trend, seit Yamaha BW's und Piaggio TPH 50 vor allem bei Jugendlichen zu Hits wurden. Da kann auch Aprilia nicht abseits stehen. Beeindruckend wirken am Rally 50 vor allem seine Offroad–Accessoires wie Handprotektoren, der hochgelegte Vorderrad–Kotflügel und eine silbrig schimmernde Unterboden–Verkleidung. Wirksamen Schlagschutz aus Metall täuscht das Plastik-Teil allerdings nur vor. Clever ist dagegen die Unterbringung der Batterie hinter einer abschließbaren Klappe im Trittbrett: So ist sie leicht zugänglich, der Schwerpunkt wandert nach vorne und nach unten. Außerdem bleibt noch Platz für ein Fach, das Werkzeug und anderen Kleinkram aufnimmt.

Ein Lastenroller wird damit aus dem Rally trotzdem nicht, denn das Helmfach ist nur durchschnittlich groß, ein vorderes Staufach fehlt, und der Gepäckträger ist eher schmückendes Beiwerk. Immerhin sieht der Aprilia auf seinen Zehn–Zoll–Leichtmetallrädern mit ihren dicken Schlappen gut aus. Format 120/90 vorn und 130/90 hinten sind ein Wort, die vordere Upside–down–Gabel mit 90 Millimetern Federweg samt einer voluminösen 190 Millimeter–Scheibenbremse ist eine Verpflichtung.

Um sie einzulösen, muß man zunächst den winzigen Choke am linken Lenkerende entdeckt haben. Dann revanchiert sich der Rally nach etwas zögerndem Start mit sehr lebendigen Fahrleistungen. Dabei läuft er leise und vibrationsarm, seine Abgase pustet er durch einen ungeregelten Kat ins Freie.

Von der kernigen Sorte ist die Federungsabstimmung des Rally. Vor allem die Gabel gibt sich straff, das hintere Federbein schlägt dagegen bei voller Beladung schon mal durch. Aber zu zweit fährt man auf dem Rally nur zur Not, dazu fiel vor allem der Beinraum zu knapp aus. Ohne Tadel ist dagegen sein stabiles Fahrverhalten, und die vordere Scheibenbremse verzögert gut dosierbar. Auf Asphalt braucht sie eine kräftige Hand, dafür überbremst sie auf losem Untergrund nicht so leicht.

Aprilia Scarabeo
Glücksbringer

Vor zehn Jahren kannte kaum ein Mensch den Zweiradhersteller Aprilia aus dem norditalienischen Noale. Mit mutigem Design und konsequent guter Technik hat sich Aprilia zunächst bei Motorrädern und mittlerweile auch bei Rollern den Ruf des innovativen Aufsteigers verschafft. Der Scarabeo greift ein altes Thema auf: Dem

kippeligen Fahrverhalten von Rollern versuchte man schon in den 50er Jahren mit großen Rädern beizukommen.

Mit seinen rundlichen Formen verweist der Scarabeo ganz bewußt auf diesen historischen Bezug. Technisch ist er dagegen ganz von heute. Der luftgekühlte Zweitakter in seiner Triebsatz-

Die schwungvollen Formen der 50er Jahre lassen schön grüßen - doch unter der Karosserie ist der Aprilia Scarabeo (3,1 PS, 3750 Mark) ganz von heute

schwinge darf als Prachtexemplar gelten, so bissig geht er beim Ampelspurt zur Sache. Angesichts seiner Fahrleistungen wirken die nominellen drei PS Motorleistung eher untertrieben.

Die Sitzposition auf dem Einzelsattel (einen Soziussitz bekommt man gegen Aufpreis) ist für Lange sehr bequem, der Fußraum üppig, der Wind– und Wetterschutz gut. Und die Fahreigenschaften des Scarabeo halten, was die Raddimension von 16 Zoll verspricht: Wie auf Schienen flitzt er geradeaus und um Kurven, es darf auch ziemlich schräg sein. Bodenwellen lassen ihn völlig unbeeindruckt – daran sind die straffe Gabel und das etwas softere Federbein hinten nicht ganz unschuldig.

Wo so viel Licht ist, sucht man natürlich nach Schatten. Daß Soziussitz und der rechte Spiegel fehlen, muß wohl unter der Rubrik »Sparmaßnahmen« verbucht werden; den Aufpreis dafür (23,40 Mark und 195 Mark) sollte man nicht scheuen. Auch die vordere Trommelbremse fällt auf – sie verzögert im Einpersonenbetrieb zwar gut, aber eine Scheibenbremse, wie sie in Italien geliefert wird, ist nun mal standfester und besser dosierbar. Schade auch, daß der Scarabeo kein Helmfach hat. Mit dem Choke anstatt einer Startautomatik dagegen versöhnt der bescheidene Durst des Aprilia. Die Material– und Verarbeitungsqualität ist tadellos, am wichtigsten aber: Scarabeo–Fahren macht einfach Spaß.

Aprilia Scarabeo

Motor: Gebläsegekühlter Einzylinder–Zweitakter, 2,3 kW (3,1 PS) bei 6000/min, 49 cm³, E– und Kickstarter, stufenlose Riemenautomatik, ungeregelter Kat
Fahrwerk: Stahlrohrrahmen, Telegabel (Federweg: 70 mm) und Trommelbremse (Ø 125 mm) vorn, Triebsatzschwinge mit Federbein (Federweg: 60 mm) und Trommelbremse (Ø 110 mm) hinten
Fahrleistungen:
0–30 km/h   3,7 s
0–40 km/h   5,9 s
0–50 km/h   10,1 s
Höchstgeschwindigkeit: 55 km/h
Gewicht vollgetankt: 83 kg
Zuladung: 187 kg
Sitzhöhe: 770 mm
Wendekreis: 3,53 m
Testverbrauch: 3,4 l Super bleifrei/100 km
Tankinhalt/Reichweite: 8 l/ca. 230 km
Lieferbare Farben: creme
Garantie: 12 Monate (36 Monate gegen 65 Mark Aufpreis)
Preis: 3750 Mark inkl. Nebenkosten

➕ **Ausgezeichnete Fahrstabilität**
➕ **Flotte Fahrleistungen**
➕ **Viel Platz für Lange**
➕ **Gute Verarbeitung**
➖ **Wenig Stauraum**
➖ **Magere Ausstattung**

An Knieraum ist kein Mangel hinter dem hohen Lenker. Der Chokehebel links ist ungewöhnlich, das Minarelli-Triebwerk des Scarabeo dafür sparsam

Es lebe der Sport

**Als erster Hersteller brachte Aprilia mit dem SR 50 (3 PS, 4490 Mark) einen richtigen Sport-Roller mit 13-Zoll-Fahrwerk.
Charaktermerkmale: Flott, geräumig, tolles Fahrwerk und trotzdem bequem**

Unter den sportlichen 50er Rollern kann der Aprilia SR 50 die Pole Position beanspruchen. Er war der erste Roller mit 13-Zoll-Rädern, Niederquerschnittsreifen der großzügigen Dimension 130/60 und motorradähnlich stabilem Fahrverhalten. 1995 bekam er einen verstärkten Rahmen und längere Federwege. Ein Jahr später stellte Aprilia dem drei PS starken luftgekühlten SR 50

eine Variante mit Wasserkühlung und strammen 4,8 PS zur Seite, die sich SR 50 LC (für liquid cooled) nennt. Sport-Fans freuen sich darüber, bietet der wassergekühlte Motor doch wesentlich mehr thermische Reserven für Tuningmaßnahmen.

Doch der kräftige Motor des SR 50 begeistert auch ohne Doping. Vor allem die LC-Version setzt jeden Dreh des Gasgriffs ohne Zögern

Mit seinen 4,8 PS gehört der wassergekühlte Motor des SR 50 LC (4640 Mark) zu den kräftigen 50ern. Noch dazu geht er geizig mit Sprit um

in Vortrieb um und leistet sich auch am Berg keinen Durchhänger. Daß zum Start wie bei allen Aprilia–Rollern der Choke am linken Lenkerende dosiert werden muß, mag antiquiert erscheinen – doch der Aprilia revanchiert sich mit einem Mini–Durst von 2,8 Litern Super auf 100 Kilometer.

Daß SR–Fahren unverschämt viel Spaß macht, geht auch aufs Konto des Fahrwerks. Besser ist der Kompromiß zwischen Lenkpräzision, Handlichkeit und Fahrkomfort nirgends gelungen. Der SR 50 läuft wie auf Schienen, ist dennoch wendig genug und leistet sich keine Härten in Punkto Federung. Die Scheibenbremse im Vorderrad verzögert erstklassig, nur ihr teigiger Druckpunkt könnte etwas definierter ausfallen.

Hoch hinaus will der Aprilia mit seinem Fahrer. 840 Millimeter Sitzhöhe hindern Menschen um die 1,70 Meter Körperlänge mitunter daran, beide Füße auf den Boden zu setzen. Dafür bietet der SR auch großen Piloten genug Platz. Ausreichende Kniefreiheit und ein angenehm hoch plazierter Lenker erleichtern das Handling. Die lange, gestufte Sitzbank wird auch für zwei Personen nie zum Folterinstrument. Störend wirkt allerdings der Mitteltunnel, der den Transport von Limo–Kästen vereitelt. Immerhin gibt es ein Helmfach – und sportliche Typen fahren sowieso mit Rucksack.

Aprilia SR 50 LC

Motor: Wassergekühlter Einzylinder–Zweitakter, 3,5 kW (4,8 PS) bei 7250/min, 49 cm³, Getrenntschmierung, E– und Kickstarter, stufenlose Riemenautomatik, ungeregelter Kat
Fahrwerk: Stahlrohrrahmen, Telegabel (Federweg 80 mm) und Scheibenbremse Ø 190 mm) vorn, Triebsatzschwinge mit Federbein (Federweg 75 mm) und Trommelbremse (Ø 110 mm) hinten
Fahrleistungen:
0–30 km/h	3,3 s
0–40 km/h	5,3 s
0–50 km/h	9,6 s

Höchstgeschwindigkeit: 55 km/h
Gewicht vollgetankt: 94 kg
Zuladung: 181 kg
Sitzhöhe: 840 mm
Wendekreis: 4,01 m
Testverbrauch: 2,8 l Super bleifrei/100 km
Tankinhalt / Reichweite: 6 l/ca. 214 km
Lieferbare Farben: schwarz, silber, Racing–Replica
Garantie: 12 Monate (gegen 65 Mark Aufpreis drei Jahre)
Preis: 4640 Mark (SR 50: 4490 Mark) inkl. Nebenkosten

➕ **Sehr gute Fahrleistungen**
➕ **Exzellentes Fahrwerk**
➕ **Gute Bremsen**
➕ **Geräumig auch für Lange**
➕ **Niedriger Verbrauch**
➕ **Qualitativ hochwertig**
➖ **Als Lastesel nur eingeschränkt tauglich**

Atala Hacker AT 12
Sportliche Eleganz

Mit Atala tauchte 1996 eine neue Marke im bereits reichlich unübersichtlichen Roller–Angebot auf. Dem bisher auf Mopeds spezialisierten Hersteller Cesare Rizzato in Padua gelang mit dem Hacker auf Anhieb ein sportlicher 50er Roller, dessen technische Qualitäten sich vor der Konkurrenz nicht zu verstecken brauchen.

Neben dem gelungenen Äußeren überzeugen vor allem Motor und Fahrwerk. Gleich nach dem Druck auf den Knopf des Elektrostarters läuft der luftgekühlte Morini–Zweitakter rund wie ein Uhrwerk. Er zieht sehr gut durch, kommt auch an

So ansprechend kann ein Roller-Cockpit aussehen. Ähnlichkeiten mit KTM- und Malaguti-Instrumenten sind nicht ganz zufällig – sie kommen vom gleichen Zulieferer

Atala Hacker AT 12

Motor: Gebläsegekühlter Einzylinder–Zweitakter, 3 kW (4 PS) bei 6500/min, 49 cm^3, Getrenntschmierung, E– und Kickstarter, stufenlose Riemenautomatik
Fahrwerk: Stahlrohrrahmen, Telegabel (40 mm Federweg) und Scheibenbremse (Ø 190 mm) vorn, Triebsatzschwinge mit einem Federbein (80 mm Federweg) und Trommelbremse (Ø 120 mm) hinten
Fahrleistungen:
0–30 km/h   2,6 s
0–40 km/h   4,7 s
0–50 km/h   8,6 s
Höchstgeschwindigkeit: 55 km/h
Gewicht vollgetankt: 96 kg
Zuladung: 172 kg
Sitzhöhe: 810 mm
Wendekreis: 3,79 m
Testverbrauch: 3,0 Liter Super/100 km
Tankinhalt/Reichweite: 6,5 l/ca. 216 km
Lieferbare Farben: blau, rot
Garantie: 12 Monate
Preis: 4390 Mark inkl. Nebenkosten

+ **Extra spurstabiles Fahrwerk**
+ **Sehr flotte Fahrleistungen**
+ **Sparsam**
+ **Genug Platz für Lange...**
− **... aber nicht für einen Sozius**
− **Unpraktische Details**

Steigungen nicht außer Puste und ist noch dazu sparsam. Mit nur 8,6 Sekunden für den Spurt von Null auf 50 km/h qualifiziert sich der Hacker für einen vorderen Platz unter 50er Rollern.

Sportlich–straff ist das Fahrwerk des Atala abgestimmt. Die kräftige Telegabel und die breiten Stollenreifen mit den ungewöhnlichen Formaten 120/70–11 vorn und 130/70–12 hinten tragen ihr Teil dazu bei, daß der Hacker auch bei schnellen Bergabpassagen problemlos seine Bahn zieht. Da kippelt, wackelt und zappelt nichts, nur beim Wenden wirkt er wegen seines langen Radstands etwas ungelenk.

Die Scheibe im Vorderrad verzögert kräftig und gut dosierbar, verlangt aber nach einer großen und starken Hand, denn der Bremshebel steht sehr weit ab. Auch die Sitzposition auf dem 810 Millimeter hohen Sattel ist eher für Lange konzipiert – die finden es hinter dem hohen Lenker richtig bequem. Das übersichtliche Cockpit erfreut das Auge mit seinen weißen Zifferblättern und hat überdies eine Uhr vorzuweisen.

Für einen Sozius geriet die Sitzbank des Hacker zu kurz, und zum Öffnen läßt sie sich schwer greifen. Auch darunter reicht der Platz nur für einen mittelgroßen Integralhelm. Reine Show sind die Scheinwerfer im Ellipsoid–Design, die das eigenwillige Gesicht des Hacker prägen: Hinter ihren dicken Linsen stecken ganz normale Glühlampen – ohne Fernlicht.

Der Hacker (4 PS, 4390 Mark) ist der erste Roller von Atala. Nicht schlecht für den Anfang: Spritziger Motor, sehr präzise Fahreigenschaften, gelungenes Design

Derbi Hunter
Tolle Show

Von Grund auf neu konstruiert haben die Derbi-Ingenieure den 1996 vorgestellten Hunter. Auf seinen extrem steifen, pulverbeschichteten Rahmen sind sie besonders stolz. Er soll das Rückgrat einer neuen Derbi–Rollerpalette mit insgesamt sechs Modellen werden, die in den nächsten Jahren auf den Markt kommen.

Das Äußere des Hunter wirkt futuristisch. Carbonimitat an Fünfspeichenfelgen, Scheinwerfer– und Lenkerverkleidung sowie ein Multifunktions–Digitaltacho heben ihn von anderen Rollern ab. Das großzügige Platzangebot dagegen verweist auf die Vamos-Tradition, und wie bei diesem fiel ein Staufach im Beinschild der Kniefreiheit zum

Frisch ums Eck: Der neue Derbi Hunter (4,8 PS, 4390 Mark) bremst und fährt auch toll, solange man auf der Straße bleibt. Fürs Gelände taugen seine Federelemente nicht

Es ist nicht alles Carbon, was wie Carbon aussieht. Egal, erlaubt ist, was gefällt. Und die Handprotektoren bewahren beim Umkippen die Hebel vor dem Abbrechen

Opfer. Der gebläsegekühlte Zweitakt–50er des Hunter läuft recht leise und vibrationsarm. Mit seinen 4,8 PS beschleunigt er flott, kann am Berg oder unter einem gewichtigen Fahrer seine Kraft allerdings nicht ganz ausspielen. Eindeutig zu hoch für einen modernen 50er – auch unter Testbedingungen – ist sein Verbrauch von 4,3 Litern Normalbenzin auf 100 Kilometer.

Freude bereiten die Fahreigenschaften des Neuen, solange man sich auf Asphalt bewegt. Ein 13–Zoll–Vorderrad mit einem Niederquerschnittsreifen der Dimension 130/60 sorgt für unerschütterliche Spurtreue, die Scheibenbremse vorn ist vom Feinsten. Dagegen gibt sich die neu entwickelte Showa–Telegabel etwas störrisch, das hintere Federbein dagegen wirkt nur im Solobetrieb komfortabel und schlägt schnell durch. Auf schlechten Pisten, mit Sozius und erst recht im Gelände ist der Hunter mit dieser Federungsabstimmung überfordert. Sein Gelände–Outfit ist also reine Show, ebenso wie das schwach beleuchtete Multifunktionsinstrument im Cockpit. In Fahrt zeigt es lediglich die Geschwindigkeit an, seine sechs weiteren Funktionen sind nur im Stand abrufbar – und wenn man Pech hat, vergißt es sich abzuschalten und saugt die Batterie leer.

Derbi Hunter

Motor: Gebläsegekühlter Einzylinder–Zweitakter, 4,8 PS (3,5 kW) bei 6500/min, 49 cm³, Getrenntschmierung, E– und Kickstarter, stufenlose Riemenautomatik, ungeregelter Kat
Fahrwerk: Stahlrohrrahmen, Telegabel (80 mm Federweg) mit Scheibenbremse (Ø 190 mm) vorn, Triebsatzschwinge mit Federbein (75 mm Federweg) und Trommelbremse (Ø 120 mm) hinten
Fahrleistungen:

0–30 km/h	3,6 s
0–40 km/h	6,3 s
0–50 km/h	11,4 s

Höchstgeschwindigkeit: 55 km/h
Gewicht vollgetankt: 96 kg
Zuladung: 179 kg
Sitzhöhe: 820 mm
Wendekreis: 3,57 m
Testverbrauch: 4,3 l Normal/100 km
Tankinhalt/Reichweite: 7 l/ca. 140 km
Garantie: 12 Monate
Lieferbare Farben: gelb, rot, schwarz
Preis: 4390 Mark inkl. Nebenkosten

➕ **Großzügiges Platzangebot**
➕ **Spurstabiles Fahrverhalten**
➕ **Ausgezeichnete Bremsen**
➕ **Gute Fahrleistungen**
➖ **Hoher Verbrauch**
➖ **Mißglückte Federungsabstimmung**
➖ **Unpraktisches Digitalinstrument**

Derbi Vamos/FL

Spanischer Grande

Note eins gibt's für das Vamos-Cockpit mit Tageskilometerzähler und Digitaluhr. Auch unter der Sitzbank keine falsche Sparsamkeit – das Helmfach ist beleuchtet

Der Derbi Vamos gehört, obwohl nicht mehr brandneu, zu den wenigen Rollern mit unverwechselbarem Profil. Seine Eigenständigkeit beschränkt sich nicht auf Designelemente wie das massige Beinschild oder den ungewöhnlichen Heckabschluß mit hochgesetztem Rücklicht. Ziemlich einmalig ist auch das Platzangebot des großen Spaniers: Sogar Zweimeter–Männer können sich auf seiner langen Sitzbank hinter dem hohen, weit vorn stehenden Lenker ohne Verrenkungen niederlassen, für den Sozius hält der Vamos Klapprasten bereit.

An der Ausstattung gibt es rein gar nichts zu bemängeln. Das Cockpit glänzt mit allen üblichen Instrumenten und bietet als Zugabe Tageskilometerzähler und Zeituhr, das Helmfach unter der sehr straff gepolsterten Sitzbank ist beleuchtet. Noch mehr Luxus bietet die FL–Version mit Scheibe, Gepäckträger und Topcase. Der Zweitakter des Vamos startet per Kick oder elektrisch,

hat Automatik und ungeregelten Kat. Den mit 80 Kilo gar nicht so schweren Roller schiebt er auch bergauf kräftig an. Daß unter der Verkleidung gearbeitet wird, läßt er die Mitwelt gerne wissen – er vibriert spürbar und ist auch akustisch kein Leisetreter.

Kernig wie der Motor gibt sich auch das Fahrwerk des Vamos. Die sehr straff abgestimmte Federung schüttelt Roller und Besatzung auf schlechten Straßen ordentlich durch, und was die

Derbi Vamos/FL

Motor: Gebläsegekühlter Einzylinder–Zweitakter, 3 kW (4,1 PS) bei 6500/min, 49 cm³, Getrenntschmierung, E– und Kickstarter, stufenlose Riemenautomatik, ungeregelter Kat
Fahrwerk: Stahlrohrrahmen, Telegabel (Federweg 60 mm) und Scheibenbremse vorn, Triebsatzschwinge mit einem Federbein (Federweg 60 mm) und Trommelbremse hinten
Höchstgeschwindigkeit: 52 km/h
Gewicht vollgetankt: 80 kg
Zuladung: 180 kg
Sitzhöhe: 780 mm
Testverbrauch: 3,7 l Super bleifrei/100 km
Tankinhalt/Reichweite: 4,5 l/ca. 121 km
Lieferbare Farben: gelb, rot, blau, schwarz, bronze
Garantie: 6 Monate
Preis: 3990 Mark (Vamos FL: 4390 Mark) inkl. Nebenkosten

- ➕ **Außerordentlich geräumig**
- ➕ **Sehr gute Ausstattung**
- ➕ **Kräftiger Motor**
- ➕ **Gute Bremsen**
- ➖ **Harte Federung**
- ➖ **Deutliche Vibrationen**
- ➖ **Wenig Windschutz**

einzuschlagende Richtung angeht, erwartet der Derbi deutliche Anweisungen. Er hat eben doch nur Zehn–Zoll–Räder, und für seine Größe ist das ein bißchen wenig.

Beim Wetterschutz merkt man ihm seine südliche Herkunft an. Hinter dem Beinschild und an ihm vorbei zirkuliert der Fahrtwind nach Belieben, sprich: Es zieht. Als Ausdruck mediterraner Lebensauffassung sollte man auch die Klappergeräusche sehen, die seine Verkleidung produziert. Wahre Größe steht über solchen Kleinigkeiten.

Raum-Fahrzeug: Lange Gewächse finden auf keinem anderen 50er Roller eine so entspannte Sitzposition wie auf dem Derbi Vamos (4,1 PS, Scheibenbremse, ungeregelter Kat, 3990 Mark)

HMZ Cap
Hallo Taxi

Cab heißt Taxi. Der preisgünstige 50er Roller des koreanischen Mischkonzerns Hyosung, zu dem auch der Autohersteller Hyundai gehört, wird allerdings ohne Fahrer geliefert. Gegenüber den ersten 1995 importierten Fahrzeugen bekam der aktuelle Cab andere Blinker, einen stabileren Gepäckträger und bessere Abgaswerte. Die ko-

steten ihn allerdings 1,3 PS. Statt 5,4 stehen jetzt nur noch 4,1 PS in der Betriebserlaubnis.

Auch bei nasser Kälte startet der Cab problemlos und nimmt nach einer Gedenksekunde Gas an. Zunächst ganz lebendig, dann etwas gemütlicher vibriert er sich bis auf 52 km/h hoch. Die Sitzposition auf der weichen Sitzbank

**Eigentlich dürfen zwei Leute auf dem HMZ Cab (4,1 PS, Scheibenbremse, 3179 Mark) fahren.
Der Platz auf der weichen Sitzbank reicht aber nur für einen**

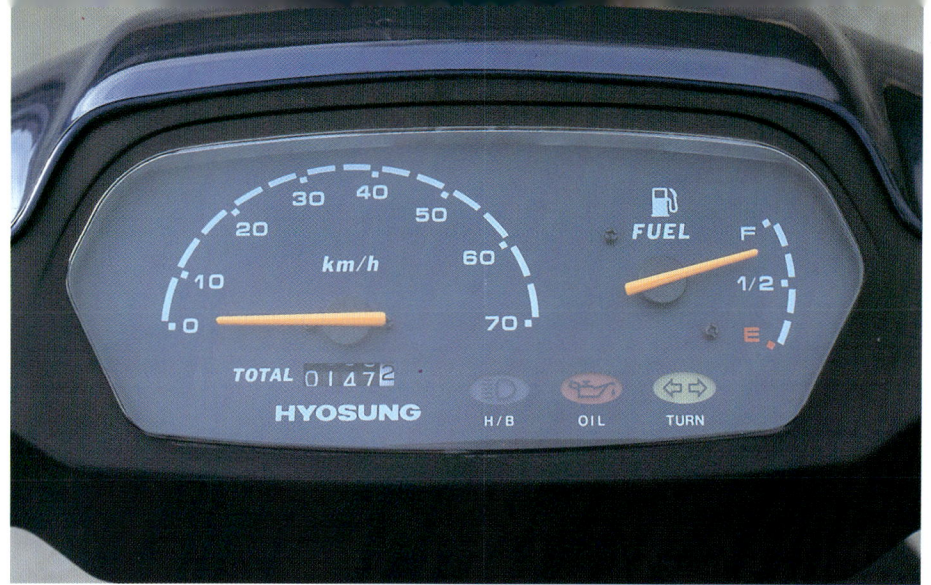

Blanken Optimismus verströmt der bis 70 km/h reichende Cab-Tacho.
Die Tankuhr dagegen signalisiert bei halbvollem Tank schon »E« wie »empty«

des kleinen Koreaners fällt auch für Lange einigermaßen bequem aus, für einen Sozius bleibt allerdings kein Platz.

Solo bereitet das Taxi durchaus Vergnügen. Vor allem die Scheibenbremse im Vorderrad arbeitet wirklich fein. Sie hat einen gut spürbaren Druckpunkt, braucht wenig Handkraft – und unversehens ist das Hinterrad in der Luft.

Für einen Roller mit Zehn–Zoll–Rädern kann man dem HMZ passable Spurstabilität attestieren, sein Wendekreis fällt allerdings recht groß aus. Und für die stuckerige Federung muß die dick gepolsterte Sitzbank einen Teil der Arbeit miterledigen. Das Licht des Cab gibt keinen Anlaß zu Kritik, nur die Tachonadel ist bei Dunkelheit kaum zu sehen. Außerhalb von normalerweise beleuchteten Tempo–30–Zonen interessiert sie aber sowieso niemand. Zu kurz gerieten indes die Spiegelausleger, in denen der Fahrer vor allem seine Ärmel bewundern kann. Der Helm hat es in seinem gepolsterten Helmfach sicher schön warm, die Knie des Fahrers dagegen nicht. Denn der Wind pfeift genau zwischen Beinschild und Lenker durch.

Keine Panik sollte der Taxi–Fahrer aufkommen lassen, wenn die Benzinuhr ins Bodenlose fällt, denn der 4,8–Liter–Tank ist dann noch halb voll. Denn mit 3,3 Litern auf 100 Kilometer ist der Cab nun wirklich kein Säufer.

HMZ Cab

Motor: Luftgekühlter Einzylinder–Zweitakter, 3kW (4,1 PS) bei 6500/min, 49 cm³, Getrenntschmierung, E– und Kickstarter, stufenlose Riemenautomatik
Fahrwerk: Zentralrohrrahmen, Telegabel und Scheibenbremse vorn, Triebsatzschwinge mit einem Federbein und Trommelbremse hinten
Fahrleistungen:
0 – 30 km/h	3,9 s
0 – 40 km/h	7,5 s
0 – 50 km/h	16,1 s

Höchstgeschwindigkeit: 52 km/h
Gewicht vollgetankt: 81 kg
Zuladung: 179 kg
Sitzhöhe: 765 mm
Wendekreis: 3,58 m
Testverbrauch: 3,3 l Normal/100 km
Tankinhalt / Reichweite: 4,8 l/ca. 145 km
Lieferbare Farben: rot, blau
Garantie: 12 Monate
Preis: 3179 Mark inkl. Nebenkosten

+ **Ausgezeichnete Scheibenbremse**
+ **Passables Fahrverhalten**
+ **Ordentliche Ausstattung**
+ **Preisgünstig**
− **Spiegelausleger zu kurz**
− **Kaum Platz für einen Sozius**

Honda SJ 50 Bali

Probier's mal mit Gemütlichkeit

Palmen werden mit dem Honda SJ 50 Bali (4,5 PS, Scheibenbremse, ungeregelter Kat, 3940 Mark) nicht mitgeliefert. Aber seine Federung ist sanft wie ein Sandstrand

Mit einem Preis von knapp 4000 Mark zählt der Honda Bali nicht zu den Preisbrechern seiner Kategorie. Auch sein unspektakuläres Design verschafft ihm wohl kaum einen Platz im Rampenlicht. Daß er trotzdem zu den beliebtesten 50ern gehört, hat andere Gründe: Je länger man sich mit ihm beschäftigt, um so mehr entpuppt er sich als bequemes und durchdachtes Fahrzeug.

Das fängt beim Fahrwerk an. Zwar mangelt es dem Bali am letzten Quentchen Lenkpräzision, und er reagiert mit seinen zehn Zoll–Rädern sensibel auf Rillen im Fahrbahnbelag. Dafür glänzt er mit einer herrlich komfortablen Federung. Löcher und Kanten bügeln die vordere Kurzschwinge und das Federbein hinten einfach weg. Auch am Motor gibt es wenig zu kritisieren: Er springt bei trockenem Wetter sofort an, bei Nässe und Kälte muß der E–Starter eine knappe Sekunde lang orgeln. Einmal warm, legt er sich aber ordentlich ins Zeug, bis die gesetzlich vorgeschriebene Drosselung bei Tacho 55 resolut abriegelt.

Spontan überzeugt die vordere Bremse. Wenn die für einen 50er fast luxuriöse Doppelkolbenzange in die Bremsscheibe beißt – und das tut sie zuverlässig schon bei leichtem Druck auf den Hebel –, dann steht der Bali auch. Trotz-

Honda SJ 50 Bali

Motor: Gebläsegekühlter Einzylinder–Zweitakter, 3,2 kW (4,5 PS) bei 6000/min, 49 cm³, Getrenntschmierung, E– und Kickstarter, stufenlose Riemenautomatik, ungeregelter Kat
Fahrwerk: Stahlrohrrahmen, gezogene Kurzschwinge (Federweg 64 mm) und Scheibenbremse (Ø 190 mm) vorn, Triebsatzschwinge mit Federbein (Federweg 77 mm) und Trommelbremse (Ø 110 mm) hinten
Fahrleistungen:

0–30 km/h	3,5 s
0–40 km/h	6,6 s
0–50 km/h	13,8 s

Höchstgeschwindigkeit: 53 km/h
Gewicht vollgetankt: 92 kg
Zuladung: 180 kg
Sitzhöhe: 770 mm
Wendekreis: 3,66 m
Testverbrauch: 3,6 l Normal/100 km
Tankinhalt/Reichweite: 7 l/ca. 194 km
Lieferbare Farben: schwarz, lila, weiß, rot
Garantie: 12 Monate
Preis: 3940 Mark inkl. Nebenkosten

- ➕ **Sänftenartiger Fahrkomfort**
- ➕ **Vorbildliche Scheibenbremse**
- ➕ **Reichliches Platzangebot**
- ➕ **Durchdachte Details**
- ➖ **Etwas kippelig**
- ➖ **Schwaches Licht**

High-Tech für einen 50er Roller: Die Doppelkolben-Bremse in der Bali-Schwinge arbeitet vorbildlich und ist auch für Neulinge gut dosierbar

dem wirkt die Scheibe, anders als bei manchem Sport–Roller, kein bißchen giftig. In puncto Bremsen setzt der Bali also Maßstäbe unter den komfortablen Alltags–Rollern. Und auch bei Kleinigkeiten darf er als vorbildlich gelten: Seine Schalter und Schlösser funktionieren prima und fummelfrei, seine großen Spiegel sitzen an langen Auslegern und der Tank unter seinem Trittbrett faßt üppige sieben Liter. Das Platzangebot ist sowohl unter als auch auf der Sitzbank großzügig – da finden selbst Menschen mit Schuhgröße 45 immer noch genug Raum für ihre Treter. Statt einer Feststellbremse allerdings hätte Honda dem Bali lieber besseres Licht spendieren sollen, und Besitzer des in Italien gefertigten Rollers klagen gelegentlich über Verarbeitungsmängel und Rost am Auspuff.

Italjet Formula 50
Formel Rot

Anspruchsvollere Fahrwerkstechnik als im Italjet Formula 50 gibt es derzeit bei Rollern nicht. Unter der aggressiven Nase des roten Sprinters (er ist auch in Gelb und Schwarz lieferbar, aber das Ferrari–Rot steht ihm einfach am besten) mit seinen schmalen Scheinwerferschlitzen führt eine veritable Achsschenkel–Konstruktion das Vorderrad. Bei Motorrädern ist solcher Aufwand der über 23 000 Mark teuren Yamaha GTS 1000 A vorbehalten – dagegen wirken die knapp 5000 Mark, die für den Formula auf den Tisch geblättert werden müssen, direkt billig. Für 1500 Mark mehr gibt es die gleiche exquisite Technik auch im Formula 125. Wie eine Achsschenkel–Lenkung in der Theorie funktioniert, steht im Kapitel Roller–Fahrwerke.

In der Praxis funktioniert sie beim Formula 50 ausgezeichnet. Das mag man auf den ersten Metern gar nicht glauben, denn beim Rangieren und bei niedrigem Tempo fühlt sich der Formula etwas schwerfällig an. Zum einen begrenzt die Achsschenkel–Konstruktion den möglichen Lenkeinschlag, was in einem recht großen Wendekreis resultiert. Zum anderen wirkt die Lenkung wegen ihrer komplizierten Mechanik schwergängiger als bei normalen Rollern. Dieser Eindruck verflüchtigt sich aber sofort, wenn der Formula Tempo aufnimmt. Das tut er trotz seines stattlichen Gewichts von 99 Kilogramm recht zügig, denn die Abstimmung des Morini–Zweitakters und der stufenlosen Riemenautomatik ist beim 96er Modell besser gelungen als bei den etwas zäher beschleunigenden 95er Formulas. Zu erkennen gibt sich die neue Version äußerlich an einem schwarzen Kühlergrill auf der Schnauze, den der gebläsegekühlte 50er zwar nicht braucht. Aber damit sieht er genauso aus wie der wassergekühlte 125er Zweizylinder. Und wer weiß – vielleicht gibt es den 50er auch mal mit Wasserkühlung..

Verbessert haben die Italjet–Entwickler die anfangs kritisierte Feder–Dämpfer–Abstimmung, die bei höherem Tempo unangenehm verhärtete und bockig wurde. Jetzt paßt alles, das Fahrwerk des erstaunlich geräumigen Formula bügelt Unebenheiten und Kanten im Fahrbahnbelag bei jedem Tempo deutlich besser weg. Und nicht nur das. Dank der Achsschenkel–Lenkung fährt der Formula wie auf Schienen. Geradeaus können das einige andere Roller auch – der Unterschied zeigt sich, wenn das Vorderrad belastet wird, etwa beim Bremsen oder beim Einfedern in kräftiger Schräglage und auf Bodenwellen. Wo eine Schwinge oder Telegabel das Vorderteil unruhig werden und beim Bremsen eintauchen läßt, rührt

Italjet Formula 50

Motor: Gebläsegekühlter Einzylinder–Zweitakter, 3,5 kW (5 PS) bei 6200/min, 49 cm³, Getrenntschmierung, E– und Kickstarter, stufenlose Riemenautomatik, ungeregelter Kat
Fahrwerk: Stahlrohrrahmen, Achsschenkel–Aufhängung (Federweg: 90 mm) und Scheibenbremse (Ø 175 mm) vorn, Triebsatzschwinge mit Federbein (Federweg: 80 mm) und Scheibenbremse (Ø 175 mm) hinten
Fahrleistungen:

0–30 km/h	3,1 s
0–40 km/h	5,7 s
0–50 km/h	10,6 s

Höchstgeschwindigkeit: 55 km/h
Gewicht vollgetankt: 99 kg
Zuladung: 187 kg
Sitzhöhe: 810 mm
Wendekreis: 4,13 m
Testverbrauch: 4,0 l Super bleifrei/100 km
Tankinhalt/Reichweite: 10 l/ca. 250 km
Lieferbare Farben: rot, gelb, schwarz
Garantie: 12 Monate
Preis: 4990 Mark inkl. Nebenkosten

+ **Traumhafte Fahrstabilität**
+ **Ausgezeichnete Bremsen**
+ **Gute Fahrleistungen**
+ **Recht geräumig**
+ **Echter Hingucker**
− **Zu kurze Spiegelausleger**
− **Teuer**

Design und Technik des Italjet Formula 50 (5 PS, zwei Scheibenbremsen, Achsschenkel-Lenkung, ungeregelter Kat, 4990 Mark) sind unter Rollern konkurrenzlos

sich beim Formula gar nichts. Seine Fahrstabilität ist wirklich traumhaft, so sicher liegt kein anderer 50er auf der Straße.

Bezahlt werden muß das exzellente Fahrverhalten wie schon erwähnt mit eingeschränkter Handlichkeit. Sonst gibt es am Formula wenig zu kritisieren. Seine beiden Scheibenbremsen waren von Anfang an Klasse in Wirkung und Dosierbarkeit, die vordere dürfte bei einem Sportroller seiner Güte allerdings noch einen etwas präziseren Druckpunkt aufweisen. Neben einigen weiteren Kleinigkeiten wie einem geänderten Kickstarter bekam der 96er Formula endlich auch Fernlicht. Besonders hell strahlt es zwar nicht aus der kleinen Scheinwerferöffnung, aber besser als das Abblendlicht allemal. Auch die Verarbeitung hat sich gegenüber früheren Exemplaren gebessert. Die Ausstattung mit Helm– und Staufach war von Anfang an komplett, der außenliegende und abschließbare Tankstutzen ist ein pfiffiges Detail. Nur die Spiegelausleger sind immer noch zu kurz, und von dem nervenden Blinkerpiepser mochte sich Italjet auch nicht trennen.

Ein Achsschenkel führt das Vorderrad des Italjet und entlastet die Torsionsstab-Federung von Bremskräften. Folge: Bremstauchen gibt's beim Formula nicht

Italjet Velocifero
Modernes Antiquariat

Pure Nostalgie steht hinter dem Design des Italjet Velocifero (4 PS, acht-Zoll-Räder, zwei Trommelbremsen, 4490 Mark). Seine quirliger Motor ist allerdings ganz von heute

Nicht nur bei ausgemachten Nostalgikern unter den Zeitgeist–Surfern trifft der Italjet mit seinen wohlgeformten Rundungen auf Anhieb ins Schwarze. Übers Vorderrad wölbt sich ein Kotflügel wie ein Feuerwehrhelm aus Kaiser Wilhelms Zeiten, die gezogene Kurzschwinge darunter mutet ebenfalls antik an. Hinter dem geschwungenen Beinschild aus klassischem Blech reihen sich im Fußraum verchromte Tritthalter aneinander. Die spitz nach hinten zulaufende Karosse des Italjet wirkt leicht und filigran wie ein Vogelkörper – ein modernes Antiquariat auf Rädern.

Entgegen dem beabsichtigten ersten Eindruck outet sich der Velocifero bei näherer Betrachtung als durchaus zeitgemäßes Vehikel. Da ist zum einen der moderne Zweitakter vom Italjet–Hauslieferanten Franco Morini. Eine Startautomatik macht den Choke überflüssig, Getrenntschmierung und stufenlose Riemenautomatik sind selbstverständlich. Aber da ist auch jede Menge Kunststoff, die Metall nur vortäuscht. Tatsächlich sind beim Velocifero nur Beinschild und Boden aus Blech. Die hintere Verkleidung ist schnödes Plastik, genau wie das Wurzelholz–Imitat im klassisch–schlichten Cockpit und die beiden edel anmutenden, erfreulich hellen Heckleuchten.

In der Tat nostalgisch – und damit aus heutiger Sicht leider auch ziemlich mau – ist der Bedienungskomfort, den der Italjet bietet. So sucht man vergeblich nach einem Griff oder gar einer Halteleiste, um den Italjet auf den schlichten, Vespa–typischen Hauptständer zu ziehen. Weil das Hinterrad auch aufgebockt am Boden bleibt, hüpft der Velocifero beim unvorsichtigen Gasgeben vom Ständer. Auch das Rangieren erfordert etwas Feingefühl für die Balance.

Dieser Eindruck verstärkt sich noch beim Fahren: So zügig und spontan druckvoll der spürbar vibrierende Zweitakter auch losschiebt, unterwegs wirkt der Velocifero immer etwas kippelig. Das Fahrwerk mit acht Zoll kleinen Rädchen und Reifen im schmalen Format 3.50 fordert stets die volle Aufmerksamkeit des Fahrers. Die ist auch angebracht, wenn es ans Bremsen geht. Denn sie winzige Trommelbremse im Vorderrad gibt sich rupfig und funktioniert eher nach dem digitalen Prinzip: ganz oder gar nicht. Für scharfes Bremsen mit dem Italjet braucht man gute Nerven. Spürbar besser stoppt die hintere Trommel.

Nicht allzuviel sollten Nostalgiker vom Federungskomfort des Velocifero erwarten. Seine Kurzschwinge spricht zwar sensibel auf kleine Unebenheiten an, aber die winzigen Räder scheinen Rillen und Schlaglöcher nur so zu suchen. Beim eleganten Umzirkeln von Gullideckeln kommt echtes Oldtimer–Feeling auf.

Das Licht, das aus dem formschönen Doppelscheinwerfer des Italjet strahlt, leuchtet die Straße gut aus. Leider blendet es auch den Fahrer, weil die Scheinwerfergläser zu weit nach vorn überstehen und so im Blickfeld liegen. Wie zum Ausgleich für die Tatsache, daß der Velocifero serienmäßig nur einen Spiegel hat, gibt es beim Kauf des Nostalgie–Rollers eine Abdeckplane, Schlüsselanhänger, Politur und Lackstift dazu. Wer sich traut, auf dem Velocifero zu zweit zu fahren, darf auf den Kaufpreis noch 256 Mark drauflegen. Soviel nämlich kostet ein Soziussitz mit Haltegriff.

In guter alter Oldie–Tradition steht die Wartungsfreundlichkeit des Italjet. Batterie, Zündkerze und Vergaser sind entweder direkt von der Seite zugänglich oder durch Klettverschlüsse in der Kunstleder–Auskleidung des Helmfachs erreichbar, das einem Jethelm Platz bietet. Auch das Tanken funktioniert so einfach wie ehedem, denn beim Velocifero sitzt der absperrbare, metallene Tankdeckel ganz einfach hinten auf dem Heck.

Es ist nicht alles Blech und Holz, was danach aussieht. Der Instrumententräger um den winzigen Tacho des Velocifero ist pures Plastik

Italjet Velocifero

Motor: Gebläsegekühlter Einzylinder–Zweitakter, 3,0 kW (4 PS) bei 6500/min, 49 cm³, Getrenntschmierung, E– und Kickstarter, stufenlose Riemenautomatik, ungeregelter Kat

Fahrwerk: Kombinierter Preßblech–Stahlrohrrahmen, Kurzschwinge (Federweg 60 mm) und Trommelbremse (Ø 130 mm) vorn, Triebsatzschwinge mit Federbein (Federweg 70 mm) und Trommelbremse (Ø 120 mm) hinten

Fahrleistungen:

0–30 km/h	3,3 s
0–40 km/h	5,4 s
0–50 km/h	8,7 s

Höchstgeschwindigkeit: 55 km/h

Gewicht vollgetankt: 80 kg

Zuladung: 183 kg

Sitzhöhe: 770 mm

Wendekreis: 3,16 m

Testverbrauch: 3,8 l Super bleifrei/100 km

Tankinhalt/Reichweite: 8 l/ca. 210 km

Lieferbare Farben: grün, lachsrosa, blau

Garantie: 12 Monate

Preis: 4490 Mark inkl. Nebenkosten

➕ **Sieht toll aus**

➕ **Flotte Fahrleistungen**

➕ **Antriebstechnisch von heute**

➖ **Kippeliges Fahrverhalten**

➖ **Unzureichende Trommelbremse vorn**

➖ **Nicht ganz billig**

KTM Kross
Familiär belastet

KTM Kross

Motor: Gebläsegekühlter Einzylinder-Zweitakter, 3,5 PS (2,6 kW) bei 6250/min, 49 cm³, Getrenntschmierung, E- und Kickstarter, stufenlose Riemenautomatik, ungeregelter Kat

Fahrwerk: Stahlrohrrahmen, Telegabel (70 mm Federweg) und Scheibenbremse (Ø 190 mm) vorn, Triebsatzschwinge mit Federbein (60 mm Federweg) und Trommelbremse (Ø 110 mm) hinten

Fahrleistungen:

0-30 km/h	4,1 s
0-40 km/h	7,2 s
0-50 km/h	13,1 s

Höchstgeschwindigkeit: 55 km/h
Gewicht vollgetankt: 89 kg
Zuladung: 181 kg
Sitzhöhe: 810 mm
Wendekreis: 3,80 m
Testverbrauch: 3,6 l Normal / 100 km
Tankinhalt/Reichweite: 6,5 l/ca. 180 km
Lieferbare Farben: orange, silbermetallic
Garantie: 12 Monate
Preis: 4490 Mark inkl. Nebenkosten

⊕ **Stabiles Fahrverhalten**
⊕ **Geeignet für leichtes Gelände**
⊕ **Wirksame Scheibenbremse**
⊕ **Gute Verarbeitung**
⊖ **Bremshebel schlecht erreichbar**
⊖ **schwache Trommelbremse**
⊖ **Bescheidener Soziusplatz**

Gutes Design, ordentliche Verarbeitung, stabiles Fahrwerk – nur die Ausstattung des Kross geriet karg, und die Handprotektoren sind beim schnellen Griff zur Bremse im Weg

Auch wenn KTM einen guten Namen im Enduro-Sport hat – für die Rallye Paris-Dakar ist ein Stollen-Roller wie der KTM Kross sicher die falsche Wahl. Wenn es dagegen über Feldwege zum Badesee gehen soll, sieht die Sache schon anders aus. Denn für solche Unternehmungen ist der optisch gelungene Kross wie geschaffen. Sein 3,5 PS-Zweitakter ist zwar kein

Kaum ein Stollen-Roller taugt wirklich fürs Gelände. Beim KTM Kross (3,5 PS, ungeregelter Kat, 4490 Mark) ist das anders – sein straff abgestimmtes Fahrwerk steckt auch derbe Stöße weg

Muster an Laufruhe, sorgt aber für Fahrleistungen im besseren Mittelfeld der 50er Roller und gibt sich mit einem Verbrauch von 3,6 Litern Normalbenzin auf 100 Kilometer ausreichend sparsam.

Mit 13-Zoll-Rädern fällt die Fahrstabilität des Kross recht überzeugend aus. Sein straff abgestimmtes Fahrwerk kann – schierer Luxus unter 50er Rollern – hinten sogar ein in einem Bereich von 30 Millimetern stufenlos vorspannbares Federbein aufweisen, das Durchschlagen zuverlässig verhindert. Kein Wunder, daß der Kross damit im Gelände eine gute Figur macht. Wo Roller normalerweise nichts zu suchen haben, steckt er Wellblechpisten locker weg. Sportlichkompromißlos gibt er sich leider auch gegenüber dem Sozius, denn trotz ausklappbarer Beifahrer-

Fußrasten ist der Platz nur als Notbehelf zu gebrauchen. Traute Zweisamkeit kommt auf der zu kurzen Sitzbank wohl kaum auf.

Licht und Schatten auch bei den Bremsen. Die Scheibenbremse im Vorderrad macht ihre Arbeit sehr gut, doch dieser Eindruck setzt sich mit der hinteren Trommel nicht fort. Trotz ordentlichen Zupackens schafft sie es nicht, das Hinterrad zum Blockieren zu bringen, und ihre Dosierbarkeit läßt ebenfalls zu wünschen übrig. Bei Notbremsungen machen sich außerdem die serienmäßigen Handprotektoren des Kross unangenehm bemerkbar. Sie liegen zu nah an den Hebeln, sodaß Fahrer mit großen Händen beim plötzlichen Zupacken mitunter den Schutzbügel statt der Bremse erwischen. Und das kann bös ins Auge gehen.

Kymco Fever ZX 50
Stadtflitzer

Kymco steht für Kwang Yang Motor Company. Dahinter verbirgt sich einer der drei größten Rollerproduzenten Taiwans. Zusammen mit dem Kymco-Erzrivalen SYM, Yamaha Taiwan und einem halben Dutzend kleinerer Hersteller spuckt Taiwans Zweirad-Branche jährlich rund 1,5 Millionen Roller aus, von denen die weitaus meisten von den Märkten Asiens aufgenommen werden.

Dementsprechend fällt auch die Statur des Fever ZX 50 recht zierlich aus. Der Fahrer findet zwar ausreichend Platz, aber in Kurven heißt es: Knie raus. Nicht des sportlichen Aussehens

Kurvenfieber kommt auf dem Kymco Fever ZX 50 (2,7 PS, Scheibenbremse, 3715 Mark) kaum auf, denn in Schräglage schleift bald seine Verkleidung am Boden. Dafür ist er in der Stadt superhandlich

wegen, sondern um einen Konflikt mit dem niedrigen Lenker zu vermeiden. Für einen Sozius reicht der Platz auf der kurzen Sitzbank kaum, der Beifahrer sitzt halb auf dem massiven Haltegriff und muß seine Füße auf unbequem hohen Trittflächen unterbringen.

Dafür ist der Fever 82 Kilo leicht, richtig gut ausgestattet und trotz seiner nominell nur 2,7 PS recht lebendig. Bergauf geht ihm zwar schnell die Puste aus, auf der Ebene kommt er aber durchaus flott voran. Seine Stärken kann er vor allem im Stadtverkehr so richtig ausspielen. Mit seiner niedrigen Sitzhöhe und den schmalen Zehn-Zoll-Reifen ist er superhandlich und hat eine tolle Scheibenbremse, die fein dosierbar und kraftvoll verzögert. Gut ausbalanciert, schlängelt sich der Fever überall durch. Sportliche Ambitionen sind ihm dagegen wesensfremd: Bei höherem Tempo läßt seine Lenkpräzision nach, und in Schräglage schleift bald seine Verkleidung auf dem Asphalt.

Luxuriös wirkt die elektrische Ausstattung des Fever. Er hat je zwei Lämpchen für Standlicht, Rücklicht und Abblendlicht, dazu sogar eine Warnblinkanlage. Sein außenliegender Tankstutzen ist abschließbar, und eine serienmäßiger Seitenständer zusätzlich zum Hauptständer erspart die Mühe des Aufbockens. Was dagegen fehlt, ist ein richtiger Gepäckträger. Und ein großer Integralhelm paßt leider auch nicht ins Helmfach.

Kymco Fever ZX 50

Motor: Gebläsegekühlter Einzylinder-Zweitakter, 2 kW (2,7 PS) bei 6300/min, 49 cm^3, Getrenntschmierung, E- und Kickstarter, stufenlose Riemenautomatik
Fahrwerk: Stahlrohrrahmen, Telegabel und Scheibenbremse (Ø 160 mm) vorn, Triebsatzschwinge mit einem Federbein und Trommelbremse (Ø 95 mm) hinten
Fahrleistungen:
0-30 km/h   4,0 s
0-40 km/h   7,1 s
0-50 km/h   11,8 s
Höchstgeschwindigkeit: 55 km/h
Gewicht vollgetankt: 82 kg
Zuladung: 178 kg
Sitzhöhe: 740 mm
Wendekreis: 3, 56 m
Testverbrauch: 3,2 l Normal bleifrei/100 km
Tankinhalt/Reichweite: 5 l/ca. 156 km
Lieferbare Farben: schwarzblau-metallic, rotmetallic, purple-metallic
Garantie: 12 Monate
Preis: 3715 Mark inkl. Nebenkosten

+ **Sehr handlich**
+ **Ausgezeichnete Scheibenbremse**
+ **Gut ausgestattet**
+ **Ordentlich verarbeitet**
+ **Recht sparsam**
− **Eingeschränktes Platzangebot**
− **Wenig Schräglagenfreiheit**
− **Schwach am Berg**

Trotz seiner zierlichen Ausmaße glänzt der Fever mit guter Ausstattung.
Doppelte Lampen-Ausstattung, Seitenständer und außenliegender Tankstutzen sind praktische Details

Malaguti Centro
Flott und komfortabel

Der buchstäblich große Vorteil des Malaguti Centro ist ein üppig dimensioniertes Helmfach, in das auch eine DIN A4-Mappe paßt. Das kann er sich leisten, denn sein Fünf-Liter-Tank sitzt ebenso wie das Ölreservoir platzsparend im Beinschild. Auch sonst zeigt sich der Italiener als durchdachte Konstruktion ohne nennenswerte Schwächen. Ein Manko sind lediglich der etwas knappe Fußraum und das Fehlen von Gepäckträger und Griff zum Aufbocken. Ansonsten finden Fahrer und Sozius aber durchaus kommode Platzverhältnisse vor.

Ähnlich wie beim Aprilia Gulliver tut sich unter der Sitzbank des Malaguti Centro ein großes Gepäckfach auf. Der Tank sitzt platzsparend im Beinschild

Malaguti Centro

Motor: Gebläsegekühlter Einzylinder-Zweitakter, 2,1 kW (3 PS) bei 6500/min, 49 cm^3, E- und Kickstarter, stufenlose Riemenautomatik
Fahrwerk: Stahlrohrrahmen, Telegabel (Federweg: 80 mm) und Scheibenbremse (Ø 200 mm) vorn, Triebsatzschwinge mit Federbein (Federweg: 75 mm) und Trommelbremse (Ø 110 mm) hinten
Fahrleistungen:
0-30 km/h	3,7 s
0-40 km/h	5,9 s
0-50 km/h	9,5 s

Höchstgeschwindigkeit: 55 km/h
Gewicht vollgetankt: 82 kg
Zuladung: 144 kg
Sitzhöhe: 790 mm
Wendekreis: 3,73 m
Testverbrauch: 3,7 l Super bleifrei/100 km
Tankinhalt/Reichweite: 5 l/ca. 130 km
Lieferbare Farben: rot, blau, weiß
Garantie: 12 Monate
Preis: 4095 Mark inkl. Nebenkosten

➕ **Stabiles Fahrverhalten**
➕ **Ausgezeichnete Scheibenbremse**
➕ **Leiser, kräftiger Motor**
➕ **Geräumiges Helmfach**
➕ **Komfortable Federung**
➖ **Kein Gepäckträger**
➖ **Nicht billig**

Ausgezeichnet in Wirkung und Dosierbarkeit funktioniert die Scheibenbremse im Vorderrad des Centro SL – und das ist auch gut so, denn motorseitig zeigt sich der 50er sehr agil und umtriebig. Obwohl der nominell gerade mal drei PS starke, gebläsegekühlte Zweitakter erfreulich leise und dezent vor sich hinsurrt, sind seine Fahrleistungen nicht von Pappe. Den Ampelspurt von Null auf 50 km/h bewältigt der Centro in weniger als zehn Sekunden – alle Achtung. Eine gut ansprechende Federung und ein präzise arbeitendes Fahrwerk mit 14 Zoll großen Rädern machen den pfiffigen Italo-Roller zu einem fahrstabilen und komfortablen Allrounder. Anders als sein Name Centro assoziiert, taugt der Malaguti auch für einen Abstecher zum Badesee.

Das alles hat freilich auch seinen Preis, denn mit knapp 4100 Mark zählt der Centro nicht mehr zu den Billigheimern seiner Kategorie. Auch die Ersatzteilpreise des Malaguti sind einen Tick höher als die vergleichbarer Großradlroller wie Piaggio Free und Aprilia Scarabeo. Dafür verspricht der Importeur, jedes Teil quasi über Nacht liefern zu können. Die in Italien serienmäßige Alarmanlage ist in Deutschland leider nicht zulässig, das Moto-Guard-Lämpchen im Cockpit bleibt deshalb ohne Funktion.

Komfortabel und fahrsicher ist der Malaguti Centro (3 PS, 14-Zoll-Räder, Scheibenbremse, 4095 Mark). Vom mopedmäßigen Aussehen des Großradlers sollte man sich nicht irritieren lassen

Malaguti CR 1
Vorsprung durch Technik

Langen bietet der CR 1 mit seinem hohen Trittbrett wenig Platz für ihre Gehwerkzeuge.
Da muß man sich ab und zu etwas entspannen

Daß sich technischer Aufwand auch bei Rollern auszahlt, beweist der 1995 vorgestellte Malaguti CR 1. Zum echten Crosser unter Rollern machen ihn nicht Designelemente wie der hochgelegte vordere Kotflügel und die verkleidete Scheibenbremse vorn, die dekorativen Kunststoffgitter oder die Triebsatzschwinge im sportlichen Bananen-Look. Seine Stärke ist sein Fahrwerk: Das zwölfzöllige Vorderrad führt eine Telegabel mit 32 Millimeter dicken Standrohren, die Triebsatzschwinge stützt sich über ein progressiv wirken-

des Hebelsystem gegen ein im Mitteltunnel liegendes Federbein ab. Satte 120 Millimeter Federweg ermöglicht diese bei sportlichen Enduros gebräuchliche Bauweise.

Das Ergebnis rechtfertigt den Aufwand. Nicht nur auf der Straße, auch im leichten Gelände macht das Fahrwerk des CR 1 eine hervorragende Figur. Fein ansprechend schlucken die Federelemente kleine und größere Unebenheiten weg, wie es sonst kein moderner Roller mit Triebsatzschwinge schafft. Überzeugend ist die unbeirrba-

Malaguti CR 1

Motor: Gebläsegekühlter Einzylinder-Zweitakter, 3 kW (4,1 PS) bei 6900/min, 49 cm³, Getrenntschmierung, E- und Kickstarter, stufenlose Riemenautomatik
Fahrwerk: Stahlrohrrahmen, Telegabel (Federweg 75 mm) und Scheibenbremse (Ø 190 mm) vorn, Triebsatzschwinge mit liegendem, über Hebelsystem angelenktem Federbein (Federweg 120 mm) und Trommelbremse (Ø 110 mm) hinten
Fahrleistungen:

0-30 km/h	4,1 s
0-40 km/h	7,4 s
0-50 km/h	12,4 s

Höchstgeschwindigkeit: 55 km/h
Gewicht vollgetankt: 92 kg
Zuladung: 167 kg
Sitzhöhe: 820 mm
Wendekreis: 3,46 m
Testverbrauch: 3,5 l Super bleifrei/100 km
Tankinhalt/Reichweite: 8,4 l/ca. 240 km
Lieferbare Farben: rotmetallic, blaumetallic
Garantie: 6 Monate
Preis: 4695 Mark inkl. Nebenkosten

- ➕ **Tolles Fahrwerk**
- ➕ **Kräftige Bremsen**
- ➕ **Ausgezeichnete Federung**
- ➕ **Gute Fahrleistungen**
- ➖ **Unbequem für Lange**
- ➖ **Wenig Stauraum**
- ➖ **Teuer**

Platz für ihre Beine. Auch die Fußhaltung fällt nicht sonderlich bequem aus, denn die schmalen Trittflächen bilden nach vorn einen Winkel. Das Helmfach zeigt sich widerborstig, wenn ein Integralhelm hinein soll. Gepäckträger, vorderes Staufach und Fernlicht sind Fehlanzeige.

Rein in den Dreck – das macht mit dem Malaguti CR 1 (4,1 PS, zwölf-Zoll-Rad und Scheibenbremse vorn, 4695 Mark) richtig Spaß. Gute Fahrleistungen und ein Top-Fahrwerk sind leider nicht umsonst zu haben

re Fahrstabilität des Malaguti sowohl auf der Geraden als auch in Kurven, die er weder mit Einbußen beim Komfort noch bei der Handlichkeit bezahlt. Mit seiner relativ langen Getriebeübersetzung ist der kräftige CR 1 zwar kein Sprinter, aber Endgeschwindigkeit und Verbrauch gehen in Ordnung. Auch die Bremsen des CR 1 verdienen Lob: Sie verzögern vorne wie hinten wirksam, weich und gut dosierbar bei geringer Handkraft.

Einschränkungen muß der CR 1-Pilot von anderer Seite hinnehmen. Auf eine hohe, dünn gepolsterte Sitzbank hinter den niedrigen Lenker gekauert, finden vor allem Langgeratene wenig

Malaguti Phantom F-12 LC
Phantom im Rampenlicht

Der Malaguti F-10 Jetline war jahrelang der Renner bei den Ragazzi Italiens. Und obwohl die Bologneser Rollerbauer mit der Produktion kaum nachkamen, setzten sie mit dem Phantom F-12 LC noch eins drauf. Sein verschärftes, mittlerweile gern kopiertes Design mit Nüstern und einem Doppelscheinwerfer im Ellipsoid-Look läßt den Vorgänger reif fürs Luftfahrtmuseum erscheinen.

Keine Frage – der Phantom fällt auf. Die wesentliche Neuerung gegenüber dem F-10 steckt allerdings unter der Karosserie: Es ist der wassergekühlte Zweitakter von Yamaha-Lizenznehmer Minarelli. Er geizt mit Sprit, läuft kultiviert, ist kräftig im Antritt und hält das Tempo – einer eher kurzen Auslegung der Automatik wegen – auch an Steigungen. Bergab geht's allerdings

Für jugendliche Rollerfans in Italien ist der Phantom-F12 LC der Traum-Roller. Er sieht stark aus, hat ein tadelloses Fahrwerk, und sein hoher Preis macht ihn noch begehrenswerter

Auffällig und gern kopiert: Das Design des sportlichen Malaguti Phantom F-12 LC (4,3 PS, zwölf-Zoll-Räder, 4995 Mark). Sein wassergekühlter Zweitakter läuft kultiviert und sparsam

auch nicht viel schneller. Trotzdem können sich die Fahrleistungen des gewichtigen F-12 sehen lassen.

Bremsen und Fahreigenschaften des Malaguti sind rundum gelungen. Mit seinen Zwölf-Zoll-Rädern der Dimension 120/70 vorn und 130/70 hinten läßt er sich ohne Gewackel ums Eck treiben und fährt präzise dorthin, wo sein Fahrer will. Die vordere Grimeca-Scheibenbremse gehört unter sportlichen 50er-Rollern zu den besten.

Weniger gelungen wirkt die Federungsabstimmung des F-12. Während die Gabel sensibel anspricht und gut dämpft, kann man dem hinteren Federbein Feinfühligkeit nicht vorwerfen. Auch die Sitzposition mit sehr eingeschränktem Beinraum und einem zu nahe am Fahrer plazierten Lenker ist schon für mittelgroße Rollerfahrer unbequem – ganz abgesehen davon, daß sich so die Instrumente nur unter Verrenkungen ablesen lassen.

Bei der Ausstattung beschränkt sich der Malaguti seinem sportlichen Naturell entsprechend aufs Nötige. Das bedeutet, daß das Cockpit mit Tacho, Tankuhr, Wasserthermometer und diversen Lämpchen glänzt. Der F-12 hat ein geräumiges Helmfach, dagegen sind Gepäckträger, vorderes Staufach und Fernlicht Fehlanzeige. Für Sparsame gibt es den F-12 auch mit einem luftgekühlten Motor. Dann hat er drei PS und ist 400 Mark billiger.

Malaguti Phantom F-12 LC

Motor: Wassergekühlter Einzylinder-Zweitakter, 3,2 kW (4,3 PS) bei 6800/min, 49 cm³, Getrenntschmierung, E- und Kickstarter, stufenlose Riemenautomatik
Fahrwerk: Stahlrohrrahmen, Telegabel (Federweg 75 mm) und Scheibenbremse vorn, Triebsatzschwinge mit einem Federbein (Federweg 70 mm) und Trommelbremse hinten
Fahrleistungen:

0-30 km/h	3,4 s
0-40 km/h	5,5 s
0-50 km/h	10,3 s

Höchstgeschwindigkeit: 55 km/h
Gewicht vollgetankt: 96 kg
Zuladung: 164kg
Sitzhöhe: 800 mm
Wendekreis: 3,46 m
Testverbrauch: 3,1 l Super bleifrei/100 km
Tankinhalt/Reichweite: 8,5 l/ca. 274 km
Lieferbare Farben: gelb, rotmetallic, blaumetallic
Garantie: 12 Monate
Preis: 4995 Mark inkl. Nebenkosten

➕ **Kräftiger, sparsamer Motor**
➕ **Tadelloses Fahrverhalten**
➕ **Ausgezeichnete Scheibenbremse**
➖ **Unharmonische Federungsabstimmung**
➖ **Ungünstige Sitzposition**
➖ **Nur durchschnittliche Ausstattung**

MBK Booster Next Generation/
Yamaha BW's 50 Next Generation
Die nächste Generation

MBK Booster NG/Yamaha BW's 50 NG

Motor: Gebläsegekühlter Einzylinder-Zweitakter, 3,4 kW (4,6 PS) bei 7000/min, 49 cm³, Getrenntschmierung, E- und Kickstarter, stufenlose Riemenautomatik, ungeregelter Kat
Fahrwerk: Stahlrohrrahmen, Telegabel (Federweg 80 mm) und Scheibenbremse (Ø 180 mm) vorn, Triebsatzschwinge mit Federbein (Federweg 60 mm) und Trommelbremse (Ø 110 mm) hinten
Fahrleistungen:

0-30 km/h	3,6 s
0-40 km/h	5,7 s
0-50 km/h	9,6 s

Höchstgeschwindigkeit: 55 km/h
Gewicht vollgetankt: 81 kg
Zuladung: 167 kg
Sitzhöhe: 800 mm
Wendekreis: 3,51 m
Testverbrauch: 3,4 l Normal bleifrei/100 km
Tankinhalt/Reichweite: 6 l/ca. 176 km
Lieferbare Farben: schwarz, gelb, cardinalrot (MBK); petrol, rot, schwarz (Yamaha)
Garantie: 12 Monate
Preis: 3990 Mark inkl. Nebenkosten

- ➕ Schnell und kräftig
- ➕ Wackelfreies Fahrverhalten
- ➕ Wirksame Scheibenbremse
- ➕ Sieht gut aus
- ➖ Brettharte Federung
- ➖ Eingeschränktes Platzangebot
- ➖ Magere Ausstattung

The Next Generation – klar, das kennen wir aus dem Fernsehen. Im Raumschiff Enterprise hat Glatzkopf Picard den legendären Captain Kirk abgelöst und die zweite Runde der amerikanischen Kult-Serie eingeläutet. Auf der Straße dagegen ist es noch nicht ganz soweit. Der Booster Next Generation und sein eineiiger Yamaha-Zwil-

ling BW's 50 Next Generation stehen zwar schon bereit, ihre erfolgreichen Vorgänger Booster und Yamaha BW's 50 (im Testteil dieses Buches zu finden unter Yamaha) aufs Altenteil zu schicken. Doch auch diese beiden werden noch immer gebaut.

Sein markantestes Merkmal, der Doppelscheinwerfer, ist dem neuen Booster geblieben und liefert jetzt endlich prima Licht. Bleiben durfte auch der 4,6 PS-Motor, der schon den 1995 renovierten Booster zu einem starken Sprinter gemacht hat. So ist es wenig verwunderlich, daß auch der Neuling sehr lebhaft losgeht. Die Motorleistung läßt nichts zu wünschen übrig und katapultiert ihn bei der Beschleunigungs-Olympiade für 50er Roller ins vordere Drittel des Feldes.

Vom Antrieb abgesehen, hat der neue Booster unter seinem modisch aufgepeppten Plastikkleid kaum noch etwas mit seinem Vorgänger gemeinsam. Die Unterschiede fangen bei der Federung an. Sie hat sich leider nicht zum Besseren verändert, sondern an Gnadenlosigkeit noch zugelegt. Sowohl die kräftige Telegabel als auch das hintere Federbein sind kompromißlos hart. Schon leichte Unebenheiten im Asphalt lassen den Rol-

Wer mit »Raumschiff Enterprise« groß geworden ist, wird am Cockpit des Booster Next Generation nichts Ungewöhnliches finden

Dem erfolgreichen Pärchen Yamaha BW's 50 und MBK Booster steht mit den Modellen der Next Generation
(4,6 PS, Scheibenbremse, 3990 Mark) Ablösung ins Haus. Starke Fahrleistungen und bretthharte Federung lassen keinen
Zweifel an ihrem kompromißlosen Charakter

ler bocken und unruhig werden wie die Enterprise unter Vogonenbeschuß. Da behält der Käptn besser beide Hände am Lenker.

Ansonsten ist das Fahrverhalten des Neuen aber tadellos. Auf seinen dicken Ballonreifen rollt er genau dahin, wo sein Steuermann ihn haben will, und nimmt auch flotte Kurven sicher, zielgenau und ohne Gewackel. Ebenfalls gut macht die vordere Bremse ihre Arbeit. Die Trommel hinten wirkt dagegen etwas teigig, blockiert aber dennoch sehr früh.

Gewonnen hat der Booster an Stauraum. Im Gegensatz zu seinem Vorgänger hat er jetzt nämlich ein Helmfach. Wenn's darum geht, lange Fahrerbeine zu verstauen, baut der Booster aber zu kurz – die Knie schließen schnell und möglicherweise unangenehm Bekanntschaft mit Beinschild und Lenker. Auch der Fußraum dürfte größer sein. Andererseits ist der Booster durch seine kleinen Abmessungen sehr handlich und wendig.

Ein bißchen Enterprise-Feeling kommt beim Blinken auf, denn das zeigt der Roller durch ein leises Knacken an. Eine Blinker-Kontrolleuchte im wild und bunt gestylten Cockpit gibt es nicht – sicher Geschmackssache. Wie Booster-Fahren eben. Dazu gehört auch, sich mit der mageren Serienausstattung abzufinden: Es gibt zwar ein Helm-, aber kein Staufach, und auch der Gepäckträger ist ein Extra.

Wer im Booster-Sattel noch weiter in den Hyperraum vorstoßen will, findet vielleicht im Booster Rocket oder dem Yamaha-Paralleltyp BW's Spy für 4290 Mark das geeignete Transportmittel. Er unterscheidet sich vom normalen Booster der neuen Generation vor allem durch seine stattlichen Zwölf-Zoll-Räder der Dimension 120/70 vorn und 130/70 hinten. Dazu kommen ein Windschild über dem Cockpit, ein Bug- und einen Heckspoiler. Das braucht man auch bei Warp sechs.

MBK Evolis/Yamaha Zest 50
Eleganter Franzose

Ein üppiges Raumangebot und guter Wetterschutz waren die Entwicklungsziele der MBK-Ingenieure für den Evolis, den es baugleich auch als Yamaha Zest gibt. Besonders stolz waren die französischen Techniker, daß der Evolis – auch wenn die Antriebstechnik von Minarelli und damit letztlich von Yamaha stammt – in Design und Maßen den Vorstellungen europäischer Rollerfahrer entspricht. Die hatte man im Rahmen einer Marktanalyse zuvor nach ihren Wünschen gefragt, die Ergebnisse flossen in die Konzeption des Evolis ein.

Konzipiert für europäische Körpermaße, bieten der MBK Evolis und der baugleiche Yamaha Zest 50 (3,9 PS, Scheibenbremse, 4500 Mark) auch 1,90-Meter-Menschen eine bequeme Sitzposition und guten Wetterschutz

Was Sitzposition und Platzverhältnisse angeht, kann unter 50er Rollern tatsächlich nur der spanische Derbi Vamos mit dem Evolis konkurrieren. Auf dem Evolis haben zwei Erwachsene aber noch bequemer Platz, der ebenfalls geräumige Honda Bali ist ein ganzes Stück kleiner. Beim Wetterschutz müssen alle anderen passen, denn das breite Beinschild des Evolis schließt perfekt mit der Lenkerverkleidung ab, die auch die Hände des Fahrers schützt. So kommt bei Regenfahrten kaum einen Tropfen auf Knie und Schuhe des Evolis-Lenkers – zumindest, solange der Roller fährt.

Zum luxuriösen Konzept paßt die vorbildliche Ausstattung mit Scheibenbremse am Vorderrad, ungeregeltem Kat, großen Spiegeln an langen Auslegern, Helmfach und einer Digitaluhr im Cockpit – man will ja schließlich wissen, ob man noch rechtzeitig zu seinem Termin kommt. Nicht ganz so gut gelungen wie Karosserie und

Schade eigentlich: Mit Telegabel und einer kräftigen Brembo-Scheibenbremse vorn hat das Evolis-Fahrwerk gute Anlagen. Doch auf seinen schmalen zehn-Zoll-Rädern wirkt der Roller recht kippelig

MBK Evolis/Yamaha Zest 50

Motor: Gebläsegekühlter Einzylinder-Zweitakter, 2,9 kW (3,9 PS) bei 6500/min, 49 cm^3, Getrenntschmierung, E- und Kickstarter, stufenlose Riemenautomatik, ungeregelter Kat
Fahrwerk: Stahlrohrrahmen, Telegabel (Federweg 70 mm) und Scheibenbremse (Ø 155 mm) vorn, Triebsatzschwinge mit einem Federbein (Federweg 60 mm) und Trommelbremse (Ø 110 mm) hinten
Höchstgeschwindigkeit: 52 km/h
Gewicht vollgetankt: 80 kg
Zuladung: 167 kg
Sitzhöhe: 750 mm
Testverbrauch: 3,6 l Normalbenzin/100 km
Tankinhalt/Reichweite: 7 l/ca. 194 km
Garantie: 12 Monate
Preis: 4500 Mark inkl. Nebenkosten

- ➕ **Großzügiges Platzangebot**
- ➕ **Vorbildlicher Wind- und Wetterschutz**
- ➕ **Umfangreiche Ausstattung**
- ➕ **Gute Verarbeitung**
- ➖ **Unpräzises Fahrverhalten**
- ➖ **Teuer**

Ausstattung ist das Fahrwerk des großzügigen Franzosen. Die Federung könnte etwas mehr Dämpfung vertragen, vor allem aber wirkt die Spurhaltung des Evolis trotz Telegabel und dem langen Radstand von 1250 Millimetern ziemlich labil. Der Grund dürften die schmalen zehn-Zoll-Räder der Dimension 90/90 sein, denn die eng verwandten Yamaha Breeze/MBK Fizz 50 beweisen, daß es mit strafferer Fahrwerksabstimmung und etwas breiteren Reifen viel besser geht. Umständlich ist auch das Ölnachfüllen – dazu muß erst eine Klappe abgeschraubt werden.

Peugeot Electric Scooter
Neue E-Klasse

Modernste Technik steckt in einem Elektroroller, der bei Peugeot entwickelt und 1996 im Rahmen eines Großversuchs in Straßburg erprobt wurde, die Serienproduktion ist für 1997 vorgesehen. Seinen Gleichstrom-Motor versorgen drei teure Nickel-Cadmium-Akkus, die in Bordeaux von einem Hersteller mit dem vielversprechenden Namen Saft produziert werden. Im Schiebebetrieb wird der Motor zum Generator und speist Strom in die Akkus ein.

Bei einem Fahrtermin in Frankreich zeigte sich, daß Saft wirklich Kraft gibt. Vor dem Start muß der Fahrer allerdings seine grauen Zellen strapazieren, denn als Diebstahlsicherung muß

Wer sagt da, Wasser und Elektrizität vertrügen sich nicht? Mit dem kräftigen Elektroroller von Peugeot (Vorserientyp, Nickel-Cadmium-Batterien, rund 6 000 Mark) hat der Fahrer auch im Regen gut lachen

Schlechte Zeiten für Vergeßliche: Um den Peugeot Electric zu starten, muß erst ein vierstelliger Zahlencode eingegeben werden. Danach geht's ziemlich flott, geräusch- und abgasfrei maximal 45 Kilometer weit

zunächst ein vierstelliger Code eingegeben, dann eine von drei Fahrstufen gewählt werden. Beim Dreh am Reglergriff setzt sich der Peugeot Electric zügig in Bewegung und schwingt sich zu etwa 45 km/h Spitzengeschwindigkeit auf. Weil Fahrwerk und Karosserie großteils vom Peugeot Buxy übernommen wurden, durcheilt der Elektro-Flitzer Kurven ohne Gewackel. In der Stadt heißt es allerdings aufpassen: Sein Fahrgeräusch ist so leise, daß man unvorsichtige Passanten häufig mit der Hupe auf sich aufmerksam machen muß. Etwa 45 Kilometer reicht der Strom, dann sind die Akkus leer.

Zum Laden verlangen sie wegen des sogenannten Memory-Effekts pulsierende Ladeströme, dafür können sie auch bis zu fünfmal so oft wie Bleiakkus geladen werden. Mit dem als Extra lieferbaren Schnelladegerät dauert es nur zwei Stunden, bis der Peugeot wieder vollgetankt auf Strecke gehen kann.

Zum Schutz der Akkus ist das Rahmen-Hauptrohr im Bodenbereich doppelt ausgeführt. Darüber hinaus hat der Peugeot Electric eine Feststellbremse und den von Buxy und Speedake bekannten Stauraum hinter der Frontklappe, der allerdings nur einen Jethelm schluckt. Das Trittbrett eignet sich wegen des Mitteltunnels nicht für Transportaufgaben, unter der bequemen Sitzbank verstecken sich das aufwendige Ladegerät und die Antriebselektronik. Außer dem 220 Volt-Kabel gibt's eine Anschlußbuchse für ein externes Schnelladegerät und einen Diagnoseanschluß. Damit sich der Preis des Rollers in Grenzen hält, ist für die teuren Batterien ein Leasing-Verfahren geplant.

Peugeot Electric Scooter

Motor: Gleichstrom-Elektromotor 2,2 kW (3 PS), Riemenautomatik mit zweistufigem Zahnradgetriebe
Fahrwerk: Stahlrohrrahmen mit doppeltem Unterzug, Telegabel (Federweg 55 mm) und Trommelbremse (Ø 110 mm) vorn, Triebsatzschwinge mit Federbein (Federweg 55 mm) und Trommelbremse (Ø 110 mm) hinten
Höchstgeschwindigkeit: 45 km/h (Werksangabe)
Gewicht: 115 kg
Zuladung: 95 kg
Sitzhöhe: 783 mm
Wendekreis: 3,50 m
Reichweite: 45 km (Werksangabe)
Batterietyp: 3 Nickel-Cadmium-Akkus 6 V/100 Ah, integriertes 1300 W-Ladegerät, Energierückgewinnung. Schnelladegerät als Extra erhältlich
Preis: rund 6000 Mark ohne Batterien

➕ **Passable Fahrleistungen**
➕ **Recht handlich**
➕ **Am Einsatzort entstehen keine Schadstoffe**
➖ **Technisch sehr aufwendig**
➖ **Eingeschränkte Reichweite**
➖ **Geringe Transportkapazität**

Peugeot Speedake/Sachs Splinter
Keine Kompromisse

Der Peugeot Speedake und sein technisch identisches Parallelmodell Sachs Splinter (er wird ebenfalls bei Peugeot produziert) wirken mit ihren 840 Millimetern Sitzhöhe richtig erwachsen. Hinter dem gleichfalls hohen Lenker findet der Fahrer eine bequeme, aufrechte Sitzposition, für einen Sozius ist die Sitzbank aber eigentlich zu kurz.

Macht nichts, denn der Speedake ist ein Sportroller. Als solcher braucht er einen kräftigen Motor und ein dazu passendes Fahrwerk. Beides ist vorhanden.

Mit seiner Beschleunigung von Null auf 50 km/h in 9,4 Sekunden gehört der Speedake zweifelsohne zu den Schnellen unter den Fünfzi-

Rasante Beschleunigung und ein äußerst straff abgestimmtes Fahrwerk gehören sich für einen sportlichen Roller wie den Peugeot Speedake und seinen Paralleltyp Sachs Splinter (5 PS, zwölf-Zoll-Räder, 4250 Mark)

Der Fahrer hat auf dem Speedake genug Platz, aber zuviel Gepäck sollte er nicht mitnehmen. In das Fach in der Frontverkleidung paßt nicht mal ein großer Jethelm

gern. Daß sein luftgekühlter Zweitakter dabei herzhaft trompetet, läßt sich noch eher verschmerzen als sein ungehöriger Durst: 4,3 Liter Super auf 100 Kilometer sind eindeutig zuviel. Von sportlicher Härte zeugt die Federungsabstimmung, sie läßt auf schlecht verlegten Kanaldeckeln schon mal die Zähne des Fahrers aufeinanderschlagen. Lenkpräzision und Geradeauslauf dagegen sind ausgezeichnet – kein Wunder bei einem zwölf-Zoll-Fahrwerk mit Reifen der Dimension 120/70 vorn und 130/70 hinten. Die Handlichkeit leidet allerdings etwas unter dem hohen Schwerpunkt des Rollers, was sich bei Schrittempo oder beim Wenden für ungeübte Fahrer bemerkbar macht. Vom Feinsten ist die Scheibenbremse in der Upside-down-Gabel. Sie setzt Maßstäbe in Dosierbarkeit und vehementer Verzögerungsleistung schon bei geringstem Krafteinsatz. Damit macht Bremsen richtig Spaß.

Im übrigen verzichtet der Speedake auf alles Überflüssige, wie sich das für einen Sportler gehört. Trotzdem: Ein richtiges Helmfach wäre nicht schlecht, denn hinter der Klappe im Frontschild hat nur ein flacher Jethelm Platz. Fernlicht und längere Spiegelausleger sollte die Kalkulation hergeben, und die pofeligen Schlösser passen auch nicht ganz zum sonst guten Qualitätseindruck.

Peugeot Speedake/Sachs Splinter

Motor: Gebläsegekühlter Einzylinder-Zweitakter, 3,7 kW (5 PS) bei 6500/min, 49 cm^3, Getrenntschmierung, E- und Kickstarter, stufenlose Riemenautomatik
Fahrwerk: Stahlrohrrahmen, Telegabel (Federweg 70 mm) und Scheibenbremse (Ø 190 mm) vorn, Triebsatzschwinge mit einem Federbein und Trommelbremse (Ø 110 mm) hinten
Fahrleistungen:
0-30 km/h	2,8 s
0-40 km/h	5,2 s
0-50 km/h	9,4 s

Höchstgeschwindigkeit: 55 km/h
Gewicht vollgetankt: 81 kg
Zuladung: 189 kg
Sitzhöhe: 840 mm
Wendekreis: 3,50 m
Testverbrauch: 4,3 l Super bleifrei/100 km
Tankinhalt/Reichweite: 5,4 l/ca. 125 km
Lieferbare Farben: gelb, weiß/rot, schwarz/silber
Garantie: 12 Monate
Preis: 4250 Mark inkl. Nebenkosten

+ **Scheibenbremse vom Feinsten**
+ **Sehr stabiles Fahrverhalten**
+ **Überzeugende Fahrleistungen**
+ **Sitzposition paßt auch für Lange**
− **Laut und durstig**
− **Harte Federung**
− **Magere Ausstattung mit Detailmängeln**

Peugeot Squab
Froschkönig

»Squab«, sagte der Frosch und verwandelte sich in einen Roller. In einen grünen natürlich. Treuherzig blinzelte er die Menschen aus seinen tiefliegenden Doppelscheinwerfern an, und schon war's um sie geschehen. So kam Peugeot zum Squab – im Märchen.

In Wirklichkeit ging es wohl eher darum, dem erfolgreichen MBK Booster Paroli zu bieten. Der Squab ist nach dem gleichen Rezept konstruiert wie der Booster und sein Konkurrent Piaggio TPH: Dicke Knubbelreifen mit möglichst wenig,

Peugeot Squab

Motor: Gebläsegekühlter Einzylinder-Zweitakter, 3,7 kW (5 PS) bei 6500/min, 49 cm³, Getrenntschmierung, E- und Kickstarter, stufenlose Riemenautomatik
Fahrwerk: Stahlrohrrahmen, Upside-down-Gabel (Federweg 75 mm) und Scheibenbremse (Ø 190 mm) vorn, Triebsatzschwinge mit Federbein (Federweg 65 mm) und Trommelbremse (Ø 110 mm) hinten
Fahrleistungen:
0-30 km/h	3,4 s
0-40 km/h	6,4 s
0-50 km/h	11,3 s

Höchstgeschwindigkeit: 54 km/h
Gewicht vollgetankt: 88 kg
Zuladung: 185 kg
Sitzhöhe: 800 mm
Wendekreis: 3,07 m
Testverbrauch: 4,1 l Super bleifrei/100 km
Tankinhalt/Reichweite: 6,2 l/ca. 151 km
Lieferbare Farben: grün, blau, schwarz
Garantie: 12 Monate
Preis: 3750 Mark inkl. Nebenkosten

- ➕ Tadelloses Fahrverhalten
- ➕ Hervorragende Scheibenbremse
- ➕ Kräftiger Motor
- ➕ Gelungene Federungsabstimmung
- ➖ Laut und durstig
- ➖ Wenig Stauraum
- ➖ Bescheidener Wetterschutz

aber originell aussehender Karosserie drumherum. Darin und darunter versammelt Peugeots Neuester ein paar feine technische Details wie eine Upside-down-Gabel von Showa, eine Scheibenbremse mit Stahlflex-Bremsleitung im 120er Vorderreifen, Doppelscheinwerfer und ein ausziehbares Ringschloß im Heck.

Auf seinen Grobstöllern der Dimension 120/90-10 vorn und 130/90-10 hinten zieht er ruhig, stabil und überhaupt nicht squabbelig seine Bahn. Obwohl das von einem Mitteltunnel durchzogene Trittbrett recht hoch liegt, wirkt er nicht kippelig. Für die Füße bietet er genug Platz, ein Beifahrer findet auf den ausklappbaren Alu-Rasten sicheren Halt. Ein guter Kompromiß gelang bei der Fahrwerksabstimmung: Straff genug, um auch gröbere Etappen wegzustecken – schließlich ist die Federung der Cross-Optik einiges schuldig. Trotzdem rollt der Squab auch auf Asphalt geschmeidig. Sein Zweitakter schiebt kräftig, aber auch recht lautstark an und fällt sogar an Steigungen kaum ab. Unerfreulich ist sein Durst: 4,1 Liter Super auf 100 Kilometer sind für einen 50er zuviel.

Ein originelles Gesicht im Twingo-Look gelang den Peugeot-Designern mit dem 1995 vorgestellten Stollen-Roller Squab (5 PS, Scheibenbremse und Upside-down-Gabel vorn, 3750 Mark)

Die vordere Scheibenbremse gefällt durch heftige Verzögerung und exakten Druckpunkt. Leider erreichen Leute mit kurzen Fingern den Bremshebel nur schwer. Dafür sind die Spiegel groß genug und sitzen an langen Auslegern. Für Fahrspaß ist also gesorgt, richtig praktisch ist der Squab aber nicht: Der Zündschlüssel läßt sich nur abziehen, wenn das Lenkschloß einrastet, und ins Helmfach paßt kein großer Integralhelm. So dürftig wie der Stauraum fällt auch der Wetterschutz hinter dem rudimentären Beinschild aus. Aber Frösche mögen's ja gerne feucht.

PGO Big Max 50
Dicker Maxe

Seit Stollenreifen zum Roller-Trend wurden, haben Europas Hersteller schnell geschaltet und passende Modellvarianten ins Programm genommen. Bei den asiatischen Herstellern dauerte es etwas länger. Ihre einheimische Kundschaft begeistert sich an Komfort-Details wie sensorgesteuertem Licht und an wild-futuristischem Design; europäische Roller-Moden zu verstehen, fällt den praktisch denkenden asiatischen Entwicklern manchmal schwer. Dazu kommt, daß Europas Märkte für sie eher eine Nebenrolle spielen.

Als erster Fernost-Produzent trat 1995 PGO mit dem Big Max 50 in der Knubbelreifen-Riege an. Seine Statur ist – typisch für viele Fernost-Rol-

Einsfünfundachtzig sollte nicht sein, wer sich auf dem PGO Big Max 50 (4,4 PS, Scheibenbremse vorn, 3980 Mark) ausbreiten möchte. Komfortable Federung und komplette Ausstattung sind seine Pluspunkte

ler – auf zierliche Fahrer ausgelegt. Eine Sitzhöhe von nur 75 Zentimetern freut Kleingewach-
sene. Menschen ab 1,70 Metern haben dagegen Probleme, die Knie hinter dem Lenker und
die Füße auf dem kurzen Trittbrett zu verstauen.
In den Spiegeln sehen sie nur ihre Ärmel.

Auch die Drosselung hatte dem getesteten Big
Max nicht gut getan. Obwohl auf dem Papier mit
4,4 PS recht kräftig, tat er sich beim Beschleunigen und an Steigungen schwer. Das, so versichert der Importeur, sei mittlerweile abgestellt,
denn neue Exemplare werden nicht mehr über
den Auspuff, sondern durch die Übersetzung auf
50 km/h eingebremst. Erfreulich ist der sparsame Umgang des Big Max mit Sprit. Mit den Fahrleistungen kommen Fahrwerk und Bremsen zurecht. Auf welligen Straßen regt die unterdämpfte
Abstimmung seiner Federelemente den Big Max
manchmal zum Schaukeln an, auf Feldwegen benimmt er sich dagegen überraschend zivilisiert:
Der dicke Maxe bügelt alles glatt, und handlich
ist er auch. Mit Gepäckträger, ordentlichen
Schaltern, außenliegendem Tankverschluß und
Doppelscheinwerfer vermittelt der PGO auch in
Sachen Ausstattung keinen schlechten Eindruck.
Allerdings gibt's statt Fernlicht einen nervtötenden
Blinkerpiepser, und zum Ölnachfüllen muß eine
fummelige Klappe per Kreuzschlitz-Schrauben-
dreher geöffnet werden.

PGO Big Max 50

Motor: Gebläsegekühlter Einzylinder-Zweitakter, 3,2 kW
(4,4 PS) bei 6750/min, 49 cm^3, Getrenntschmierung,
E- und Kickstarter, stufenlose Riemenautomatik
Fahrwerk: Stahlrohrrahmen, Telegabel und Scheibenbremse
vorn, Triebsatzschwinge mit einem Federbein und Trommelbremse hinten
Fahrleistungen:
0-30 km/h	5,1 s
0-40 km/h	10,2 s
0-50 km/h	19,3 s

Höchstgeschwindigkeit: 55 km/h
Gewicht vollgetankt: 92 kg
Zuladung: 153 kg
Sitzhöhe: 750 mm
Wendekreis: 3,64 m
Testverbrauch: 3,0 l Super bleifrei/100 km
Tankinhalt/Reichweite: 5,5 l/ca. 183 km
Lieferbare Farben: gelb, violett, rot, blau, schwarz
Garantie: 12 Monate
Preis: 3980 Mark inkl. Nebenkosten

➕ **Komfortable Federung**
➕ **Ordentliche Ausstattung**
➕ **Niedriger Verbrauch**
➖ **Sehr eingeschränktes Platzangebot**
➖ **Schwache Fahrleistungen des Testrollers**
➖ **Schwache Dämpfung**

**Ein kräftiger Gepäckträger und der außenliegende Tankverschluß des Big Max sind sinnvolle Details,
weniger praktisch ist der Öltank hinter einer verschraubten Klappe**

Piaggio Free
Ganz einfach

Billiger gibt's keinen Roller mit großen Rädern: Der Piaggio Free (4 PS, 14-Zoll-Räder, 3450 Mark) kann gute Federung und Fahrstabilität als Pluspunkte verbuchen, die Trommelbremse im Vorderrad dagegen ist ziemlich schlapp

Von manchem trennt sich Piaggio anscheinend ungern – etwa von den unpraktischen Schaltern beim Free. Dringend zu empfehlen ist ein Rückspiegel rechts, den es als Extra gibt

»Was ist das denn? Ein Moped oder ein Roller?« Wer sich für den Piaggio Free entscheidet, muß mit solchen Fragen rechnen. Mit seiner spitzen Schnauze und dem winzigen Beinschild wirkt der Free auf den ersten Blick tatsächlich wie eine Mischung aus Moped und Scooter. Doch freier Durchstieg und Triebsatzschwinge machen die Artbestimmung des Free ganz einfach: Er gehört zur Gattung der Großradroller. Durch die stärkeren stabilisierenden Kreiselkräfte seiner Räder im 14-Zoll-Format neigt der Free viel weniger zum rollertypischen Kippeln als die klassischen Scooter auf ihren Schläppchen im Schubkarren-Format. Und vor den Verfehlungen des örtlichen Straßenbaus kapituliert der Free mit seiner komfortablen Federung auch nicht so schnell.

Das Versprechen der Freiheit kann der Free nur bedingt halten – in der Stadt nämlich. Dort ist er ein pfiffiges, wendiges Vehikel, und man kann seine geringe Reichweite und den nicht ganz so kräftigen Antrieb verzeihen. Denn trotz seiner vier Papier-PS hat es der Free schwer, sich zum Stadttempo von knapp über 50 km/h aufzuschwingen. Und mit zwei Personen besetzt will ihm das Mitschwimmen im Verkehr nicht mehr so recht gelingen. Längere Ausflüge verhindert seine Mini-Reichweite von 90 Kilometern

schon im Ansatz. Ein weiteres Minus fängt er sich mit der schwachen vorderen Trommelbremse ein. Sie wirkt teigig und bringt den Roller selbst dann nur widerwillig zum Stehen, wenn man den Bremshebel bis zum Griff durchzieht. Immerhin bremst es hinten kräftig.

Trotz etwas eingeschränkten Fußraums ist die Sitzposition bequem. Für einen Sozius gibt es klappbare Rasten, auf der kurzen Bank bleibt für ihn allerdings kaum Platz. Wer ab und zu bei Dunkelheit unterwegs ist, wird das gute Licht schnell zu schätzen wissen, an die unpraktischen Schalter muß man sich gewöhnen. Ein Helmfach hat der Free auch, und die 52 Mark für den vom Werk eingesparten rechten Spiegel sollte der Etat angesichts des günstigen Preises noch hergeben.

Piaggio Free

Motor: Gebläsegekühlter Einzylinder-Zweitakter, 3 kW (4 PS) bei 6500/min, 49 cm³, E- und Kickstarter, stufenlose Riemenautomatik
Fahrwerk: Stahlrohrrahmen, Telegabel und Trommelbremse (Ø 103 mm) vorn, Triebsatzschwinge mit Federbein und Trommelbremse (Ø 100 mm) hinten
Fahrleistungen:
0-30 km/h	4,2 s
0-40 km/h	7,5 s
0-50 km/h	18,2 s

Höchstgeschwindigkeit: 50 km/h
Gewicht vollgetankt: 77 kg
Zuladung: 183 kg
Sitzhöhe: 780 mm
Wendekreis: 3,41 m
Testverbrauch: 3,9 l Super bleifrei/100 km
Tankinhalt/Reichweite: 3,5 l/ca. 90 km
Lieferbare Farben: rot, blau
Garantie: 12 Monate
Preis: 3450 Mark inkl. Nebenkosten

➕ **Sehr gute Fahrstabilität**
➕ **Komfortable Federung**
➕ **Gutes Licht**
➖ **Schwache Bremsen**
➖ **Mäßige Fahrleistungen**
➖ **Geringe Reichweite**
➖ **Magere Ausstattung**

Piaggio NRG 50
Starke Medizin

Wasser macht den Unterschied – auch bei 50er Rollern. Mit seinen 4,9 PS legt der Piaggio NRG (13-Zoll-Räder, Upside-down-Gabel und Scheibenbremse vorn, 4495 Mark) beeindruckende Spurts hin

NRG heißt die Medizin, die Piaggio schräglagensüchtigen 50er-Fahrern verschreibt. Ihr Hauptwirkstoff ist ein wassergekühlter Zweitakter mit eindrucksvollen 4,9 PS, der in einer mehr auf Durchzug ausgelegten Variante schon seit 1992 den Piaggio Quartz antreibt. Weitere Ingredienzien sind Rahmen und Gabel des TPH 50 sowie die 13-Zoll-Räder des nicht mehr angebotenen

Storm. Richtig gemischt und mit zwei Ellipsoid-Scheinwerfern verfeinert, ergeben diese Komponenten »energy of race«, wie ein Schriftzug auf der Verpackung erläutert.

Der Energieaufwand beim Starten beschränkt sich auf einen Daumendruck. Zügig spurtet der NRG von Null auf 50 km/h. Ebenso schnell kommt er wieder auf Null, denn die Scheiben-

Motor: Wassergekühlter Einzylinder-Zweitakter, 3,6 kW (4,9 PS) bei 7250/min, 49 cm³, Getrenntschmierung, E- und Kickstarter, stufenlose Riemenautomatik

Fahrwerk: Stahlrohrrahmen, Upside-down-Gabel (Federweg 75 mm) und Scheibenbremse (Ø 190 mm) vorn, Triebsatzschwinge mit einem Federbein (Federweg 60 mm) und Trommelbremse (Ø 100 mm) hinten

Fahrleistungen:

0-30 km/h	3,2 s
0-40 km/h	5,5 s
0-50 km/h	9,4 s

Höchstgeschwindigkeit: 55 km/h
Gewicht vollgetankt: 91 kg
Zuladung: 189 kg
Sitzhöhe: 840 mm
Wendekreis: 3,55 m
Testverbrauch: 4,1 l Super bleifrei/100 km
Tankinhalt/Reichweite: 5,2 l/ca. 126 km
Lieferbare Farben: gelb, schwarz-rot, weiß-rot
Garantie: 12 Monate
Preis: 4495 Mark inkl. Nebenkosten

- ➕ **Unbeirrbar präzises Fahrverhalten**
- ➕ **Ausgezeichnete Scheibenbremse**
- ➕ **Kräftiger Motor**
- ➕ **Genug Platz auch für Lange**
- ➖ **Bockiges Federbein**
- ➖ **Billige Details**
- ➖ **Hoher Verbrauch**

bremse im Vorderrad beißt ordentlich und dank ihrer stahlummantelten Bremsleitung präzise dosierbar zu. Seine Fahrpräzision ist vom Feinsten, wird allerdings durch spürbar eingeschränkte Handlichkeit erkauft: Der NRG mag am liebsten langgezogene, schnelle Kurven.

Beim Absorbieren unerwünschter Energien kann der NRG-Fahrer auf die Upside-down-Gabel von Showa vertrauen, die hervorragend anspricht. Das hintere Federbein dagegen ist eher von der knorrigen Sorte, es dämpft immer und federt manchmal.

Piaggio-Fahrer erkennt man am Dauerblinken. Das liegt am primitiven Blinkerschalter, der weder eine spürbare Mittelrastung noch eine

Druckrückstellung kennt. Auch die Rückspiegel sind billig, ihre Einstellköpfe schon nach kurzer Zeit ausgenudelt. Trotzdem hat der NRG auch seine praktischen Seiten. Eine davon ist die enorme Bodenfreiheit, die sich nicht nur für Schräglagen nutzen läßt: Auch voll beladen erklimmt er Bordsteine ohne Aufsetzen. Ein Staufach im Beinschild fehlt ihm allerdings, dafür ist das Platzangebot für den Fahrer auf der hohen Sitzbank mehr als großzügig. Großzügig geht er auch mit Sprit um. Aber wer will von einem Kraftprotz schon Sparsamkeit verlangen?

Das Gesicht des NRG mit seinen beiden Scheinwerfern im Ellipsoid-Design wirkt richtig aggressiv. Hinter dem Grill steckt der Wasserkühler seines Zweitakters

Piaggio Sfera 50
Die Welt ist rund

Piaggio Sfera 50

Motor: Gebläsegekühlter Einzylinder-Zweitakter, 2,8 kW (4 PS) bei 6000/min, 49 cm³, Getrenntschmierung, E- und Kickstarter, stufenlose Riemenautomatik
Fahrwerk: Stahlrohrrahmen, Telegabel (Federweg 75 mm) und Scheibenbremse (Ø 200 mm) vorn, Triebsatzschwinge mit vierfach vorspannbarem Federbein (Federweg 60 mm) und Trommelbremse (Ø 110 mm) hinten
Fahrleistungen:

0-30 km/h	3,8 s
0-40 km/h	7,1 s
0-50 km/h	14,1 s

Höchstgeschwindigkeit: 53 km/h
Gewicht vollgetankt: 93 kg
Zuladung: 177 kg
Sitzhöhe: 800 mm
Wendekreis: 3,35 m
Testverbrauch: 4,2 l Super bleifrei/100 km
Tankinhalt/Reichweite: 6,2 l/ca. 147 km
Lieferbare Farben: schwarz, nachtblau, rotmetallic, viola-metallic
Garantie: 12 Monate
Preis: 4250 Mark inkl. Nebenkosten

- ⊕ Handlich und fahrstabil
- ⊕ Gute Bremsen
- ⊕ Harmonische Motor-Getriebe-Abstimmung
- ⊕ Komfortabel
- ⊖ Miese Schlösser
- ⊖ Hoher Verbrauch
- ⊖ Zu kurze Spiegelausleger

Frisch und elegant wirkt das Design des neuen Piaggio Sfera (4 PS, Scheibenbremse, 4250 Mark). Endlich gibt's bei ihm auch vernünftige Schalter

Eine gezogene Kurzschwinge führt das Sfera-Vorderrad. Sie ist verantwortlich
für die komfortabel ansprechende Federung. Ausklappbare Soziusrasten wurden leider eingespart

Als Piaggio im Dezember 1990 die Sfera vorstellte, kam das einer Revolution gleich. 45 Jahre lang hatten ausschließlich Roller nach traditioneller Vespa-Blechbauweise die Werkshallen in Pontedera verlassen. Die Sfera (zu deutsch: Kugel) war eine komplette Neukonstruktion und der erste Piaggio-Roller mit Rohrrahmen, Kunststoffkarosserie und einem in der Mitte vor dem Hinterrad plaziertem Motor.

Die Kugel wurde ein Renner. Sie war handlich, narrensicher zu bedienen, sehr komfortabel und hatte ein Helmfach unter der Sitzbank – da war die fernöstliche Konkurrenz erst mal platt. Dann zog sie nach – mit ähnlicher Ausstattung und zum Teil anspruchsvolleren Fahrwerken und Bremsen.

1995 wurde es deshalb Zeit, das Piaggio-Erfolgsmodell zu renovieren. Das geschah mit Gefühl und Geschick: Das Sfera-Gesicht mit dem breiten, tief eingebauten Scheinwerfer blieb erhalten, vor allem von der Seite wirkt die Neue aber dynamischer. In der Einarmschwinge, die wie bisher das Vorderrad führt, verzögert jetzt eine wirksame und gut dosierbare Scheibenbremse, am Heck wartet ein kräftiger, aber wegen seiner glatten Oberfläche leider etwas unpraktischer Gepäckträger auf Ladung. Licht und Schatten auch bei den Bedienungselementen: Endlich hat die Sfera einen Blinkerschalter mit Druckrückstellung, doch die Spiegelausleger sind zu kurz, die schwachen Lämpchen im Cockpit tagsüber kaum zu erkennen, das Sitzbankschloß schwergängig. An Fahrverhalten und Sitzposition gibt es nichts auszusetzen, klappbare Soziusrasten allerdings wurden eingespart. Der kräftige, vibrationsarm laufende Motor verkraftet auch Steigungen, die Automatik greift weich und ist perfekt abgestimmt. Unzeitgemäß allerdings ist der gewaltige Spritdurst des Piaggio-50ers, und wer einen Kat will, muß den Auspuff auswechseln lassen.

Piaggio TPH 50
Flotter Fuffziger

Als Reaktion auf den Erfolg des Yamaha BW's stellte Piaggio 1993 den TPH 50 vor. Mit seinem kräftigen Motor, Upside-down-Gabel von Showa, einer Scheibenbremse im Vorderrad und ordentlicher Ausstattung löste er ein, was der BW's/ Booster nur versprach. Kein Wunder, daß er sich schon 1994 zum meistverkauften Roller Europas aufschwang.

An den Stärken und Schwächen des TPH 50 hat sich seither wenig geändert. Zu den

Tech for Fun heißt das Motto des Piaggio TPH 50 (4,2 PS, Upside-down-Gabel und Scheibenbremse vorn, 4450 Mark). Leider schlägt die Gabel des Offroad-Hüpfers ziemlich schnell durch

Großzügig fällt das Platzangebot auf dem TPH aus, für den Sozius gibt's ausklappbare Rasten.
Unerfreulich sind die primitiven Schalter und der Spritdurst seines Zweitakters

Schwächen gehört sein happiger Verbrauch von 4,4 Litern Super bleifrei auf 100 Kilometer. Der winzige 4,5 Liter-Tank wurde deshalb 1995 auf 6,2 Liter vergrößert. Um bei der Kritik zu bleiben: Mit dem spartanischen Cockpit läßt sich leben, der primitive Blinker-Kippschalter ohne fühlbare Mittelrastung dagegen ist und bleibt ein Ärgernis.

Dafür hat der TPH allerdings auch einiges Positives zu bieten. Sein leiser, vibrationsarm laufender Motor ist gut bei Kräften und sorgt für erfreuliche Beschleunigung und Höchstgeschwindigkeit, die eine ausgezeichnet dosierbare Scheibenbremse vorn und eine wirkungsvolle Trommelbremse hinten mühelos in Wärme umwandeln. Das fehlende Staufach im Beinschild wird durch ein geräumiges Helmfach und einen massiven Gepäckträger kompensiert. Auf der gut gepolsterten Sitzbank läßt es sich auch zu zweit aushalten. Dabei genießt der Sozius dank ausklappbarer Fußrasten eine enspanntere Beinhaltung als der Fahrer, dessen Fußraum ziemlich kurz geriet. Entschädigt wird der TPH-Pilot durch einen hohen Lenker mit großen Spiegeln, gutes Abblend- wie auch Fernlicht und das ausgewogene Fahrverhalten des TPH. Zwar könnte die Lenkpräzision noch einen Tick besser sein, dafür ist der Piaggio auf seinen Zehn-Zoll-Rädern überaus wendig. Daß die Gabel schon beim Überfahren von Bordsteinen durchschlägt, gehört sich dagegen für einen Offroad-Roller eigentlich nicht.

Piaggio TPH 50

Motor: Gebläsegekühlter Einzylinder-Zweitakter, 3,1 kW (4,2 PS) bei 7000/min, 49 cm^3, Getrenntschmierung, E- und Kickstarter, stufenlose Riemenautomatik
Fahrwerk: Stahlrohrrahmen, Showa-Upside-down-Gabel (Federweg 73 mm) und Scheibenbremse (Ø 190 mm) vorn, Triebsatzschwinge mit einem Federbein und Trommelbremse (Ø 100 mm) hinten
Fahrleistungen:

0-30 km/h	3,4 s
0-40 km/h	6,0 s
0-50 km/h	9,9 s

Höchstgeschwindigkeit: 55 km/h
Gewicht vollgetankt: 90 kg
Zuladung: 180 kg
Sitzhöhe: 820 mm
Wendekreis: 3,53 m
Testverbrauch: 4,4 l Super bleifrei/100 km
Tankinhalt/Reichweite: 6,2 l/ca. 140 km
Lieferbare Farben: gelb, rotmetallic, schwarz
Garantie: 12 Monate
Preis: 4450 Mark inkl. Nebenkosten

➕ **Kräftiger Motor**
➕ **Ausgezeichnete Bremsen**
➕ **Schnell und handlich**
➕ **Auch für zwei geräumig genug**
➖ **Schluckt zuviel**
➖ **Primitiver Blinkerschalter**
➖ **Hakelige Schlösser**

83

Piaggio Vespa PK 50 XL 2
Stil-Möbel

Mit der kleinsten Vespa begann für unzählige Jugendliche die Roller-Leidenschaft. Ihr Urahn erschien 1963 als »Vespino« und war eine komplette Neukonstruktion mit flacheren Backen und um 45 Grad nach oben geneigtem Motor. Mit nur 1,5 PS und Dreiganggetriebe brummte die kleine Vespa als 50 N auch auf den deutschen Markt. 1982 wurde sie durch technische und stilistische Überarbeitung zur PK-Baureihe, die gemäß der Vespino-Maxime Motoren bis 125 cm∆ beherbergte, um nicht in direkte Konkurrenz zu den großen Modellen zu treten. Letzte Retuschen 1985 und 1990 führten zur PK 50 XL 2, die nun auch über Fernlicht verfügt.

Der 2,7 PS starke drehschiebergesteuerte Zweitakter startet per Kick, gegen Aufpreis auch auf Knopfdruck. Gefummel im Durchstieg ist mehr nötig, denn der Choke der PK 50 sitzt komfortabel am rechten Lenkerende, was auch den PX-Modellen gut zu Gesicht stünde. Wie bei allen Vespas schaltet die linke Hand ein Vierganggetriebe, das Nachdruck und Gewöhnung verlangt.

Trotz gut trennender Zweischeibenkupplung trübt im Ampelwald der deutschen Städte die dauernde Schaltarbeit den Fahrspaß. Und sicherer wird ein 50er, dessen Fahrer mit pausenlosem Schalten beschäftigt ist, auch nicht. Gut, daß es die kleine PK bereits seit 1984 auch als Automatikversion gibt, deren membrangesteuerter Motor auch gleich eine moderne Getrenntschmierung spendiert bekam. Ein gegenüber der PX-Reihe 60 Millimeter kürzerer Radstand macht die PK mit ihren relativ schmalen Reifen auch zu zweit wunderbar handlich. Die beiden Trommelbremsen kommen mit der 50er Vespa gut zurecht, das Abstellen erleichtern stabile Griffe an beiden Seiten der Sitzbank. Wo jahrzehntelang ein einsamer Tacho die Lenkerverkleidung schmückte, informieren heute unterhalb der großen Benzinuhr vier Lämpchen über Licht, Blinker und Spritmangel. Das abschließ-

bare Staufach im Beinschild jedoch könnte geräumiger sein, denn ein Helmfach hat die PK 50 nicht.

Piaggio Vespa PK 50 XL 2

Motor: Gebläsegekühlter Einzylinder-Zweitakter, 49 cm³, 2 kW (2,7 PS) bei 5500/min, Mischungsschmierung, Kickstarter (E-Starter gegen Aufpreis), Vierganggetriebe mit Drehgriffschaltung (Automatik gegen Aufpreis)

Fahrwerk: Selbsttragende Stahlblechkarosserie, gezogene Einarm-Kurzschwinge und Trommelbremse (Ø 150 mm) vorn, Triebsatzschwinge mit einem Federbein und Trommelbremse (Ø 150 mm) hinten

Fahrleistungen:

0 – 30 km/h	7,1 s
0 – 40 km/h	11,2 s
0 – 50 km/h	19,3 s

Höchstgeschwindigkeit: 50 km/h
Gewicht vollgetankt: 87 kg
Zuladung: 203 kg
Sitzhöhe: 780 mm
Wendekreis: 3,52 m
Tankinhalt/Reichweite: 5,8 l/ca. 130 km
Testverbrauch: 4,4 l Gemisch/100 km
Lieferbare Farben: gelb, schwarz
Garantie: 12 Monate
Preis: 4100 Mark inkl. Nebenkosten (4295 Mark mit E- Starter, 4395 Mark mit Automatik und E-Starter)

- ⊕ Klassische Vespa
- ⊕ Sehr gute Verarbeitung
- ⊕ Auch zu zweit bequem
- ⊕ Handlich
- ⊕ Unverwüstlich
- ⊖ Schwache Fahrleistungen
- ⊖ Zu hoher Verbrauch

Ein Klassiker ist die Vespa PK 50 (2,7 PS, Viergangschaltung oder Automatik, ab 4100 Mark) von Piaggio. Der Motor und die ausgezeichnet verarbeitete Blechkarosserie sind fast unkaputtbar

Unter der schmalen Karosserie der PK-Modelle arbeitet ein um 45 Grad nach oben geneigter Zweitakter, für ein Helmfach ist kein Platz

Piaggio Zip Fast Rider
Café-Racer

Aus dem kleinen Piaggio Zip wurde 1996 der Zip Fast Rider (4,2 PS, Scheibenbremse, 3695 Mark).
Seinem Namen macht er mit einer bissigen Scheibenbremse alle Ehre

Seit 1992 tummelt sich der freche Stadtflitzer Zip schon auf unseren Straßen. Für Piaggio Zeit genug, dem kleinsten aus der Familie der Automatik-Roller ein Facelifting angedeihen zu lassen. So kurz wie sein Name war bisher auch seine Sitzbank – auf ihr durfte früher nur der Fahrer lümmeln. Die 1996 renovierte Version, die im Namen den sportiven Zusatz Fast Rider trägt,

taugt mit ausklappbaren Soziusrasten endlich auch für Fahrspaß zu zweit.

Das ging nicht ohne gründliche Überarbeitung. Statt der Telegabel verrichtet jetzt die gleiche Kurzschwinge Dienst, die auch in die Modelle Sfera und Quartz eingebaut wird. Zugleich mußte die Trommelbremse im Vorderrad einer Scheibenbremse Platz machen – wie bei den meisten Automatik-Rollern von Piaggio. Deren Stahlflex-Leitung sorgt für einen präzisen Druckpunkt. Freuen kann sich der Zip-Pilot nun auch über stabilere Bremshebel. Vor allzu forschem Einsatz der Hinterradbremse aber sei gewarnt – sie ist mindestens so giftig wie die Lackierung und malt schnell einen schönen Gruß vom Hinterreifen auf den Asphalt.

Läßt sich der kleine Roller durch seine kurzen Abmessungen besonders im Gewühl des Stadtverkehrs ziemlich exakt und zielgenau dirigieren, so haben langbeinige Fahrer hinter dem niedrigen Lenker doch ihre Probleme, die Knie unterzubringen. Wie es sich für einen Allround-Roller gehört, kann der gelbe Mobilmacher sowohl Helm- und Handschuhfach als auch einen Gepäckträger vorweisen. Eine Tankuhr im Cockpit fehlt dem neuen Zip aber genauso wie seinem Vorgänger. Stattdessen mahnt er per Lämpchen zum zeitigen Nachfüllen des 4-Liter-Benzintanks.

Mitte 1996 erweiterte Piaggio das Zip-Sortiment um zwei neue Typen. Der Zip SP 50 hat wie der Fast Rider eine Scheibenbremse, dazu aber Wasserkühlung und Scheinwerfer im Ellipsoid-Look, er soll 4195 Mark kosten. Auch im Parterre wird angebaut: Mit dem Basismodell Zip Base mit Telegabel und Trommelbremse zum Kampfpreis von 2999 Mark.

Piaggio Zip Fast Rider

Motor: Gebläsegekühlter Einzylinder-Zweitakter, 49 cm³, 3 kW (4,2 PS) bei 6500/min, Getrenntschmierung, E- und Kickstarter, stufenlose Riemenautomatik
Fahrwerk: Stahlrohrrahmen, gezogene Einarm-Kurzschwinge und Scheibenbremse (Ø 155 mm) vorn, Triebsatzschwinge mit Federbein und Trommelbremse (Ø 100 mm) hinten
Fahrleistungen:
0 – 30 km/h	3,7 s
0 – 40 km/h	6,9 s
0 – 50 km/h	15,1 s

Höchstgeschwindigkeit: 51 km/h
Gewicht vollgetankt: 72 kg
Zuladung: 188 kg
Sitzhöhe: 780 mm
Wendekreis: 3,36 m
Testverbrauch: 3,4 l Super bleifrei/100 km
Tankinhalt/Reichweite: 4 l/ca. 117 km
Lieferbare Farben: gelb, rot
Garantie: 12 Monate
Preis: 3750 Mark inkl. Nebenkosten

➕ **Bissige Bremsen**
➕ **Citytaugliche Ausmaße**
➕ **Für seine Größe reichlich Stauraum**
➖ **Für Langbeiner trotzdem eng**

Daß der Zip Fast Rider auf ein ziemlich junges Publikum zielt, demonstriert die Gestaltung des simplen Cockpits. Die Reserveleuchte des kleinen vier-Liter-Tanks hat reichlich Arbeit

Piaggio Zip & Zip Bimodale
Zweimotorig

Während des Mofa-Booms vor zwei Jahrzehnten wagten Hercules und Solo Vorstöße mit Elektromofas, Elektroautos gab es sogar schon vor 100 Jahren. Daß sie sich nie durchsetzen konnten, liegt an den Schwierigkeiten, elektrische Energie zu speichern. Deshalb kranken reine Elektrofahrzeuge bis heute an kurzen Reichweiten, hohem Batteriegewicht und langen Ladezeiten – ganz abgesehen davon, daß der Schadstoff-Ausstoß nur vom Fahrzeug zum Kraftwerk verlagert wird,

Dem Piaggio Zip & Zip (3,8 PS plus Elektroantrieb, 5495 Mark) sieht man kaum an, daß sein Antriebskonzept unter Rollern einzigartig ist: Er fährt sowohl konventionell als auch elektrisch

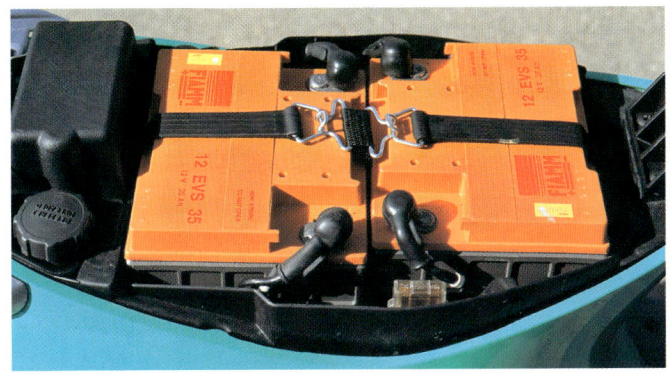

Zwei Bleiakkus mit je 38 Amperestunden Kapazität geben dem Zip & Zip eine Reichweite von etwas 20 Kilometern im Elektro-Betrieb, danach geht's wieder im Zweitakt weiter

solange Energie hauptsächlich aus fossilen Brennstoffen kommt.

Da scheint es eine schlaue Lösung zu sein, ein Fahrzeug mit doppeltem Antrieb auszustatten: Mit einem konventionellen Motor für längere Strecken und einem E-Motor für die Fahrt in Ballungsräumen, bei Smog oder unter vergleichbaren Restriktionen. Hybridantrieb nennen Techniker dieses Konzept, und Piaggio kommt das Verdienst zu, mit dem Zip & Zip Bimodale das erste Zweirad mit einem solchen Antrieb in Serie zu bauen.

Als Basis griffen die Techniker auf den kleinsten Piaggio-Roller, den Zip, zurück. Ohne äußerliche Veränderung der zierlichen Karosserie schafften sie es, Batterien und Elektromotor unterzubringen. Das Helmfach mußte allerdings weichen, der Benzintank schrumpfte auf karge 3,2 Liter Inhalt. Beim Abbocken wird schnell klar, wie sich der Bimodale von einem normalen Zip unterscheidet: 115 Kilo bringt er auf die Waage, und sein Schwerpunkt liegt sehr hoch. Das macht ihn beim Fahren unangenehm kippelig. Der luftgekühlte Zweitakter dagegen kommt mit den zusätzlichen Kilos erstaunlich gut zurecht, der Hybrid-Zip ist im Benzinbetrieb noch immer ein flotter Sprinter. Anders sieht es aus, wenn der Kippschalter am Beinschild auf Elektrobetrieb umgelegt wird: Mit knapp unter Mofa-Tempo geht es dann sehr gemächlich weiter. Nach 20 Kilometern sind die beiden Bleiakkus leer, und es heißt wieder auf Zweitakt umschalten. Leider lädt der Generator die Akkus nicht auf, dazu muß der Zip & Zip an die Steckdose.

Piaggio Zip & Zip Bimodale

Motor: Luftgekühlter Einzylinder-Zweitakter, 2,8 kW (3,8 PS) bei 5750/min, Elektromotor Vickers, 0,65 kW (0,9 PS) bei 6800/min, Getrenntschmierung, E- und Kickstarter, stufenlose Riemenautomatik
Fahrwerk: Stahlrohrrahmen, Telegabel und Trommelbremse vorn; Triebsatzschwinge mit einem Federbein und Trommelbremse hinten
Fahrleistungen:
0 – 30 km/h	3,1 s
0 – 40 km/h	6,1 s
0 – 50 km/h	11,1 s

(Angaben für Benzinmotor, Werte für E-Antrieb nicht meßbar)
Höchstgeschwindigkeit: 55 km/h (E-Motor: 23 km/h)
Gewicht vollgetankt: 115 kg
Zuladung: 95 kg
Sitzhöhe: 790 mm
Batterietyp: 2 Bleiakkus 12 V/38 Ah, integriertes Ladegerät
Testverbrauch: 4,1 l Super bleifrei/100 km
Tankinhalt/Reichweite: 3,2 l/ca. 78 km, elektrisch ca. 20 km
Lieferbare Farben: grigio
Garantie: 12 Monate
Preis: 5495 Mark inkl. Nebenkosten

➕ **Erster Roller mit Hybridantrieb**
➕ **Darf auch bei Smog fahren**
➕ **Problemlose Großserientechnik**
➖ **Sehr hoher Schwerpunkt**
➖ **Kleiner Tank**
➖ **Geringe Zuladung**

Kommissar Rex

Rex 50

Motor: Gebläsegekühlter Einzylinder-Zweitakter, 4 kW (5,4 PS) bei 7000/min, 49 cm³, Getrenntschmierung, E- und Kickstarter, stufenlose Riemenautomatik

Fahrwerk: Stahlrohrrahmen, Telegabel und Scheibenbremse vorn, Triebsatzschwinge mit einem Federbein und Trommelbremse hinten

Fahrleistungen:

0-30 km/h	4,0 s
0-40 km/h	7,7 s
0-50 km/h	15,5 s

Höchstgeschwindigkeit: 54 km/h
Gewicht vollgetankt: 81 kg
Zuladung: 180 kg
Sitzhöhe: 810 mm
Wendekreis: 3,48 m
Testverbrauch: 3,3 l Normalbenzin/100 km
Tankinhalt/Reichweite: 5,5 l/ca. 166 km
Lieferbare Farben: gelb, rot
Garantie: 12 Monate
Preis: 2999 Mark plus Nebenkosten

- ➕ Handlich
- ➕ Ordentliche Ausstattung
- ➕ Sparsam
- ➖ Mangelhafte Bremsen beim Testroller
- ➖ Schaukeliges Fahrwerk
- ➖ Geringes Platzangebot
- ➖ Mäßige Verarbeitung

Auf der grünen Wiese, wo die Super- und Baumärkte stehen, taucht der Rex 50 zur Zeit in Rudeln auf. Zwischen Blumentopferde und Tütensuppen wartet auf sparsame Herrchen und Frauchen. Unter anderen Namen bevölkert er Kaufhaus-Kataloge und die Schaufenster von Fachhändlern. Bei Quelle heißt er Buffalo, bei Neckermann Tokaido und bei Otto GTX 50. Als Fantic, Sasy und sogar als Kreidler Florett tarnt sich das Taiwan-Produkt bisweilen auch.

Für seinen Auftritt hat sich der Rex in Schale geworfen: Schlichtes, zeitgemäßes Design, pop-

piges Gelb, ein buntes Cockpit und gute Spiegel lassen ihn auch nach außen hin glänzen.

Auf dem Papier lesen sich auch die 5,4 PS seines gebläsegekühlten Zweitakters gut. In der Praxis zeigte er sich etwas startunwillig und beeindruckte auch nicht mit besonderer Lebhaftigkeit, seine Beschleunigung weist dem Rex eher einen Platz im hinteren Mittelfeld zu. Positiv fällt auf, daß er sich mit Normalbenzin in akzeptablen Mengen begnügt.

Praktisch ist der serienmäßige Seiten- zusätzlich zum Hauptständer. Allerdings sollte er mit einem Zündunterbrecher kombiniert sein, um Losfahren mit ausgeklapptem Ständer zu verhindern. Denn ein Federmechanismus, wie ihn der Rex hat, wird bei mangelnder Pflege irgendwann schwergängig. Und dann bleibt der Ständer draußen.

Außer dem unterdämpften und deshalb auf welligen Fahrbahnen schaukeligen Fahrwerk fielen als dickster Minuspunkt bei dem getesteten Rex-Exemplar die Bremsen auf. Die Trommel im

Daß bei 70 km/h der rote Bereich beginnt, glaubt man dem Rex-Tacho gern. Sein Fahrwerk ist ziemlich unterdämpft, die Scheibenbremse des Testrollers ließ unter Belastung stark nach

Dieser Typ hat viele Namen: Den als Rex (5,4 PS, Scheibenbremse, 2999 Mark) angebotenen Taiwan-Roller gibt es auch von anderen Importeuren und unter anderen Bezeichnungen. Die Papier-PS schlagen sich nicht in besonders lebhaften Fahrleistungen nieder

Hinterrad quietschte, brachte das Rad aber nicht ansatzweise zum Blockieren. Die Scheibenbremse vorn verzögerte in kaltem Zustand zwar gut, ließ nach ein paar kräftigen Bremsungen in ihrer Wirkung aber dramatisch nach. Der Importeur ließ wissen, dies sei nicht die Regel – immerhin habe der Roller die Typprüfung absolviert. Aus anderer Quelle war zu erfahren, daß es bei bestimmten Fernost-Rollern durchaus zu starken Schwankungen in der Qualität der verwendeten Zulieferteile kommen könne. Bleibt nur zu hoffen, daß der Test-Rex ein Ausreißer war.

Schnelles Duo

Als Roller fürs Grobe gibt sich der zunächst als Hercules Gipsy, ab 1996 als Sachs Reggae (5 PS, Upside-down-Gabel, Scheibenbremse, 3995 Mark) angebotene Sprinter. Richtig zuhause fühlt er sich allerdings auf der Straße

Ein Hauch von Freiheit und Abenteuer umweht Roller mit Stollenreifen wie den Sachs Reggae und den technisch identischen Peugeot Buxy. Das Duo stammt technisch von den Straßenrollern Peugeot Speedake und Sachs Splinter ab und wird wie diese bei Peugeot gefertig. Richtige Geländehüpfer sind die beiden Zwillinge damit so wenig wie fast alle anderen Roller dieser Gattung. Viel wohler fühlen sie sich auf Asphalt, wo sie ihre Qualitäten voll ausspielen können – deshalb gibt es sie für 100 Mark mehr auch als RS-Version mit Straßenreifen. Abgemagerte Varianten heißen Sachs Limbo und Peugeot Zenith. Ihr quirliger, aber auch geräuschvoller und durstiger

5 PS-Zweitakter sorgt vom Start weg für spektakuläre Beschleunigung und gibt auch bergauf nicht so schnell klein bei.

So heftig wie der Motor beißt auch der vordere Stopper zu. Auf der Straße ist die 190 Millimeter große Scheibenbremse in Wirkung und Dosierbarkeit erste Sahne, auf Gras oder Schotter will sie dagegen mit Gefühl eingesetzt werden. Die Abstammung von einem sportlichen Straßenroller verraten auch die knackige Abstimmung der Federelemente, die Fahrwerksauslegung und der schmale Lenker. Mit dem präzisen, auf unerschütterlichen Geradeauslauf getrimmten Reggae machen flotte Kurvenfahrten und zielgenaues Bremsen auf Asphalt riesig Spaß. An Enduros erinnert die bequeme, 840 Millimeter hohe Sitzposition, der Fußraum sollte allerdings breiter sein. Ein Helmfach findet sich nicht unter der Bank, sondern hinter einer Klappe in der frechen Schnauze. Dort paßt allerdings nur ein flacher Jethelm hinein. Licht und Schatten bei der Ausstattung des Sachs: Zwar besitzt er einen Benzinhahn mit Reservestellung, sein Gepäckträger ist kräftig, und sein Abblendlicht leuchtet recht ordentlich. Auch die Spiegel sind groß und sitzen an langen Auslegern. Wünschenswert wären bessere Schalter – vor allem ein vernünftiger Blinkerschalter mit Druckrückstellung. Und die hakeligen Schlösser bedeuten stets eine ärgerliche Fummelei mit den kleinen Schlüsseln.

Sachs Reggae/Peugeot Buxy

Motor: Gebläsegekühlter Einzylinder-Zweitakter, 3,7 kW (5 PS) bei 6500/min, 49 cm³, Getrenntschmierung, E- und Kickstarter, stufenlose Riemenautomatik
Fahrwerk: Stahlrohrrahmen, Showa-Upside-down-Gabel (Federweg 70 mm) und Scheibenbremse (Ø 190 mm) vorn, Triebsatzschwinge mit einem Federbein (Federweg 60 mm) und Trommelbremse (Ø 110 mm) hinten
Fahrleistungen:

0-30 km/h	2,5 s
0-40 km/h	4,8 s
0-50 km/h	9,0 s

Höchstgeschwindigkeit: 55 km/h
Gewicht vollgetankt: 81 kg
Zuladung: 189 kg
Sitzhöhe: 840 mm
Wendekreis: 3,50 m
Testverbrauch: 4,4 l Super bleifrei/100 km
Tankinhalt/Reichweite: 5,4 l / ca. 122 km
Lieferbare Farben: schwarzmetallic, toreroront (RS)
Garantie: 12 Monate
Preis: 3995 Mark (RS: 4095 Mark) inkl. Nebenkosten; Limbo LM / Zenith 3595 Mark

⊕ **Gute Fahrleistungen**
⊕ **Prima Scheibenbremse**
⊕ **Präzises Fahrverhalten**
⊖ **Hoher Verbrauch**
⊖ **Billige Schalter**
⊖ **Wenig Stauraum**

Statt mit Stollenreifen gibt es den Sachs Reggae und den baugleichen Peugeot Buxy auch mit Straßen-Pneus, dann tragen die beiden Roller die Zusatzbezeichnung RS

Sachs Samba SR 50/Peugeot SV 50
Konservativ und solide

Man merkt's am kantigen Design, daß der Sachs Samba SR 50 (bis 1995 hieß er Hercules wie auf den Fotos) und sein Zwilling Peugeot SV 50 schon eine ganze Weile gebaut werden. Das macht in ihrem Fall gar nichts, denn sie sind mustergültig, was Ausstattung und Qualität angeht. Beispiele gefällig? Der große 8,8-Liter-Tank liegt

schwerpunktgünstig unter dem Trittbrett, getankt wird durch eine abschließbare Klappe im Fußraum. Die Lenkerverkleidung verlängert sich seitlich zu Handprotektoren mit integrierten Blinkern, das Cockpit glänzt zusätzlich zur üblichen Ausstattung mit einer Zeituhr. Die großen Spiegel sitzen an genügend langen Auslegern, Abblend-

Die Solidität als solche repräsentieren der bis 1995 als Hercules angebotene
Sachs SR 50 (4,4 PS, ab 1996 Scheibenbremse vorn, 4350 Mark) und der baugleiche Peugeot SV 50

Wenn schon, denn schon – im Cockpit der Hercules/Sachs- und Peugeot-Roller wurde nicht gespart. Auch Fahrverhalten, Ausstattung und Verarbeitung sind ausgezeichnet

und Fernlicht sind vorbildlich. Helmfach, Staufach, Gepäckträger und eine Triebsatzschwinge mit Automatik, E- und Kickstarter bedürfen keiner Erwähnung. All das ist sauber und klapperfrei verarbeitet, sogar die Schlüssel und Schlösser geben – anders als bei den sportlicheren Peugeot- und Sachs-Rollern – keinen Anlaß zur Kritik. Ein Wunder? Nein, Honda. Denn SR und SV sind Lizenzprodukte des weltgrößten Zweiradherstellers.

An Motor und Fahrverhalten ist nichts auszusetzen. Sie sind handlich und laufen auf ihren Reifen des Formats 90/90-10 sehr zielgenau, die Federung mit einer Kurzschwinge vorn gibt sich ausreichend komfortabel. Der kräftige 4,4-PS-Motor läuft kultiviert, leise und vibrationsarm. Sein Durst bleibt maßvoll, nur einen ungeregelten Kat hat er nicht. Und die Sitzposition auf der niedrigen Bank ist schon für mittelgroße Fahrer auf Dauer unbequem.

Weil SR und SV relativ teuer sind, gibt's für Sparsame den 355 Mark billigeren Peugeot SV Junior mit abgemagerter Ausstattung. Beim ihm federt vor eine einfache Telegabel, ein Seitenständer ersetzt den Hauptständer, und auf Gepäckträger, Tageskilometerzähler und Fernlicht muß man verzichten.

Sachs Samba SR 50/Peugeot SV 50

Motor: Gebläsegekühlter Einzylinder-Zweitakter, 3,2 kW (4,4 PS) bei 6500/min, 49 cm³, Getrenntschmierung, E- und Kickstarter, stufenlose Riemenautomatik
Fahrwerk: Stahlrohrrahmen, gezogene Kurzschwinge (Federweg 35 mm) und Trommelbremse (ab April 1996 Scheibenbremse, Ø 190 mm) vorn, Triebsatzschwinge mit einem Federbein (Federweg 80 mm) und Trommelbremse (Ø 110 mm) hinten
Höchstgeschwindigkeit: 53km/h
Gewicht vollgetankt: 91 kg
Zuladung: 189 kg
Sitzhöhe: 740 mm
Testverbrauch: 3,3 l Super bleifrei/100 km
Tankinhalt/Reichweite: 8,8 l/ca. 266 km
Lieferbare Farben: balticblau, salsarot, magicblue, torontogrün, silbergrau
Garantie: 12 Monate
Preis: 4350 Mark (SV Junior: 3995 Mark) inkl. Nebenkosten

+ **Gute Ausstattung**
+ **Vorbildliche Verarbeitung**
+ **Stabiles Fahrverhalten**
+ **Großer Tank**
− **Ungünstige Sitzposition**

Sasy Classic 2000 E
Am untersten Limit

Für lächerliche 1599 Mark wird der chinesische Sasy Classic 2000 E angeboten. Seine Papierform sieht nicht schlecht aus: E-Starter und Getrenntschmierung sind vorhanden, und der Motor ist mit 4,1 PS recht gut bei Kräften. Beim Anfahren geht's zwar ein bißchen langsam, denn in der Triebsatzschwinge steckt keine Automatik, sondern nur eine Fliehkraftkupplung mit Antriebskette. Doch sobald er rollt, entwickelt der Sasy beachtlichen Vortrieb. Wegen seiner Minimal-Maße wirken 50 km/h auf ihm schon ganz schön schnell. Mit zwei Personen besetzt ist das

Sasy Classic 2000

Motor: Gebläsegekühlter Einzylinder-Zweitakter, 3 kW (4,1 PS) bei 6000/min, 49 cm³, Getrenntschmierung, E- und Kickstarter, Einganggetriebe mit Fliehkraftkupplung
Fahrwerk: Stahlrohrrahmen, Telegabel (Federweg 45 mm) und Trommelbremse (Ø 80 mm) vorn, Triebsatzschwinge mit Federbein (Federweg 80 mm) und Trommelbremse (Ø 80 mm) hinten
Fahrleistungen:

0-30 km/h	5,8 s
0-40 km/h	8,5 s
0-50 km/h	14,6 s

Höchstgeschwindigkeit: 50 km/h
Gewicht vollgetankt: 57 kg
Zuladung: 173 kg
Sitzhöhe: 680 mm
Wendekreis: 2,90 m
Testverbrauch: 3,3 l Normalbenzin/100 km
Tankinhalt/Reichweite: 3,5 l/ca. 106 km
Lieferbare Farben: rot
Garantie: 6 Monate
Preis: 1599 Mark inkl. Nebenkosten

- ➕ **Äußerst handlich**
- ➕ **Kräftiger Motor**
- ➕ **Spottbillig**
- ➖ **Eingeschränktes Platzangebot**
- ➖ **Mangelhafte Fahreigenschaften**
- ➖ **Mangelhafte Verarbeitungsqualität**

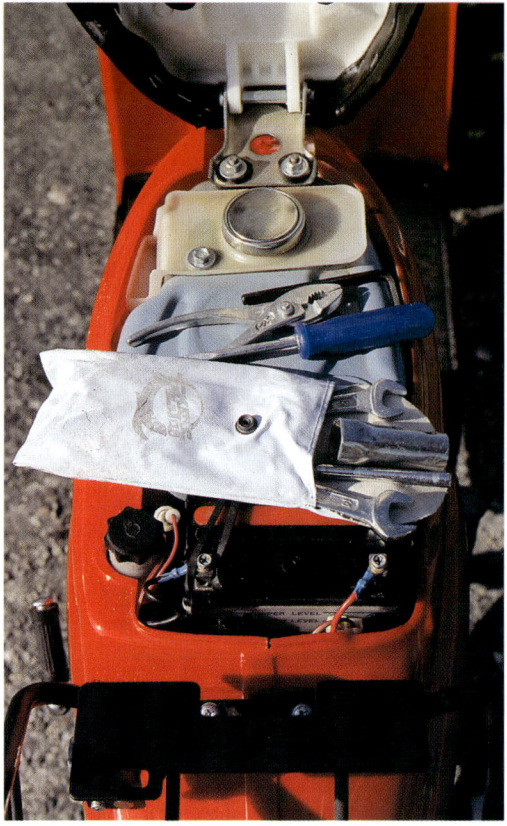

Erstaunlich, was man für so wenig Geld alles kriegt: Der Classic 2000 E hat nicht nur einen Motor, sondern sogar Werkzeug bei sich

Fahrwerk des 57 Kilo leichten Rollers allerdings völlig überfordert. Die schwachen Federn in seiner primitiven Telegabel kapitulieren manchmal schon vor dem Fahrer allein und schlagen durch. Auch die Sitzposition taugt nur für Menschen kleiner Statur. An Positivem wäre zu berichten, daß der Sasy mit seiner extrem niedrigen Sitzhöhe und 2,90 Metern Wendekreis sagenhaft handlich ist.

Besser als mit dem Fahrverhalten sieht es mit den Bremsen aus. Die Trommel im hinteren der acht Zoll kleinen Räder beißt giftig zu, die im Vorderrad wirkt dagegen recht teigig. Doch auf ein verschärftes Kommando hin steht auch der kleine China-Roller still.

Akustisch ist der Winzling alles andere als ein Leisetreter. Ein echtes Manko ist die Verarbeitung: Der Käufer tut gut daran, vor der ersten Fahrt penibel alle Schrauben auf festen Sitz zu kontrollieren. Bei einem Testexemplar (das allerdings von einem anderen Importeur stammte)

waren die Soziusrasten und – schlimmer – das Lenkkopflager lose. An der Tankstelle gibt sich der Classic dafür ganz bescheiden und verlangt nur nach Normalbenzin in geringen Mengen. Das ist nett von ihm, aber ob das die schwerwiegenden Mängel am Fahrwerk und bei der Verarbeitung wettmacht, ist doch sehr die Frage.

Spottbillig, aber trotzdem kein Sonderangebot: Fahreigenschaften und Verarbeitung des China-Winzlings Sasy Classic 2000 E (4,1 PS, acht-Zoll-Räder, 1599 Mark) genügen europäischen Anforderungen nicht

Simson Star 50
Neuer Anfang

Vielleicht war es Zufall, vielleicht aber auch Absicht, daß das Suhler Fahrzeugwerk ausgerecht im Jahr seines hundertjährigen Jubiläums von Kupplung und Schalthebel Abschied nahm. An ihrem ersten Automatik-Roller haben die Leute von Simson jedenfalls Besonderes ge-

Der Star (3,8 PS, Scheibenbremse, 4235 Mark) ist der erste Automatikroller von Simson. Und Simson im thüringischen Suhl ist heute der einzige deutsche Roller-Hersteller. Unter seiner ausgeprägten Nase arbeitet eine für Roller-Verhältnisse extrem langhubige Telegabel. Und unter der Sitzbank gibt's erstmals bei einem Simson-Roller ein Helmfach

wagt. Das Federbein haben sie kurzerhand in den Mitteltunnel verlegt, wodurch das Heck scheinbar frei über dem Hinterrad schwebt, was dem Star sein ganz eigenes Aussehen verleiht. Die bei den ersten Exemplaren zu weiche Federungsabstimmung – sie ließ den Star in welligen Kurven schaukeln – haben die Thüringer Rollerbauer mittlerweile geändert, am Fahrkomfort gibt es nichts auszusetzen. Und die anfangs bescheidene Leistungsentfaltung des Morini-Motors bekamen die erfahrenen Suhler Zweitaktexperten ebenfalls ausgezeichnet in den Griff – mit einem neu konstruierten Auspuff rennt der Star richtig flott: Man muß halt wissen, wie es geht.

Doch der Star hat auch noch andere Vorzüge. Seine kräftige und gut dosierbare Scheibenbremse vorn ist vom Feinsten. Auch die Hinterradbremse zieht ganz ordentlich, Besitzer großer Füße erreichen allerdings den Fußbremshebel schwer. Überhaupt ist der Simson mit seinem langen Radstand und den zwölf Zoll großen Rädern im Fußraum erstaunlich eng geraten – das kleine Staufach kollidiert leicht mit den Knien des Fahrers. Dafür paßt es beim Star in der Ausstattung: ungeregelter Kat ist selbstverständlich. Und im Cockpit ist mit Tankuhr, Ölanzeige, Uhr und Fernlichtlämpchen alles klar. Sagenhafte 10,5 Liter Sprit passen in den Tank.

Simson Star 50

Motor: Gebläsegekühlter Einzylinder-Zweitakter, 2,8 kW (3,8 PS) bei 6000/min, 49 cm³, Getrenntschmierung, E- und Kickstarter, stufenlose Riemenautomatik, ungeregelter Kat
Fahrwerk: Stahlrohrrahmen, Telegabel (Federweg 130 mm) und Scheibenbremse (Ø 220 mm) vorn, Triebsatzschwinge mit einem Federbein (Federweg 110 mm) und Trommelbremse (Ø 125 mm) hinten
Fahrleistungen:

0-30 km/h	2,6 s
0-40 km/h	4,7 s
0-50 km/h	9,0 s

Höchstgeschwindigkeit: 55 km/h
Gewicht vollgetankt: 96 kg
Zuladung: 165 kg
Sitzhöhe: 780 mm
Wendekreis: 4,20 m
Testverbrauch: 3,4 l Super bleifrei/100 km
Tankinhalt/Reichweite: 11 l/ca. 323 km
Lieferbare Farben: rotmetallic, blaumetallic, gelb
Garantie: 12 Monate
Preis: 4235 Mark inkl. Nebenkosten

+ **Sehr fahrstabil**
+ **Ausgezeichnete Scheibenbremse**
+ **Langhubige Federung**
+ **Gute Fahrleistungen**
+ **Extra großer Tank**
− **Eingeschränkter Knieraum**
− **Fußbremse ungünstig positioniert**

Ein unter dem Trittbrett liegendes Federbein hat außer dem neuen Star nur der Malaguti CR 1. Fahrstabilität und Scheibenbremse des Simson-Rollers sind ausgezeichnet

Simson Star Classic 50
Verkannter Klassiker

Während es die Simson-Schwalbe mittlerweile zu Kultstatus gebracht hat, hängt dem auch heute noch produzierten SR 50-Roller, der jetzt Star Classic 50 heißt, das Odium des Arbeiter- und Bauernrollers an. In der Riege modisch-bunter Plastikroller wirkt er mit seinem kantigen Design tatsächlich wie ein Fossil. E-Starter, Automatik, Getrenntschmierung, Helmfach – alles Fehlanzeige. Unstrittig aber bietet der Simson eine Menge zwar einfacher, aber solider Zutaten. Beinschild und Rahmen sind beispielsweise aus Preßblech und können auch mal einen kräftigen Rempler wegstecken. Sein Gewicht von 86 Kilo spricht ebenfalls für eine kräftige Konstitution, denn Überflüssiges ist an ihm nicht dran.

Das Fahrwerk des Star Classic braucht keinen

Der Simson Star Classic (3,3 PS, Viergang-Getriebe, Scheibenbremse, 3044 Mark) ist wie die Vespa ein unverwüstlicher Klassiker – vielleicht nicht so schön, dafür glänzt er mit unbeirrbarem Fahrverhalten und toller Federung

Früher gang und gäbe, heute eine technische Rarität: Der fahrtwindgekühlte Zweitakter des Star Classic ist unter dem Trittbrett starr eingebaut und treibt das Hinterrad über eine gekapselte Kette an

Vergleich mit den besten modernen Rollern zu scheuen: Eine langhubige Telegabel vorn und zwei Federbeine hinten machen ihn zur Sänfte. Ein deutliches Plus an Laufstabilität bewirken die zwölf Zoll großen Räder und der lange Radstand. Durch den weit vorn plazierten Motor liegt der Schwerpunkt des Star Classic günstig und trägt zu kippelfreiem Fahrverhalten bei. Weil der starr eingebaute, fahrtwindgekühlte Zweitakter das Hinterrad über eine gekapselte Kette antreibt, halten sich auch die ungefederten Massen in Grenzen. Das kommt Straßenlage und Fahrkomfort gleichermaßen zugute.

Daß der Simson mit einem Fernlicht aufwartet, das diesen Namen verdient, ist unter 50ern auch nicht gerade die Regel. Nur die Handlichkeit des Rollers aus Suhl läßt etwas zu wünschen übrig, und zum Aufbocken wäre ein seitlicher Griff nicht schlecht. Gewöhnungsbedürftig ist die Viergang-Fußschaltung: Wie bei einem Motorrad bedient die linke Hand die Kupplung, der linke Fuß muß schalten. Mit Übung und etwas Geduld beim Einlegen des ersten Gangs klappt aber auch das ganz gut.

Simson Star Classic 50

Motor: Fahrtwindgekühlter Einzylinder-Zweitakter, 2,4 kW (3,3 PS) bei 5500/min, 49 cm^3, Mischungsschmierung, Kickstarter, Vierganggetriebe, Kettenantrieb
Fahrwerk: Blechpreßrahmen, Telegabel (Federweg 130 mm) und Trommelbremse (Ø 125 mm) vorn, Zweiarmschwinge mit zwei Federbeinen (Federweg 85 mm) und Trommelbremse (Ø 125 mm) hinten
Fahrleistungen:
0-30 km/h	4,0 s
0-40 km/h	7,8 s
0-50 km/h	14,4 s

Höchstgeschwindigkeit: 55 km/h
Gewicht vollgetankt: 86 kg
Zuladung: 174 kg
Sitzhöhe: 750 mm
Wendekreis: 3,80 m
Testverbrauch: 3,1 l Gemisch 1:50/100 km
Tankinhalt/Reichweite: 6,5 l/ca. 209 km
Lieferbare Farben: bordeaux-violett
Garantie: 12 Monate
Preis: 3044 Mark inkl. Nebenkosten

➕ **Erstklassige Federung**
➕ **Fährt wie auf Schienen**
➕ **Unverwüstlich**
➕ **Sparsam**
➕ **Wartungsfreundlich**
➖ **Schaltgetriebe**
➖ **Kein Stauraum**

Suzuki AP 50
Rundum praktisch

Suzuki AP 50

Motor: Gebläsegekühlter Einzylinder-Zweitakter, 3,2 kW (4,3 PS) bei 6600/min, 49 cm³, Getrenntschmierung, E- und Kickstarter, stufenlose Riemenautomatik, ungeregelter Kat
Fahrwerk: Stahlrohrrahmen, Telegabel (Federweg 60 mm) und Scheibenbremse (Ø 180 mm) vorn, Triebsatzschwinge mit einem Federbein (Federweg 60 mm) und Trommelbremse (Ø 120 mm) hinten
Fahrleistungen:

0-30 km/h	3,5 s
0-40 km/h	6,3 s
0-50 km/h	13,2 s

Höchstgeschwindigkeit: 53 km/h
Gewicht vollgetankt: 84 kg
Zuladung: 176 kg
Sitzhöhe: 770 mm
Wendekreis: 3,40 m
Testverbrauch: 3,4 l Normalbenzin/100 km
Tankinhalt/Reichweite: 5 l/ca. 147 km
Lieferbare Farben: gelb, rot, grün, schwarz
Garantie: 12 Monate
Preis: 3540 Mark inkl. Nebenkosten

➕ **Komfortabel**
➕ **Handlich**
➕ **Praktisch**
➕ **Durchdacht in Details**
➖ **Etwas kippelig**

Wo andere mit Modellvielfalt klotzen, scheint Suzuki zu kleckern: Ganze zwei Roller hat der mit Motorrädern erfolgreiche deutsche Importeur im Angebot, und nur ein einziger 50er ist dabei. Er hört auf den prosaischen Namen AP 50 und sieht ganz flott, aber nicht auffällig aus. Ein Taiwan-Roller, mag man vermuten, wie so viele andere.

Bereits die erste Annahme ist falsch, denn der AP 50 wird im spanischen Suzuki-Werk in Gijon gebaut. Die Ausstattung des AP 50 ist zwar nicht

üppig – ein vorderes Staufach oder einen Gepäckträger hat er nicht -, aber das Vorhandene ist gut gemacht. Das geräumige Helmfach zum Beispiel ist beleuchtet, die Spiegel sind groß und sitzen an langen Auslegern, und zum Aufbocken gibt es kräftige Griffe. Über die freut sich auch der Sozius, der seine Füße auf ausklappbaren Rasten abstellen kann.

Die Sitzposition fällt auch für Lange angenehm aus, der Lenker könnte allerdings etwas höher stehen. Wind- und Wetterschutz sind gut, Schlösser und Schalter auf Motorrad-Niveau. Den gebläsegekühlten Zweitakter kann man zwar nicht gerade aus Kraftprotz bezeichnen, aber er macht einen lebendigen Eindruck, läuft leise und geht einigermaßen sparsam mit Sprit um. Auf seinen zehn-Zoll-Rädchen kann der AP 50 in Sachen Fahrstabilität zwar nicht mit zwölf- oder dreizehnzöllig bereiften Sportrollern konkurrieren, in enge Kurven kippelt er gerne hinein. Dafür ist er sehr handlich und auch auf schlechten Straßen unpro-

Der Suzuki AP 50 versteht sich mit seinen ganz normalen zehn-Zoll-Pneus zwar nicht als Geländehüpfer, aber sein grobes Profil ist auf rutschigem Untergrund von Vorteil

Mit ein paar Zutaten packt ein Roller wie der bequeme Suzuki AP 50 (4,3 PS, Scheibenbremse, 3540 Mark) auch den Großeinkauf. Scheibe, Sturzbügel mit Köbchen, Gepäckträger und Topcase gibt es als Extra

blematisch zu fahren. Dazu trägt die gelungene Federungsabstimmung bei, die Komfort mit guter Dämpfung verbindet und so Geschaukel verhindert. Ganzjahresfahrer werden dankbar das relativ grobe Reifenprofil registrieren, das dem AP auch bei Schnee oder auf losem Untergrund etwas Traktion verschafft. Keine Klagen gibt's über die Bremsen, sie machen ihre Arbeit wirksam, gut dosierbar und ohne viel Aufhebens – wie der ganze Roller.

SYM Sanyang Flash 50/Free 50
Preis-Kämpfer

Billig muß nicht schlecht sein. Der extrem handliche Sanyang Flash (5,4 PS, ab 1990 Mark) ist ordentlich verarbeitet, sinnvoll ausgestattet und bis auf die ungünstige Drosselung frei von Macken

Sein Preis treibt Konkurrenten Tränen in die Augen: Schon für weniger als 1990 Mark gibt's den roten Sanyang Flash 50 bei der Großhandelskette Metro. Fachhändler verlangen gerade mal 2199 Mark für den Winzling, der dann schwarz ist und Free heißt. No-Name-Produkte wie viele Baumarkt-Roller sind die Zwillinge Flash und Free nämlich nicht – sie kommen von Taiwans zweitgrößtem Roller-Hersteller SYM, der mit Honda liiert ist.

Vielleicht liegt es daran, daß der Flash erstaunlich gut funktioniert. Immerhin ist er dem Honda Dio, dem wohl populärsten Roller Asiens, wie aus dem Gesicht geschnitten. Der Flash federt ordentlich, und seine beiden Trommelbremsen verzögern kräftig. Mit einer Scheibenbremse heißt der Flash Pure 50 und kostet 2599 Mark. Auf der etwas zu weichen Sitzbank hinter dem angenehm hohen Lenker ist ein Erwachsener ganz passabel untergebracht. Das kleine Beinschild ist den Knien kaum im Weg, bringt allerdings auch kaum Wetterschutz. Und zu zweit wird's auf dem Flash definitv zu eng.

Dafür flitzt er auf seinen schmalen zehn-Zoll-Reifen äußerst behende durchs Stadtgewühl – geringes Gewicht und tiefer Schwerpunkt machen ihn superhandlich. Sein kleiner vier-Liter-Tank liegt unter dem Trittbrett und schafft so Platz für ein sehr geräumiges Helmfach unter dem Sitz. Die Ausstattung des Flash ist nicht luxuriös, aber sinnvoll: Helles Abblend- und Fernlicht, leichtgängige Schlösser, ein kleiner Gepäckträger sowie zwei Spiegel an langen Auslegern fallen positiv auf, weil man sie an viel teureren Rollern häufig vermißt. Im Cockpit gibt es Tacho, Tankuhr, Ölwarnleuchte und Kilometerzähler. Ein Blinkerlämpchen fehlt, statt mit einem nervtötenden Piepser macht der Richtungsanzeiger durch dezentes Klacken auf sich aufmerksam.

Weniger gelungen ist die Drosselung aufs deutsche 50 km/h-Limit. Bei der entsprechenden Motordrehzahl regelt die CDI-Zündeinheit ab. Damit kann der Motor zwar frei atmen, zieht aus dem Stand zunächst kräftig weg und läuft sehr sparsam. Doch bei höheren Drehzahlen beginnt er zu stottern, und bei 48 km/h ist Schluß.

Schmal und leicht, ist der Flash gerade richtig als Stadtflitzer. Sein Tank liegt schwerpunktgünstig unter dem Trittbrett, mit einer Scheibenbremse vorn heißt er Pure und kostet 2599 Mark

Sanyang Flash 50/Free 50

Motor: Gebläsegekühlter Einzylinder-Zweitakter, 4 kW (5,4 PS) bei 7000/min, 49 cm^3, Getrenntschmierung, E- und Kickstarter, stufenlose Riemenautomatik
Fahrwerk: Stahlrohrrahmen, Telegabel und Trommelbremse (Ø 120 mm) vorn, Triebsatzschwinge mit einem Federbein und Trommelbremse (Ø 110 mm) hinten
Roller-Messungen:
0-30 km/h	4,2 s
0-40 km/h	8,7 s
0-50 km/h	–

Höchstgeschwindigkeit: 48 km/h
Gewicht vollgetankt: 74 kg
Zuladung: 176 kg
Sitzhöhe: 730 mm
Wendekreis: 3,55 m
Testverbrauch: 2,8 l Super bleifrei/100 km
Tankinhalt/Reichweite: 4 l/ca. 142 km
Lieferbare Farben: rot (Flash), schwarz (Free)
Garantie: 12 Monate
Preis: 1990 Mark (Free: 2199 Mark) inkl. Nebenkosten

+ **Außerordentlich handlich**
+ **Sinnvolle Ausstattung**
+ **Sparsam**
+ **Sehr preisgünstig**
+ **Gut verarbeitet**
− **Eingeschränktes Platzangebot**
− **Unbefriedigende Drosselung**

Yamaha Axis

Sparspaß mit Fahrspaß

Sein Gesicht versprüht Frohsinn: Der Scheinwerfer ein breites Grinsen, die vorderen Blinker zwei freche Grübchen, das spitz zulaufende Frontschild ein markiges Kinn. Auch die Sitzprobe auf dem Yamaha Axis läßt einem das Lachen nicht vergehen: Die Sitzhöhe ist angenehm niedrig, die Bank ausreichend lang, der Fußraum ebenso. Auch die Beinfreiheit geht in Ordnung. So richtig fröhlich stimmt der Preis, denn der ist mit 3390

Zu den Stärken von Axis und Forte gehört außer der guten Verarbeitung die kräftige Scheibenbremse.
Mit dem mäßigen Platzangebot und der knochenharten Federung muß man leben

Yamaha Axis/MBK Forte

Motor: Gebläsegekühlter Einzylinder-Zweitakter, 2,9 kW (4 PS) bei 6000/min, 49 cm³, Getrenntschmierung, E- und Kickstarter, stufenlose Riemenautomatik, ungeregelter Kat
Fahrwerk: Stahlrohrrahmen, Telegabel (Federweg 60 mm) und Scheibenbremse (Ø 155 mm) vorn, Triebsatzschwinge mit Federbein (Federweg 60 mm) und Trommelbremse (Ø 110 mm) hinten
Fahrleistungen:

0-30 km/h	3,6 s
0-40 km/h	5,7 s
0-50 km/h	11,4 s

Höchstgeschwindigkeit: 53 km/h
Gewicht vollgetankt: 78 kg
Zuladung: 162 kg
Sitzhöhe: 760 mm
Wendekreis: 3,60 m
Testverbrauch: 3,5 l Normalbenzin/100 km
Tankinhalt/Reichweite: 6 l/ca. 171 km
Lieferbare Farben: rot, grün (Yamaha); rot, schwarz (MBK)
Garantie: 12 Monate
Preis: 3390 Mark inkl. Nebenkosten

- ➕ Sehr gute Scheibenbremse
- ➕ Wendig
- ➕ Gut verarbeitet
- ➕ Preiswert
- ➖ Harte Federung
- ➖ Kaum Platz für einen Sozius

Mark erfreulich tief angesiedelt. Damit geht der Axis als echter Preisknüller unter den Markenrollern ins Rennen. Und das gleich zweimal, denn obwohl er von Yamaha in Spanien gebaut wird, gibt es ihn auch als technisch identisches Parallelmodell MBK Forte.

Der mit ungeregeltem Kat ausgestattete Zweitakter schiebt den 78 Kilo leichten Roller vom Stand weg ordentlich an. Wenn es auf die 50 km/h zugeht, läuft er spürbar gegen die Drosselung. Im dichten Stadtverkehr mitzuschwimmen, ist mit dem Axis aber kein Problem. Etwas Einfüh-

Yamaha Axis (4 PS, Scheibenbremse, 3390 Mark) oder MBK Forte steht auf diesem 50er, der wie ein Taiwan-Roller aussieht. Gebaut wird er allerdings im spanischen Yamaha-Werk

lungsvermögen verlangt dagegen das Fahrwerk. Wegen seiner schmalen 100/80er Reifen auf Zehn-Zoll-Felgen ist der Axis zwar wendig, aber auch etwas kippelig. Sein einziges echtes Manko aber ist die viel zu straffe Federung. Sowohl die vordere Telegabel als auch das Federbein hinten wirken kompromißlos hart, Bodenunebenheiten weicht man deshalb besser aus. Richtig gut dagegen arbeitet die vordere Scheibenbremse. Sie verzögert effektiv, läßt sich gut dosieren und

greift nicht ungebührlich scharf. Die Trommelbremse hinten könnte dagegen etwas herzhafter zupacken.

Um der fröhlichen Front des Rollers ein entsprechendes Gegenstück am Heck zu verpassen, hat sich Yamaha etwas einfallen lassen: Anstatt eines Gepäckträgers setzt ein windschnittiger Spoiler dem Axis ein Ende. Der dient zwar auch als Haltebügel, aber so würden ihn nur staubtrockene Praktiker nennen.

Yamaha Breeze/MBK Fizz 50
Schöne Bescherung

Nach einer Preissenkung 1996 ist der geräumige und fahrstabile Yamaha Breeze/MBK Fizz 50
(4 PS, Scheibenbremse, 3790 Mark) ein echtes Schnäppchen

Eigentlich ist es schwer zu verstehen, daß man den Yamaha Breeze und sein technisch identisches MBK-Pendant Fizz 50 auf unseren Straßen nicht öfter sieht. Sollten die Probleme der ersten Exemplare mit einer falsch abgestimmten Riemenautomatik an seinem Ruf gekratzt haben? Als der Breeze 1994 dem eng verwandten Yamaha Zest und seinem Zwilling MBK Evolis zur Seite gestellt wurde, sollte er eigentlich deren sportlich-eleganter Widerpart darstellen. Das Zeug dazu hat er – nicht nur wegen seines ansprechenden Äußeren, das sich mit fließenden Linien und sogar zweifarbig lackierten Varianten aus der Masse abhebt. Denn trotz seiner Zehn-Zoll-Räder folgt er den Wünschen seines Fahrers wesentlich präziser als der Zest, nur Fahrbahnmarkierungen und Längs-

Der Pseudo-Doppelscheinwerfer des Yamaha Breeze und seines MBK-Pendants Fizz 50 hat zwar nur eine Lampe, leuchtet aber die Fahrbahn recht ordentlich aus

rillen bringen ihn etwas aus der Ruhe. Eine straffer abestimmte Telegabel mit etwas weniger Federweg und ein anderes Federbein an der Triebsatzschwinge sowie etwas fülligere Pneus der Dimension 100/90-10 sind Ursache des deutlich spürbaren Unterschieds – mit dem Breeze machen auch flotte Bergab-Passagen Spaß. Bergauf hatten die bereits erwähnten ersten Exemplare dagegen Mühe, weil die Automatik den vier PS starken Zweitakter unterhalb von etwa 25 km/h einfach nicht auf Touren kommen ließ, während sein Beschleunigungsvermögen auf der Ebene im durchschnittlichen Bereich lag.

Von Anfang an gefiel der Breeze durch solides Finish und gute Ausstattung. Er hat einen ungeregelten Kat, ein geräumiges Helmfach und sogar eine Zeituhr im Cockpit. Nur ein Staufach im Beinschild fehlt. Dafür ist das Platzangebot auf der langen Bank auch für zwei Personen großzügig, die Scheibenbremse im Vorderrad verzögert vehement. Wie die Federung wird sie auch mit voller Beladung locker fertig. Der Doppelscheinwerfer liefert gutes Fernlicht, nur das Abblendlicht wirkt etwas zerfasert.

Yamaha Breeze/MBK Fizz 50

Motor: Gebläsegekühlter Einzylinder-Zweitakter, 3 kW (4 PS) bei 7000/min, 49 cm³, Getrenntschmierung, E- und Kickstarter, stufenlose Riemenautomatik, ungeregelter Kat
Fahrwerk: Stahlrohrrahmen, Telegabel (Federweg 63 mm) und Scheibenbremse (Ø 155 mm) vorn, Triebsatzschwinge mit einem Federbein (Federweg 67 mm) und Trommelbremse (Ø 110 mm) hinten
Höchstgeschwindigkeit: 52 km/h
Gewicht vollgetankt: 82 kg
Zuladung: 180 kg
Sitzhöhe: 775 mm
Wendekreis: 3,70 m
Testverbrauch: 3,8 l Nomalbenzin/100 km
Tankinhalt/Reichweite: 7 l/ca. 184 km
Lieferbare Farben:Ü
Garantie: 12 Monate
Preis: 3790 Mark inkl. Nebenkosten

➕ **Qualitativ hochwertig**
➕ **Geräumig**
➕ **Tadellose Fahreigenschaften**
➕ **Wirksame Scheibenbremse**
➖ **Nur durchschnittliche Fahrleistungen des Testrollers**

Yamha BW's 50/MBK Booster
Minimal-Prinzip

Äußerst flotten Fahrleistungen stehen beim BW's 50 knüppelharte Federung, schwaches Licht und bescheidenes Raumangebot gegenüber. Der sparsame Motor verlangt beim Kaltstart nach dem Choke links am Lenker

Yamaha BW's 50/MBK Booster

Motor: Gebläsegekühlter Einzylinder-Zweitakter, 3,4 kW (4,6 PS) bei 5500/min, 49 cm³, Getrenntschmierung, E- und Kickstarter, stufenlose Riemenautomatik, ungeregelter Kat
Fahrwerk: Stahlrohrrahmen, Telegabel (Fedeweg 65 mm) und Trommelbremse (Ø 110 mm) vorn, Triebsatzschwinge mit einem Federbein (Federweg 60 mm) und Trommelbremse (Ø 110 mm) hinten
Fahrleistungen:

0-30 km/h	2,5 s
0-40 km/h	4,3 s
0-50 km/h	7,3 s

Höchstgeschwindigkeit: 54 km/h
Gewicht vollgetankt: 78 kg
Zuladung: 190 kg
Sitzhöhe: 785 mm
Wendekreis: 3,50 m
Testverbrauch: 2,7 l Normal/100 km
Tankinhalt/Reichweite: 4,5 l/ca. 166 km
Garantie: 12 Monate
Preis: 3250 Mark inkl. Nebenkosten

⊕ **Sieht pfiffig aus**
⊕ **Flotte Fahrleistungen**
⊕ **Sparsam**
⊕ **Preisgünstig**
⊖ **Knochenhart gefedert**
⊖ **Mäßiges Platzangebot**
⊖ **Kein Stauraum**
⊖ **Mieses Licht**

Wenn die Leute sagen, daß der Trend zum netten und runden, praktischen und bequemen Roller geht, gibt es für Trendsetter nur einen Rat: Mach' es anders. Genau das tat Yamaha und brachte 1990 den BW's heraus. Gefertigt wurde und wird er seither bei der hundertprozentigen Yamaha-Tochter MBK in Nordfrankreich, und deshalb gibt es ihn völlig baugleich auch als MBK Booster. Das BW's-Rezept ist genial einfach: Dicke Knubbelreifen mit möglichst wenig Roller darum herum. Kein Helmfach, nur eine Andeutung von Karosserie, bretthart gefedert und mit zwei Trommelbremsen. Aber stark und wild sieht er aus, ein Symbol der Flucht aus dem grauen Alltag. Deshalb schlug der simple BW's / Booster nicht nur bei der gallischen Roller-Jugend fabelhaft ein, sondern konnte sogar im Piaggio-Revier Italien wildern, wo er zeitweise zur Nummer eins der Hitliste avancierte. Über 250 000 Stück wurden mittlerweile verkauft.

Mit Fug und Recht darf sich der BW's deshalb als junger Klassiker bezeichnen. Klassiker ändert man nicht, und deshalb ist die Federung noch immer so knochenhart wie 1990, das Platzangebot genauso minimal, und Stauräume sind im gleichen Maß vorhanden wie damals – nämlich gar nicht. BW's fährt man stilecht mit Rucksack, nur Verweichlichte legen sich ein Topcase zu. Bei Nacht braucht der BW's-Fahrer gute Augen, denn die als Doppelscheinwerfer getarnte 15-Watt-Funzel spendet kaum nennenswerte Helligkeit.

Der ursprünglich bescheidene 2,7 PS starke Minarelli-Motor bekam im Rahmen einer 1995 vorgenommenen Modellpflege einen ungeregelten Kat und erstarkte auf muntere 4,6 PS, die das Leichtgewicht ausgesprochen flott und erstaunlich sparsam voranbringen. Da außer dem Choke leider auch die lasche Trommelbremse vorn geblieben ist (wie gesagt: Klassiker ändert man nicht), empfiehlt es sich, die flotten Fahrleistungen des zeitgenössischen BW's mit Zurüchkaltung zu genießen.

Brachte die Knubbelreifen-Welle ins Rollen: Der 1990 vorgestellte Yamaha BW's 50 und sein Zwilling MBK Booster (4,6 PS, Trommelbremsen, 3250 Mark) sind fast schon Klassiker

Adly 100
Vor allem billig

Trotz seiner 9,5 Papier-PS schwingt sich der Adly 100 (3490 Mark) nur zu sehr bedächtigen Fahrleistungen auf. Außerdem fällt das Platzangebot hinter dem niedrigen Lenker äußerst knapp aus

Der Name Adly ist neu auf dem deutschen Markt, die so bezeichneten 50er Roller des taiwanischen Herstellers Her Chee dagegen kennt man schon als Sasy Jet und K-zwo Viva. Bis auf Hubraum und Leistung ist der Adly 100 mit diesen beiden 50ern identisch, und auch preislich

siedelt er näher an der 50er-Klasse. Trotzdem fällt der Adly in die Kategorie der 125er, wo er mit 3490 Mark die meisten seiner Konkurrenten unterbietet. Muß er deswegen schlechter sein?

Nicht unbedingt. Startverhalten und Gasannahme sind in Ornung, das Fahrgeräusch ist nur

Nicht sonderlich praktisch ist die beim Adly und einigen anderen Rollern praktizierte Lösung, den Öltank hinter einer Klappe zu verstecken, die mit einer Kreuzschlitz-Schraube gesichert ist

ein Flüstern. Nicht so toll sind sein schlapper Antritt und das mühsame Hangeln bis zur Höchstgeschwindigkeit von 80 km/h. Anscheinend geriet die Drosselung zu wirksam, der Motor scheint gar nicht richtig auszudrehen. Die 9,5 Papier-PS wirken vor dem Hintergrund seiner Fahrleistungen reichlich übertrieben, denn damit müßte der 81 Kilogramm leichte Adly abzischen wie eine Rakete. Zum Vergleich: Ein 98 Kilogramm schwerer und nur 8,2 PS starker Honda SJ 100 Bali – auch nicht gerade ein Energiebündel – schafft den Sprint von Null auf 50 km/h in 5,9 Sekunden, der Adly läßt sich dazu acht Sekunden Zeit.

Angesichts der mageren Fahrleistungen erscheint ein Verbrauch von 4,8 Litern Normalbenzin auf 100 Kilometer zu hoch. Mini wie der Preis ist leider auch das Platzangebot: Fahrer aller Größen klagen über viel zu wenig Knie-

raum und müssen auf der kurzen Sitzbank so weit nach hinten rücken, daß sich der Gedanke an einen Sozius von selbst erledigt.

Das ist auch gut so, denn mit zwei Personen sind die schmächtige Telegabel und das Federbein des Adly völlig überfordert. Federung und Dämpfung finden nicht mehr statt. Sogar solo schlagen die Federelemente gelegentlich durch. Das Fahrverhalten leidet darunter weniger als befürchtet, Handlichkeit und Geradeauslauf fallen positiv auf. Die zunächst gut zupackende Scheibenbremse vorn läßt allerdings unter Belastung nach, die hintere Trommelbremse hat sowieso nur Alibifunktion. Erfreulich komplett ist die Ausstattung, während die schlecht passende Verkleidung auf nachlässige Verarbeitung hindeutet.

Adly 100

Motor: Gebläsegekühlter Einzylinder-Zweitakter, 7 kW (9,5 PS) bei 8500/min, 96 cm³, Getrenntschmierung, E- und Kickstarter, stufenlose Riemenautomatik
Fahrwerk: Stahlrohrrahmen, Telegabel (Federweg 55 mm) und Scheibenbremse (Ø 155 mm) vorn, Triebsatzschwinge mit einem Federbein (Federweg 45 mm) und Trommelbremse (Ø 110 mm) hinten
Fahrleistungen:
0-30 km/h	3,7 s
0-50 km/h	8,0 s
0-80 km/h	26,1 s

Höchstgeschwindigkeit: 80 km/h
Gewicht vollgetankt: 81 kg
Zuladung: 194 kg
Sitzhöhe: 780 mm
Wendekreis: 3,06 m
Testverbrauch: 4,8 l Normal bleifrei/100 km
Tankinhalt/Reichweite: 5,8 l/ca. 120 km
Lieferbare Farben: rot, blau, schwarz
Garantie: 6 Monate
Preis: 3490 Mark inkl. Nebenkosten

➕ **Preisgünstig**
➕ **Gilt als 80 km/h-Variante**
➕ **Stabiles Fahrverhalten**
➕ **Ordentliche Ausstattung**
➖ **Scheibenbremse leidet unter Fading**
➖ **Schlappe Fahrleistungen**
➖ **Minimales Platzangebot**
➖ **Überforderte Federelemente**
➖ **Nachlässige Verarbeitung**

Aprilia Leonardo 125
High-Tech-Roller

Ein ganzes Jahr ließ Aprilia das Publikum warten. Als im Sommer 1995 erste technische Details und Fotos des Leonardo publik wurden, lief der von motortechnischen Finessen nicht eben verwöhnten Roller-Gemeinde hörbar das Wasser im Munde zusammen. Einen starken Viertakt-125er mit vier Ventilen und Wasserkühlung, Scheibenbremsen vorn wie hinten und Zwölf-Zoll-Fahrwerk hatte es noch nie gegeben. Achtelliter-Viertakter, so das ungeschriebene Dogma, waren für die Vernünftigen unter den Rollerfahrern. Sollten die schwarzen Schafe mit Lust auf Fahrdynamik sich doch mit Zweitaktern vergnügen.

Wollten sie aber nicht – jedenfalls nicht alle. Der Techno-Roller avancierte sofort zum Objekt ungestillter Begierde, denn Aprilia konnte erst im Sommer 1996 liefern. Das Warten hat sich gelohnt, denn der knapp 6000 Mark teure Leonardo hält zumindest fahrwerksmäßig, was seine Technik verspricht.

Im Leerlauf schüttelt sich der von Rotax in Österreich konstruierte und gebaute Kurzhuber ein wenig, als wollte er darauf hinweisen, daß er fürs Herumstehen und Warten nicht gebaut wurde. Auffordernd reckt der Aprilia seinem Besitzer den Gasgriff am angenehm hohen Lenker entgegen. Mit seinen 12 PS kommt der Leo, gehandicapt von 140 Kilogramm Lebendgewicht, aus dem Stand zunächst etwas verhalten in die Gänge, legt dann aber kontinuierlich an Tempo zu. Um im Stadtverkehr die Nase vorn zu haben, reicht sein Temperament. Mit den deutlich spritzigeren Zweitakt-Kollegen vom Schlage eines Piaggio SKR 125, TPH 125 oder Hexagon 125 kann

Lange erwartet, Mitte 1996 endlich da: Der High-Tech-Viertakter Aprilia Leonardo 125 (12 PS, Wasserkühlung, vier Ventile, zwölf-Zoll-Räder, 5950 Mark). Sein Fahrwerk ist vom Motor eher unterfordert

er es allerdings nicht aufnehmen, die von seiner Automatik gewählte Übersetzung scheint immer ein bißchen länger als unbedingt nötig auszufallen. Dafür entledigt er sich seiner automobilen Verfolger ohne Gebrüll und schwenkt auch kein Dufffähnchen als Zeichen des Triumphes. Leise und fast vibrationsfrei dreht der Vierventiler hoch und treibt den Leo auf respektable 103 km/h Höchstgeschwindigkeit – schneller sind auch die sportlichen Zweitakter nicht. An Steigungen und im Soziusbetrieb dagegen holt ihn die Erdenschwere wieder ein. Sein Durst bleibt dabei bescheiden, sein Qualitätsanspruch nicht: Super Plus muß es sein.

Leos hohe und im unteren Bereich schmale Statur läßt ihn behende durch Lücken flitzen. Nur beim Rangieren fällt auf, daß sein Wendekreis rund einen halben Meter größer ist als der vergleichbarer 125er Roller. Dafür erfreut der Aprilia mit überlegener Fahrstabilität und Zielgenauigkeit. Motorradfahrer mögen kritisieren, daß seine auf Komfort ausgelegte Federung das Hinterteil in welligen Kurven etwas nachschwingen läßt, aber nach Roller-Maßstäben ist Leos Fahrwerk Spitze. Auch seine Bremsen haben Niveau. Während der Druckpunkt der 220-Millimeter-Scheibe im Vorderrad etwas deutlicher ausfallen könnte, ist die fein dosierbare hintere Scheibe erste Sahne. Weil Roller hecklastiger sind als Motorräder, setzt man sie auch gerne ein. Ein spürbares Aufstellmoment beim Bremsen in Schräglage ist nicht der Bremse selbst, sondern dem breiten 120/70er Vorderreifen anzulasten.

Zeigt sich der Leo mit seinen üppigen 9,2 Litern Tankvolumen, starkem Doppelscheinwerfer und einem geräumigen Gepäckabteil unter der Sitzbank durchaus zu längeren Touren aufgelegt, so nervt er Fahrer ab 1,75 Metern Körpergröße mit seiner weichen, stark gestuften und rutschigen Sitzbank. Hier hat der Importeur bereits Abhilfe versprochen. Den fehlenden Kickstarter läßt die kräftige 12 Ah-Batterie verschmerzen, den zwischen Verkleidung und Auspuff versteckten Ölpeilstab nicht. Daß der Aprilia weder auf dem Trittbrett noch am Heck Lasten schleppen mag, muß man ihm eben verzeihen. Der Leo ist schließlich kein Muli, sondern für zügig-kultiviertes Vorankommen gebaut. Und diese Diziplin beherrscht er.

Aprilia Leonardo 125

Motor: Wassergekühlter Einzylinder-Viertakter, 9 kW (12 PS) bei 8800/min, 125 cm³, eine obenliegende kettengetriebene Nockenwelle, vier Ventile, E-Starter, stufenlose Riemenautomatik
Fahrwerk: Stahlrohrrahmen, Telegabel (Federweg 90 mm) und Scheibenbremse (Ø 220 mm) vorn, Triebsatzschwinge mit zwei Federbeinen (Federweg 80 mm) und Scheibenbremse (Ø 190 mm) hinten
Fahrleistungen:
0 – 30 km/h	2,2 s
0 – 50 km/h	4,8 s
0 – 80 km/h	12,7 s

Höchstgeschwindigkeit: 103 km/h
Gewicht vollgetankt: 140 kg
Zuladung: 176 kg
Wendekreis: 3,94 m
Testverbrauch: 3,8 l Super Plus/100 km
Tankinhalt/Reichweite: 9,2 l/ca. 240 km
Lieferbare Farben: blau, silber
Garantie: 36 Monate
Preis: 5950 Mark inkl. Nebenkosten

- ➕ **Überragende Fahrstabilität**
- ➕ **Gute Bremsen**
- ➕ **Leiser, kultivierter Motor**
- ➕ **Hohe Endgeschwindigkeit**
- ➖ **Könnte mehr PS vertragen**
- ➖ **Unbequem für Lange**
- ➖ **Eingeschränkte Beladungsmöglichkeiten**

Die hübschen und übersichtlichen Leonardo-Instrumente kennt man aus dem Aprilia Gulliver. Der Leo-Tacho schwindelt allerdings bis über 120 km/h vor, die Tankanzeige geht erst nach 200 Kilometern gegen Null. Wer in einer Tankpause nach dem Ölstand seines Leo gucken möchte, sollte übrigens die Brandsalbe gleich bereitlegen – oder warten, bis der Auspuff abgekühlt ist

Bajaj Chetak 125 Standard
Der Ultra-Klassiker

Daß der Bajaj Chetak aussieht wie eine Vespa der 60er Jahre, kommt nicht von ungefähr. Indiens größter Zweiradhersteller Bajaj Auto in Puna war einst Vespa-Lizenznehmer. Die Beziehung endete mit Mißtönen, seitdem baut Bajaj den Chetak-Roller auf eigene Faust weiter. Gerade seine antiken Formen machen ihn für Nostalgiker so anziehend. In der Classic-Version hat er sogar einen Schwingsattel für den Fahrer und

Gut zum Ankicken, schlecht beim Rangieren: Der weit abstehende Chetak-Kickstarter hat keinen Gummi-Überzieher und zielt genau auf die Wade des Fahrers

Bajaj Chetak 125 Standard

Motor: Gebläsegekühlter Einzylinder-Zweitakter, 5 kW (6,7 PS) bei 5800/min, 124 cm³, Mischungsschmierung, Kickstarter, Vierganggetriebe mit Drehgriffschaltung
Fahrwerk: Selbsttragende Stahlblechkarosserie, gezogene Einarm-Kurzschwinge und Trommelbremse (Ø 150 mm) vorn, Triebsatzschwinge mit einem Federbein und Trommelbremse (Ø 150 mm) hinten
Fahrleistungen:

0-30 km/h	2,0 s
0-40 km/h	3,6 s
0-50 km/h	5,2 s
0-80 km/h	16,5 s

Höchstgeschwindigkeit: 89 km/h
Gewicht vollgetankt: 104 kg
Zuladung: 196 kg
Sitzhöhe: 785 mm
Wendekreis: 3,26 m
Testverbrauch: 4,0 l Gemisch 1:50/100 km
Tankinhalt/Reichweite: 7,7 l/ca. 192 km
Lieferbare Farben: grünmetallic, rot
Garantie: 6 Monate oder 10 000 km
Preis: 2999 Mark (Classic: 3049 Mark) plus ca. 120 Mark Transportkosten

+ **Fabrikneuer Blech-Klassiker**
+ **Ordentliche Ausstattung**
+ **Gute Fahrleistungen**
+ **Reparaturfreundlich**
− **Mäßige Verarbeitung**
− **Labiles Fahrverhalten**
− **Mangelhafte Vorderradbremse**

ein Sitzbrötchen für den Sozius, beide Varianten gibt es auch mit einem 6,1 PS starken 150er Motor.

Stauraum hat der Chetak reichlich: Neben einem riesigen Staufach im Beinschild, das auch brauchbares Werkzeug enthält, gibt es ein weiteres geräumiges Fach in der linken Pobacke, wo sich allerdings auch einige Kabel und das Blinkerrelais herumtreiben, sodaß beim Beladen Vorsicht geboten ist. Extrem hakelige Schlösser und scharfkantige Blechränder zeugen von einer flexiblen Qualitätsauffassung.

Was nicht heißen soll, daß der Chetak nicht funktioniert. Sobald der Benzinhahn geöffnet und der Choke gezogen sind, springt der Inder auf den ersten Tritt an. Der Kickstarter ist großzügig dimensioniert – gut zum Kicken, weniger gut beim Rangieren, weil er sich dann gern in die rechte Wade des Fahrers bohrt. Vespatypisch angenehm ist die Sitzposition auf der straff gepolsterten Sitzbank, die Spiegel bieten gute Sicht nach hinten. Die Kombischalter lassen sich mit Handschuhen allerdings schlecht bedienen. Auch die Kupplung verlangt nach entschlossenem Zugriff, dafür rasten die vier Gänge leicht ein. Der kräftig vibrierende, wie alle Vespa-Motoren dreh-schiebergesteuerte 6,7 PS-Zweitakter treibt den Chetak zu überraschend guten Fahrleistungen an, mit denen Fahrwerk und Bremsen gerade noch zurechtkommen. Fahrpräzision gehörte noch nie zu den Vespa-Tugenden, und so führt der recht komfortabel gefederte Chetak in Schräglage gern ein Tänzchen auf. Schwächster Punkt des Bajaj sind seine Bremsen: Die schwammige Trommel im Vorderrad richtet nicht viel aus, ihre Kollegin im Hinterrad muß fast die ganze Arbeit tun.

Sproß einer frühgeschichtlichen Vespa-Kooperation (heute würde man es joint venture nennen) ist der indische Bajaj Chetak 125 (6,7 PS, Kickstarter, Mischungsschmierung, ab 2999 Mark)

Honda SJ 100 Bali EX
Extra-Klasse

Mit seinen 100 Kubikzentimetern paßt der Bali so gar nicht ins gängige Hubraum-Schema. Honda nennt ihn Extraklasse – gemeint ist damit, daß er vor allem auf die 16- und 17jährigen zielt, die mir ihrem 1b-Führerschein nur 80 km/h schnell fahren dürfen. Darauf wurde seine

Höchstgeschwindigkeit abgestimmt. Ein kleiner Schönheitsfehler bleibt, daß der Motor die erlaubten 125 Kubik nicht ausschöpft. Ein späteres Entdrosseln für mehr Höchstgeschwindigkeit erscheint kaum sinnvoll.

Eher schon ein flotter Ausflug in die City. Der

Einen richtigen 125er bietet Honda in Deutschland nicht an. Der komfortable SJ 100 Bali EX (8,2 PS, Scheibenbremse, 4340 Mark) soll die Lücke füllen, ist allerdings auf 80 km/h gedrosselt

luftgekühlte Zweitakter springt auch bei Minus-graden zuverlässig an, braucht aber einige hundert Meter, bis er richtig in Fahrt kommt. Danach geht es prima voran, an der Ampel saust der Bali fast jedem Auto davon. Auch wenn es mal über die Stadtgrenzen hinaus gehen soll, ist der Bali 100 ganz passabel motorisiert. Nur auf der Autobahn macht's mit gemessenen 84 km/h wirklich keinen Spaß mehr.

Im großen Helmfach des Bali findet beim Wochenend-Trip auch die Picknick-Ausrüstung für zwei Platz, der Fahrer und sein Passagier sind auf der breiten, weichen Sitzbank gut aufgehoben. Das Fahrwerk arbeitet unspektakulär: Kleine Fahrbahnunebenheiten federt die gezogene Kurzschwinge vorn ordentlich ab, das hintere Federbein schlägt zu zweit schon mal durch.

Jeder Situation gewachsen ist die Vorderradbremse des Bali. Nur leicht muß der Bremshebel gezogen werden, schon nehmen die Beläge die Scheibe leise sirrend in die Zange. Die hintere Trommelbremse arbeitet dagegen etwas träger.

Zu den Schattenseiten des Honda gehört sein Testverbrauch von happpigen 4,8 Litern auf 100 Kilometer, Bali-Fahrer berichten sogar von bis zu sechs Litern. Andererseits sind auch andere große Zweitakter nicht eben sparsam. Und, Extraklasse hin oder her, zu denen gehört der Bali nun mal.

Honda Bali SJ 100 EX

Motor: Gebläsegekühlter Einzylinder-Zweitakter, 6,3 kW (8,2 PS) bei 6750/min, 98 cm³, Getrenntschmierung, E- und Kickstarter, stufenlose Riemenautomatik
Fahrwerk: Stahlrohrrahmen, gezogene Kurzschwinge (Federweg 65 mm) und Scheibenbremse (Ø 190 mm) vorn; Triebsatzschwinge mit einem Federbein (Federweg 77 mm) und Trommelbremse (Ø 130 mm) hinten
Fahrleistungen:

0 – 30 km/h	2,7 s
0 – 50 km/h	5,9 s
0 – 80 km/h	19,6 s

Höchstgeschwindigkeit: 84 km/h
Gewicht vollgetankt: 98 kg
Zuladung: 177 kg
Sitzhöhe: 770 mm
Wendekreis: 3,64 m
Testverbrauch: 4,8 l Normalbenzin/100 km
Tankinhalt/Reichweite: 7 l/ca. 146 km
Lieferbare Farben: schwarzmetallic, grün, rotmetallic
Garantie: 12 Monate
Preis: 4340 Mark inkl. Nebenkosten

➕ **Komfortables Fahrwerk**
➕ **Ausreichendes Platzangebot**
➕ **Kräftige, gut dosierbare Scheibenbremse**
➖ **Hoher Verbrauch**
➖ **Entdrosseln nicht sinnvoll**

Platzangebot und Stauraum, Fahrkomfort und Scheibenbremse des Bali 100 verdienen Lob. Unerfreulich sind sein kräftiger Durst und die von Bali-Fahrern bemängelte Verarbeitung

Honda CN 250 Helix
Das Sofa als solches

Nach mehr als zehnjähriger Bauzeit ist der Honda-Viertakter CN 250 Helix (17 PS, Wasserkühlung, 10470 Mark) immer noch das Nonplusultra in Sachen Komfort und Reisetauglichkeit

Als der Motorradboom in den USA gegen Mitte der 80er Jahre abflachte, wollte Honda mit einem ungewöhnlich konzipierten Zweirad ein neues Marktsegment erschließen. Der Honda Helix war unter Verwendung eines wassergekühlten Viertakt-Einzylinders mit 250 cm³ Hubraum entstanden, der den dicknasigen, nie nach Deutschland importierten Honda-Roller Spacy antrieb. Um dem vermuteten amerikanischen Relax-Bedürfnis entgegenzukommen, konstruierten die Honda-Ingenieure 1986 einen langen Rahmen und verkleideten das Ganze mit einer futuristischen Karosserie samt Flüssigkristall-Display im Cockpit. Der Fahrer konnte sich in einem tiefen Fauteuil räkeln und die Füße choppermäßig weit vorne abstellen.

Schlau gedacht, gut gemacht – und trotzdem ein Flop. Ein paar tausend Helix standen Ende

der 80er Jahre in den USA auf Halde und sickerten zunächst per Grauimport, nach langem Zögern des hiesigen Importeurs auch offiziell nach Deutschland ein. In Italien, der Schweiz und den Niederlanden fand der Helix ebenfalls immer mehr Liebhaber. Seinen Spitznamen »Sofa« hatte er bald weg. 1996 feierten einige hundert Helix-Fahrer aus ganz Europa seinen zehnten Geburtstag mit einem großen Treffen auf der Festung Ehrenbreitstein bei Koblenz. Damit hat der CN 250 zweifellos den Status des Kult-Rollers erreicht.

An seinen Qualitäten hat sich in den vergangenen zehn Jahren nichts geändert. Auf einen Helix steigt man nicht auf, man setzt sich hinein. Die Platzverhältnisse hinter dem hohen, breiten Lenker sind üppig, Bein- und Knieraum in Fülle vorhanden. Allenfalls sehr groß gewachsene Fahrer klagen, daß Lenker und die stark gestufte Sitzbank sie in eine auf Dauer unbequeme, nach hinten geneigte Haltung zwingen. Der Sozius ruht auf dem Helix dagegen wie in Abrahams Schoß, findet er doch seitliche Haltegriffe und eine Rückenlehne vor.

Eine auch im Beinbereich ausladende Verkleidung und die hohe Scheibe sorgen für nahezu perfekten Wind- und Wetterschutz. Hat der Fahrer das Pedal der Fußbremse kräftig getreten und das Anlasserknöpfchen gedrückt, nimmt der 169 Kilogramm schwere Helix beim Dreh am Gasgriff erstaunlich zügig Fahrt auf. An Laufruhe und Leistungsentfaltung des kurzhubig ausgelegten Viertakters gibt es bis heute nichts zu kritisieren. Leise und so gut wie vibrationsfrei schiebt er voran, die Abstimmung von Motor und Riemenautomatik gelang perfekt. Erst im Bereich um die 110 km/h macht sich der hohe Luftwiderstand des CN 250 bemerkbar: Der Motor dreht zwar willig aus, läuft aber wie gegen eine Wand.

Unübertroffen ist der traumhafte Fahrkomfort des Helix. Trotz winziger 53 Millimeter Federweg an der gezogenen Kurzschwinge, die das zwölf-Zoll-Vorderrad führt, schwebt der Chopper-Roller sänftengleich über den Asphalt. Sportliche Forderungen liebt er dagegen weniger. Seine Bodenfreiheit ist zwar großzügig bemessen und erlaubt es, den Helix ziemlich schräg um Kurven treiben, doch die plüschige Federung vermittelt wenig Fahrbahnkontakt. Deswegen lassen nur Mutige ihren Helix auf schlechten Fahrbahnen richtig fliegen. Bei Geschwindigkeiten jenseits der 100 km/h verliert auch die Lenkung merklich an Präzision, was der Fahrer durch vermehrte Korrekturen ausgleichen muß.

In der Stadt gibt sich der CN 250 behäbig, bei langsamem Tempo wirkt er etwas kippelig. An seinen Bremsen ist nichts auszusetzen: Die hintere Trommelbremse wirkt zwar etwas teigig, tut ihre Arbeit aber wirksam, und die Scheibe im Vorderrad verzögert kraftvoll und fein dosierbar bis zur Haftgrenze des nach heutigen Maßstäben etwas schmalbrüstigen Vorderreifens. Vorbildlich wie der niedrige Verbrauch des Honda ist auch seine Verarbeitungsqualität. Daß er nicht mehr ganz modern ist, merkt man allenfalls am verspielten Mäusekino im Cockpit und am Gepäckfach. Es ist zwar geräumig, seine Öffnung aber für einen Integralhelm zu klein.

Ein geräumiges Gepäckfach hat der CN 250 zwar im Heck, durch die Öffnung paßt allerdings kein moderner Integralhelm. Als der Helix konzipiert wurde, war das Helmfach noch nicht Roller-Standard

Honda CN 250 Helix

Motor: Wassergekühlter Einzylinder-Viertakter, zwei Ventile, eine obenliegende Nockenwelle, Bohrung x Hub 72 x 60 mm, Hubraum 244 cm³, 13 kW (17 PS) bei 7000/min, Naßsumpfschmierung, E-Starter, stufenlose Riemenautomatik
Fahrwerk: Stahlrohrrahmen, gezogene Zweiarm-Kurzschwinge (Federweg 53 mm) und Doppelkolben-Scheibenbremse (Ø 190 mm) vorn, Triebsatzschwinge mit zwei Federbeinen (Federweg 110 mm) und Trommelbremse (Ø130 mm) hinten
Fahrleistungen:

0-50 km/h	3,8 s
0-80 km/h	9,4 s
0-100 km/h	13,0 s

Höchstgeschwindigkeit: 111 km/h
Gewicht vollgetankt: 169 kg
Zuladung: 171 kg
Sitzhöhe: 670 mm
Wendekreis: 5,18 m
Testverbrauch: 4,3 l Normalbenzin/100 km
Tankinhalt/Reichweite: 12 l/ca. 279 km
Lieferbare Farben: hellblau, blau, rotmetallic
Garantie: 24 Monate
Preis: 10470 Mark inkl. Nebenkosten

➕ **Unübertroffener Fahrkomfort**
➕ **Üppiges Platzangebot**
➕ **Sehr guter Wind- und Wetterschutz**
➕ **Hohe Reichweite**
➕ **Tadellose Verarbeitung**
➖ **Mäßige Fahrpräzision**
➖ **Hoher Preis**

Italjet Formula 125
Warten auf Godot

Es ist schon ein Jammer mit manchen Zweiradherstellern. Da werden – meist im Herbst – Roller vorgestellt, die den Interessenten das Wasser im Mund zusammenlaufen lassen. Tolles Design, Super-Fahrwerk, starker Motor. Die Käufer in spe laufen den Händlern die Tür ein, saugen gierig alle greifbaren Informationen zu ihrem Traumroller auf, würden am liebsten schon den Kaufvertrag unterschreiben. Doch das Werk tröstet mit Versprechungen: Bald, ganz sicher nächstes Jahr

Noch ein Protoyp, aber schon ganz flott unterwegs: Im Serienzustand wird der Italjet Formula 125 (15 PS, Achsschenkel-Lenkung, Zweizylinder mit Wasserkühlung, 6490 Mark) den Kühllufteinlaß auf der Frontverkleidung tragen

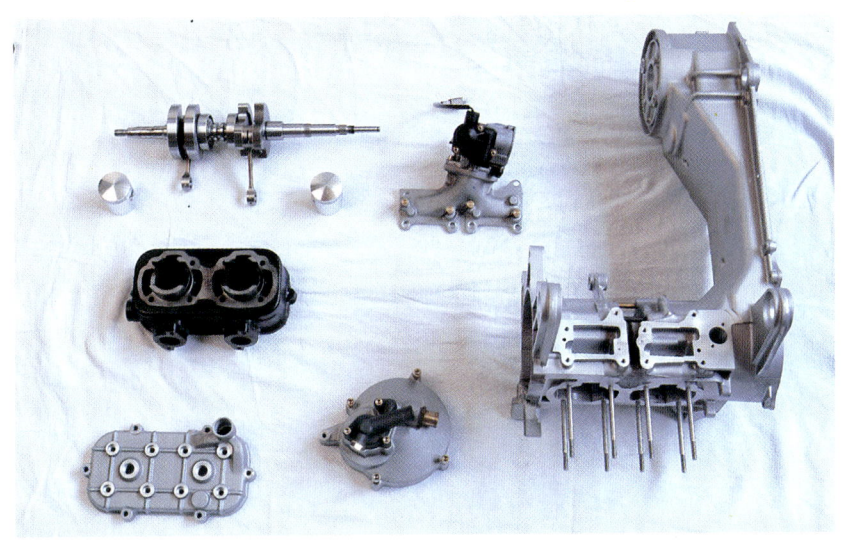

**Wasser kühlt den von Franco Morini entwickelten und gebauten 115 cm³-Zweizylinder des Formula 125.
Er ist der erste Roller-Zweizylinder seit über 40 Jahren**

zur Saison, wird der Roller lieferbar sein. Die Saison kommt und geht vorbei, nur vom begehrten Roller ist nichts zu hören und zu sehen.

So ging das zwei Jahre lang beim 1994 präsentierten Italjet Formula 125, der nicht nur wegen seines Fahrwerks mit Achsschenkel-Lenkung, sonder auch wegen des starken Zweitakt-Zweizylinders mit Wasserkühlung heiß begehrt

wurde. Einen vergleichbaren Motor gab's in einem Roller bisher nur bei Rumi, und das ist 40 Jahre her. Das vom Motorenspezialisten Franco Morini konstruierte und gebaute 115 cm³-Triebwerk hat Membraneinlaß und Graugußzylinder, das Schmieröl wird durch Bohrungen im Gehäuse an die vier Rollenlager im Kurbeltrieb gepumpt. EG-einheitlich ist eine Leistung von 15 PS vorgesehen. Damit ist das Potential des Motors sicher nicht ausgereizt, interessante Tuningmöglichkeiten für Sportzwecke dürften nicht lange auf sich warten lassen.

Bei Redaktionsschluß dieses Buches war noch kein homologiertes Serienmodell des Formula 125 in Sicht. Gegenüber einem Prototyp, der bei einem Fahrtermin Anfang 1995 leistungs- und fahrwerksmäßig einen recht guten Eindruck hinterließ, soll das Serienmodell allerdings noch eine Reihe von Änderungen aufweisen. Wegen Kühlungsproblemen wandert der Radiator hinter ein Gitter in der Frontverkleidung, das der Formula 50 bereits als Attrappe aufweist. Auch an den Bremsbelägen wurde noch gearbeitet, und die ursprünglich vom Formula 50 übernommenen Reifen zeigten sich der Leistung des 125ers auf Dauer ebensowenig gewachsen wie der Riemen der Variomatik. Er soll durch einen Kevlar-Riemen ersetzt werden, für die Reifen ist eine widerstandsfähigere Gummimischung vorgesehen.

Italjet Formula 125

Motor: Wassergekülter Zweizylinder-Zweitakter, 11 kW (15 PS) bei 8000/min, 115 cm³, Getrenntschmierung, E- und Kickstarter, stufenlose Riemenautomatik
Fahrwerk: Stahlrohrrahmen, Längslenker mit Torsionsstab, Stoßdämpfer, Achsschenkellenkung und Scheibenbremse (Ø 175 mm) vorn, Triebsatzschwinge mit einem Federbein und Scheibenbremse (Ø 175 mm) hinten, Reifengröße 120/70-11 vorn, 130/70-12 hinten
Höchstgeschwindigkeit: 115 km/h (Werksangabe)
Trockengewicht: ca. 92 kg
Sitzhöhe: 820 mm
Tankinhalt: 10 Liter
Garantie: 12 Monate
Preis: 6490 Mark inkl. Nebenkosten

Kymco Heroism 125/150
Dicke Brummer

Kymco Heroism 125/150

Daten für die 150er Version in Klammern

Motor: Gebläsegekühlter Einzylinder-Viertakter, 7 (8) kW / 9,5 (11) PS bei 8000 (7500)/min, 124 (149) cm³, zwei Ventile, E- und Kickstarter, stufenlose Riemenautomatik

Fahrwerk: Stahlrohrrahmen, gezogene Kurzschwinge (Federweg 57 mm) und Scheibenbremse (Ø 160 mm) vorn, Triebsatzschwinge mit einem Federbein (Federweg 55 mm) und Trommelbremse mit 110 mm Ø (Scheibenbremse mit 160 mm Ø) hinten

Fahrleistungen:

0-30 km/h	2,1	(1,8) s
0-50 km/h	4,6	(4,0) s
0-80 km/h	16,2	(11,3) s

Höchstgeschwindigkeit: 89 (94) km/h
Gewicht vollgetankt: 111 (122) kg
Zuladung: 184 (173) kg
Sitzhöhe: 770 mm
Wendekreis: 3,60 m
Testverbrauch: 3,6 (4,0) l Normal/100 km
Tankinhalt/Reichweite: 6 l/ca. 166 (150) km
Lieferbare Farben: rotmetallic, blaumetallic
Garantie: 12 Monate
Preis: 5215 (5615) Mark inkl. Nebenkosten

- ➕ **Gute Ausstattung**
- ➕ **Kräftiger Abzug**
- ➕ **Geräumig**
- ➖ **Qualitätsunterschiede bei den Bremsen**
- ➖ **Unbequeme Sitzbank**
- ➖ **Lenker zu niedrig**

An der Ausstattung der Heroism-Modelle gibt es bis auf die kurzen Spiegelausleger nicht auszusetzen, die gestufte Sitzbank ist allerdings für Langgeratene unbequem

Den Viertakt-Heroism von Kymco gibt's gleich zweimal: als 125er und mit satten 150 Kubik. Außer im Hubraum unterscheiden sich die beiden in der Bereifung – der 125er ist mit Zehnzöllern der Dimension 3.50 besohlt, der 150er trägt etwas voluminösere Schläppchen des Formats 90/90. Damit es dem Motor nicht zu heiß wird, verfügt er über einen Ölkühler, und das Hinterrad

des Großen verzögert statt einer Trommel eine Scheibenbremse.

Im Charakter unterscheiden sich die beiden weniger, denn der wird vom markanten, motorradähnlichen Klang ihrer luftgekühlten Einzylinder bestimmt. Vor allem das Anfahren macht Laune, beide Motoren legen sich vom Start weg kräftig ins Zeug – der 150er noch ein bißchen kräftiger. Oberhalb von 60 km/h geht es zäher voran, der größere Hubraum des 150ers wirkt sich nur in ein paar km/h mehr Spitzengeschwindigkeit aus.

Das Fahrwerk der Heroism-Viertakter benimmt sich unproblematisch. Ruhig und stabil ziehen sie durch lange Kurven, nur in enge Kehren kippeln beide etwas hinein. Der Geradeauslauf leidet bei höheren Geschwindigkeiten unter leichter Unruhe im Lenker, und das Vorderrad reagiert empfindlich auf Fahrbahnmarkierungen – schlimm ist das aber nicht. Unangenehmer schon, daß der Heroism seinen Fahrer auf schlechter Fahbahn kräftig durchschüttelt.

Während die hintere Trommelbremse des 125ers einen etwas schwächlichen Eindruck hin-

Den Kymco Heroism gibt es gleich in drei Hubraum-Varianten: Mit 50, 125 und 150 cm³. Die beiden großen Motoren sind Viertakter (8 und 11 PS, 5215 und 5615 Mark), der 150er bremst auch hinten per Scheibe

terließ, gab es an der gut dosierbaren Scheibe im Vorderrad nichts auszusetzen. Ganz anders beim 150er, dessen hintere Scheibe zwar erstklassig funktionierte. Die Scheibe vorn dagegen gab sich teigig, weich und wenig wirksam – hoffentlich ein Einzelfall.

Serie ist leider die Sitzbank mit einer Stufe, die schon mittelgroße Fahrer daran hindert, eine auf Dauer bequeme Sitzhaltung hinter dem niedrigen Lenker einzunehmen. Auch der Sozius hat zu klagen: Die Mini-Abstellflächen für seine Füße sind ziemlich unbequem. Weniger gibt es an der Ausstattung auszusetzen: Cockpit, Schalter und Schlösser sind gut, das Helmfach ist beleuchtet. Es sollte allerdings etwas größer, die Spiegelausleger länger sein.

LML-Vespa NV 125/150/200
Auf Kipplings Spuren

Made in India: Trotz ihres exotischen Produktionsortes sind die in Piaggio-Lizenz gefertigten LML-Modelle NV 125, NV 150 und NV 200 (8,5 PS, 6,8 PS und 9,5 PS, 3300 bis 3900 Mark) echte Vespas

Die indische Fahrzeugindustrie hat Züge eines industriegeschichtlichen Museums. Enfield-Motorräder und der Morris Minor werden dort als Relikt britischer Kolonialvergangenheit noch immer gebaut. Doch die Moderne hat auch ihren Platz: Rund 150 000 LML-Vespas verlassen jedes Jahr das Piaggio-Werk im indischen Kampur. Einige

von ihnen finden den Weg nach Deutschland. Technisch entsprechen sie mit 12-Volt-Lichtanlage und elektronischer Zündung dem Vespa-Standard der 80er Jahre. Kompliziertheiten wie Batterie und Ölpumpe gibt's nicht, gestartet wird ausschließlich per Kick. Die Beschränkung der Elektrik aufs Nötigste wird jeder begrüßen, der indische

Elektrik kennt. Die Ausstattung ist nicht übel: Benzinuhr im Tacho, zwei Spiegel, serienmäßig ein Reserverad, eine kleine Rückenlehne für den Sozius und etwas Werkzeug. Zur Freude von Schraubern, Tunern und Customizern passen die meisten italienischen Vespa-Accessoires. Angeboten werden drei Motorvarianten: ein moderner 125er mit 8,5 PS bei 6250/min, ein betagter, aber durchzugsstarker und recht sparsamer 150er mit 6,8 PS bei gemütlichen 4800/min und ein rauhbeiniger 200er mit 9,5 PS bei 5800/min. Getestet wurde im Hinblick auf den neuen 1b-Führerschein die 125er Version, die sich in Fahrwerk, Bereifung und Karosserie nicht von den größeren Modellen unterscheidet.

Beim Abbocken fällt auf, daß die LML-Vespa wegen des Reserverads unter der linken Pobacke besser ausbalanciert ist als eine italienische PX 125. Der Kickstarter verlangt einen kräftigen Tritt, Kupplung und Schaltung arbeiten dafür sehr leichtgängig. Das Fahrverhalten wirkt kippeliger und nervöser als das einer PX, was aufs Konto der Bereifung gehen dürfte; Bremsen und Federung sind passabel. Der Motor zieht aus dem Stand gut weg, wirkt nach oben hin allerdings zäh und vibriert deutlich. Abstriche muß man beim schwachen, drehzahlabhängigen Licht und den hart rastenden Schaltern machen. Auch Lackierung und Qualität der Schweißnähte erreichen nicht den hohen Standard europäischer Vespen.

LML-Vespa NV 125

Motor: Gebläsegekühlter Einzylinder-Zweitakter, 6,2 kW (8,5 PS) bei 6250/min, 125 cm³, Mischungsschmierung 1:50, Kickstarter, Vierganggetriebe mit Drehgriffschaltung
Fahrwerk: Selbsttragende Stahlblechkarosserie, Einarm-Kurzschwinge (Federweg 91 mm) und Trommelbremse vorn, Triebsatzschwinge mit einem Federbein (Federweg 75 mm) und Trommelbremse hinten
Fahrleistungen:

0-30 km/h	2,0 s
0-40 km/h	3,7 s
0-50 km/h	6,4 s
0-80 km/h	21,8 s

Höchstgeschwindigkeit: 82 km/h
Gewicht vollgetankt: 110 kg
Zuladung: 200 kg
Sitzhöhe: 810 mm
Wendekreis: 2,90 m
Testverbrauch: 4,2 l Gemisch 1:50/100 km
Tankinhalt/Reichweite: 8 l/ca. 190 km
Lieferbare Farben: blaumetallic, grün, anthrazit, silber
Garantie: 12 Monate
Preis: 3750 Mark inkl. Nebenkosten

➕ **Billiger gibt's keine echte Vespa**
➕ **Vespa-Accessoires passen**
➕ **Robuste Technik**
➕ **Ordentliche Ausstattung**
➖ **Nervöses Fahrverhalten**
➖ **Billige Schalter**
➖ **Mäßige Verarbeitung und Lackierung**

Technisch sind die LML-Vespen mit Mischungsschmierung und Kickstarter auf Einfachheit und Robustheit ausgelegt. Weil Benzin in Indien teuer ist, signalisiert der Tacho den Bereich geringsten Spritverbrauchs

Piaggio Hexagon 125/150
Zweitakt-Sänfte

Gespaltener Charakter: Der Piaggio Hexagon 125 (15 PS, Wasserkühlung, 6450 Mark) federt komfortabel wie eine Sänfte, aber sein bissiger Zweitakter sorgt für spektakuläre Beschleunigung

Der Erfolg des Honda-Luxusrollers Helix auf dem italienischen Markt beflügelte die Piaggio-Ingenieure, 1994 einen ähnlich konzipierten Roller vorzustellen. Moderne Antriebstechnik mit stufenloser Automatik, großzügiges Platzangebot sowie reichlich Stauraum standen im Lastenheft der Entwickler. Das Ergebnis ihrer Mühe hat unverkennbare Ähnlichkeit mit dem Helix, wirkt aber – die Designer waren schließlich Italiener – wesentlich eleganter.

Unter der modernen Schale des Hexagon haben allerdings zwei Piaggio-Traditionen überlebt. Die eine ist der Zweitaktmotor, denn der neue Piaggio-Viertakter war 1994 noch nicht serienreif. Der membrangesteuerte Hexagon-Einzylinder ist wassergekühlt und leistet in der 150er Variante 15,6 PS, der 1996 rechtzeitig zur

neuen Führerscheinregelung vorgestellte 125er bringt es auf 15 PS. Außer dem Antriebsprinzip mochte sich Piaggio auch von den zehn-Zoll-Rädern nicht trennen, die unter dem großen Hexagon ziemlich winzig wirken.

Das bleibt nicht ohne Folgen für das Fahrverhalten. Positiv wirken sich kleine Räder auf die Handlichkeit aus, und tatsächlich gibt sich der Hexagon in der Stadt wesentlich flinker und wendiger als etwa ein Honda Helix oder Yamaha Majesty. Andererseits läuft er gerne Längsrillen nach, zuckt beim Überfahren von Markierungen mit dem Lenker und führt in Kurven mit unebener Fahrbahnoberfläche hin und wieder ein Tänzchen auf. Obwohl die Fahrwerksabstimmung gegenüber ersten Exemplaren beim aktuellen Hexagon einen besseren Eindruck hinterläßt, wirkt er

immer noch nervös. Daran ist die komfortable Abstimmung der vorderen Kurzschwinge nicht ganz unschuldig. Sie spricht sehr gefühlvoll an und bügelt alle Straßen glatt, könnte aber eine straffere Dämpfung gut vertragen.

Wenig gibt es an den Bremsen zu kritisieren. Die Scheibenbremse vorn verlangt zwar nach kräftigem Zugriff, verzögert aber vehement und gut dosierbar. Auch die hintere Trommel bringt das ihr anvertraute Rad auf Wunsch jederzeit zum Blockieren.

An Platz scheint auf dem Hexagon kein Mangel zu herrschen. Vor allem dem Fahrer steht reichlich Beinraum zur Verfügung, die vorne hochgezogenen Trittflächen ermöglichen in Kombination mit der ausziehbaren Rückenstütze eine recht entspannte Sitzposition. Langen steht allerdings der hohe Lenker zu nah, und die Scheibe produziert lästige Windgeräusch am Helm. Der Sozius kann sich über eine kleine Lehne und Haltegriffe freuen, sein Sitzplatz geriet allerdings ziemlich kurz. Richtig praktisch ist das geräumige Gepäckabteil des Hexagon. Wenn erst der Widerstand des schwergängigen Schlosses überwunden ist, brilliert es sogar mit Beleuchtung. Weitere Staumöglichkeiten gibt es allerdings nicht.

Der Hexagon-Motor hängt gut am Gas und wirkt vor allem in der 125er-Variante spektakulär bissig. Seine Beschleunigung von der Ampel weg kann immer wieder begeistern. Bis 50 km/h ist ist er sogar schneller als der Piaggio SKR 125, der 150er kann seine 0,6 Mehr-PS erst bei höherem Tempo ausspielen. Akustisch halten sich beide nicht besonders zurück, ihre Trinksitten fordern ebenfalls Kritik heraus. Vor allem der stärker ausgereizte 125er bedient sich reichlich mit Super bleifrei.

Klar ist, daß der vergleichsweise günstige Preis des Hexagon Konzessionen fordert. Bei der Ausstattung stehen ein ordentliches Cockpit mit Tageskilometerzähler und passables Licht den teilweise widerspenstige Schaltern, zu kleinen Spiegeln und hakeligen Schlössern gegenüber. Nicht übermäßig praktisch gerieten die Einfüllöffnungen für Öl und Sprit unter einer Klappe im Mitteltunnel, und den Seitenständer sichert statt einer Zündunterbrechung bloß eine – allerdings kräftige – Rückholfeder.

Richtig praktisch ist das beleuchtete Hexagon-Gepäckfach mit seiner großen Klappe, Es schluckt ganz schön was weg – der Motor leider auch

Piaggio Hexagon 125 (150)

Motor: Wassergekühlter Einzylinder-Zweitakter, 10,5 kW/ 15 PS (11,5 kW/15,6 PS) bei 7500 (7800)/min, Getrenntschmierung, E- und Kickstarter, stufenlose Riemenautomatik

Fahrwerk: Stahlrohrrahmen, gezogene Einarm-Kurzschwinge (Federweg 90 mm) und Doppelkolben-Scheibenbremse (Ø 175 mm) vorn, Triebsatzschwinge mit einem dreifach vorspannbaren Federbein (Federweg 110 mm) und Trommelbremse (Ø 110 mm) hinten

Fahrleistungen:

0-50 km/h	3,5 (3,9) s
0-80 km/h	10,2 (9,2) s
0-100 km/h	(20,9) s

Höchstgeschwindigkeit: 97 (108) km/h
Gewicht vollgetankt: 138 kg
Zuladung: 182 kg
Sitzhöhe: 790 mm
Wendekreis: 3,62 m
Testverbrauch: 5,2 (4,7) l Super bleifrei/100 km
Tankinhalt/Reichweite: 8,5 l/ca. 163 (180) km
Lieferbare Farben: nachtblau, rotmetallic
Garantie: 12 Monate
Preis: 6450 Mark inkl. Nebenkosten
(beide Versionen, 80 km/h-Variante nicht lieferbar)

+ **Handlich**
+ **Komfortabel gefedert**
+ **Hervorragende Beschleunigung**
+ **Entspannte Sitzposition**
+ **Großes Gepäckfach**
− **Nervöses Fahrverhalten**
− **Mäßige Verarbeitung**
− **Durstig**

Piaggio Sfera 125
Brumm-Kugel

Ganz schön stolz waren die Piaggio-Entwickler, als sie 1995 ihren ersten Viertaktmotor vorstellten. Der gebläsegekühlte 124 cm△-Zweiventiler mit obenliegender Nockenwelle ist eine durch und durch moderne Konstruktion, was bedeutet, daß er als Basis einer ganzen Motorenfamilie konzipiert wurde. Wasserkühlung, unterschiedliche Hubräume und andere Gemischbildung als durch den klassischen Vergaser wurden, so Piaggio, bei der Konstruktion der »world scooter engine«, des Welt-Rollermotors, von vornherein berücksichtigt. Das erscheint konsequent, produziert Piaggio doch in zahlreichen Ländern der Erde mit ganz unterschiedlichen Zulassungsbestimmungen und Kundenwünschen. Und die Entwicklungsingenieure wissen selbst am besten, daß bei verschärften Emissions- und womöglich Verbrauchsvorschriften nur die Alternativen »Viertakter« oder »Zweitakter mit Einspritzung« bleiben.

Sein Debüt durfte der Neue im gerade renovierten Sfera geben. Sfera bedeutet Kugel, und so rundlich wie eine Kugel wirkt der kunststoffglatte Roller auch. Beim Druck aufs Starterknöpfchen brummelt der Viertakter leise, beinahe zart vor sich hin. Beim Anfahren steigert sich das Geräusch zu einem Schnurren, mehr als ein friedliches Brummen wird es aber nie. Trotzdem hat der 10 PS starke Einzylinder vom Start weg ordentlich Biß und läßt an der Ampel die meisten

Piaggio Sfera 125

Motor: Gebläsegekühlter Einzylinder-Viertakter, 7 kW (10 PS) bei 7600/min, 124 cm³, zwei Ventile, E- und Kickstarter, stufenlose Riemenautomatik
Fahrwerk: Stahlrohrrahmen, Einarm-Kurzschwinge (Federweg 73,5 mm) und Scheibenbremse (Ø 200 mm) vorn, Triebsatzschwinge mit einem Federbein (Federweg 73,5 mm) mit vierfach vorspannbarer Federbasis und Trommelbremse (Ø 110 mm) hinten
Fahrleistungen:
0-30 km/h	2,2 s
0-50 km/h	4,6 s
0-80 km/h	13,7 s

Höchstgeschwindigkeit: 100 km/h
Gewicht vollgetankt: 110 kg
Zuladung: 166 kg
Sitzhöhe: 800 mm
Wendekreis: 3,48 m
Testverbrauch: 3,3 l Super bleifrei auf 100 km
Tankinhalt/Reichweite: 7,5 l/ca. 227 km
Lieferbare Farben: rotmetallic, nachtblau
Garantie: 12 Monate
Preis: 5095 Mark inkl. Nebenkosten

- ⊕ **Leiser, kräftiger Motor**
- ⊕ **Sehr handlich**
- ⊕ **Kleine Ausmaße**
- ⊕ **Gute Fahrer-Sitzposition**
- ⊕ **Gute Bremsen**
- ⊖ **Bei hohen Geschwindigkeiten kippelig**
- ⊖ **Widerspenstige Schlösser**
- ⊖ **Gelegentlich Startprobleme**

Basis des Sfera 125 sind Fahrwerk und Karosserie des neuen Sfera 50. Der Rundling bietet ein großes Helmfach, gute Ergonomie und ist in der Stadt unschlagbar wendig

Große Neuheit bei Piaggio im Jahre 1995: Der Sfera 125 (10 PS, zwei Ventile, 5095 Mark) ist der erste Piaggio-Roller mit Viertaktmotor. Startprobleme und teilweise hoher Verbrauch trübten die Freude vieler Besitzer

Autos glatt stehen. Aber auch jenseits des Ortsschilds hat der Sfera noch einiges zuzulegen und schwingt sich bis auf respektable 100 km/h auf.

Damit sind die Grenzen des Fahrwerks auch erreicht. Sein kurzer Radstand, eine auf Handlichkeit ausgelegte Lenkgeometrie und klassische zehn-Zoll-Räder lassen den Sfera bei Geschwindigkeiten über 80 km/h doch etwas kippelig wirken. Sein Revier ist vor allem die Stadt, dort ist er mit seiner überlegenen Wendigkeit »das absolute Gerät«, wie es ein französischer Journalistenkollege begeistert formulierte. Die Bremsen spielen auch bei frecher Gangart mit, die Scheibe im Vorderrad braucht allerdings ordentlich Zug am weit abstehenden Hebel. Am Federungskomfort ist nichts auszusetzen, solange man solo unterwegs ist: Sowohl die Einarmschwinge vor als auch das verstellbare Federbein hinten sprechen gut an. Zu zweit schlägt es hinten allerdings schon mal durch.

Während der Sozius seine Füße auf ziemlich kleinen Trittflächen unterbringen muß, fällt die Sitzposition des Fahrers auf dem Sfera auch für lange Lulatsche erstaunlich kommod aus. Die Ergonomie von Sitzbank und hohem Lenker ist gut gelungen, die neuen Schalter tun ein übriges. Nur die Kontrolleuchten im Cockpit sind tagsüber kaum zu erkennen, und nachts könnte der Scheinwerfer ruhig etwas heller strahlen. Ein dunkles Kapitel ist auch das schwergängige Sitzbankschloß. Hat man seinen Widerstand trickreich überwunden, öffnet sich zum Lohn ein sehr geräumiges Helmfach. Zusätzlich spendiert Piaggio seit Mitte 1996 dem Sfera ein serienmäßiges Topcase, das auf einem stabilen Gepäckträger ruht. Praktisch ist die Ölkontrolle durch ein gut sichtbares Schauglas, weniger gut war, daß viele Sfera-Besitzer nach längeren Standzeiten über Startprobleme zu klagen hatten. Die sollen aber, so versichert Piaggio, nach Änderungen an Vergaser und Zündelektrik der Vergangenheit angehören.

Piaggio SKR 125
Gib Gas, ich will Spaß

Fahrdynamik pur vermittelt – zumindest für Roller-Verhältnisse – die 1993 vorgestellte Zweitakt-Rakete Piaggio SKR 125 (13,6 PS, Scheibenbremse, 4895 Mark). Die straffe Fahrwerksabstimmung paßt zu seinem sportlichen Charakter

Seit 1990, als Piaggio mit dem Sfera 50 den ersten Roller moderner Konzeption vorstellte, hat Europas größter Zweiradhersteller mit einer ganzen Serie erfolgreicher Modelle bewiesen, daß es auch Rollerspaß jenseits der Vespa gibt. Einen Markstein in Sachen Fahrdynamik setzte der 1993 präsentierte SKR 125. Satte 13,6 PS leistet sein gebläsegekühlter Zweitakter, die er in moderner Roller-Manier über eine stufenlose Automatik ans zehnzöllige Hinterrad bringt.

Was diese Leistung in Verbindung mit einer bissigen Motorcharakteristik für einen 105 Kilogramm leichten Roller bedeutet, muß man selbst ausprobiert haben. Gestandene Motorradfahrer kommen nach einem City-Trip auf dem SKR mit leuchtenden Augen zurück und finden »das Teil einfach genial«. Und Rollerfahrern, die eine klassische Vespa gewöhnt sind, bleibt erst mal die Spucke weg. Den Autofahrern an der Ampel geht es wahrscheinlich genauso, aber das kann man im Rückspiegel nicht so gut erkennen. Kurz gesagt: Der SKR war bis zum Erscheinen des 15 PS starken Hexagon 125 zusammen mit seinem ähnlich motorisierten Markengefährten TPH 125 amtierender Beschleunigungsmeister unter den 125ern. Da er außerdem traumhaft handlich ist, stören beim munteren Herumzischen in der Stadt nur seine deutliche Geräuschentwicklung und das Zweitaktfähnchen.

Weil der SKR 125 zum Ausreizen seiner Fahrleistungen animiert, trifft es sich gut, daß in seiner vorderen Kurzschwinge ein wirksam zupackende Scheibenbremse arbeitet

Sein Temperament erlaubt dem SKR auch auf der Landstraße, mal einen Lastzug zu überholen – mit Viertakt-125ern eine nervenzerfetzende Hängepartie. Weil seine vordere Kurzschwinge im Vergleich zum ähnlich konzipierten Sfera 125 straffer abgestimmt ist, liegt der SKR bei hohem Tempo ruhiger als sein Viertakt-Kollege, was allerdings mit eingeschränktem Federungskomfort bezahlt werden muß. Fahrbahnkanten und Gullideckel machen sich im Lenker deutlich bemerkbar.

Finanziell bemerkbar macht sich die forsche Fahrweise, zu der der SKR herausfordert. Seinen Verbrauch über fünf Liter Super pro 100 Kilometer zu treiben fällt leichter, als ihn mit zurückhaltender Gashand auf rund vier Liter zu drücken. Da der SKR auch beim Zweitaktöl nach dem Besten (also Synthetiköl) verlangt und reichlich Hinterreifen konsumiert, ist er kein billiges Transportmittel.

Piaggio TPH 125
Starker Sprinter

Rollerspaß und Fahrdynamik seien zwei getrennte Welten – diese Behauptung ist immer wieder zu hören. Meist dient sie als Rechtfertigung für lahme Motorisierung, wackeliges Fahrverhalten und schlappe Bremsen. Piaggio hatte schon 1954 mit der 100 km/h schnellen, giftigen Vespa 150 GS gezeigt, daß es auch anders geht. Knapp 40 Jahre später schlug der schnelle SKR 125 in dieselbe Kerbe. Der Erfolg des Stollen-Rollers TPH 50 beflügelte Piaggio 1995, dem SKR 125 den ebenfalls nicht gerade schwächlichen TPH 125 zur Seite zu stellen. Eine kürzere Übersetzung der stufenlosen Riemenautomatik, die überdies durch die Schlitze im Frontschild mit Kühlluft versorgt wird, und ein im unteren und mittleren Bereich verbesserter Drehmomentverlauf des gebläsegekühlten Einzylinders aus dem SKR sorgen beim TPH 125 für mächtig Dampf. Vom Start weg geht der 12 PS starke Zweitakter erstaunlich giftig ab, reagiert äußerst spontan auf jeden Dreh am Gasgriff und begleitet seine furiosen Ampelstarts mit einer unüberhörbaren Geräuschkulisse.

Trotz seiner Gelände-Optik mit dicken, zehnzölligen Stollen-Pneus eignet sich der wendige TPH vor allem für zügiges Vorankommen im City-Gewühl. Hinter dem hohen Lenker genießt der Fahrer guten Überblick, und die schmale Karosserie paßt durch die kleinsten Lücken. Auch eine flinke Etappe über die Stadtautobahn ist kein Problem. Die Tachonadel pendelt sich dann bei optimistischen 120 km/h ein, tatsächlich läuft der Piaggio knapp über 100 Sachen.

Ähnlich rauhbeinig wie in seiner ungestümen Beschleunigung zeigt sich der TPH in Sachen Fahrkomfort. Vorne wie hinten ist das Fahrwerk ziemlich straff abgestimmt – manche Leute nennen das sportlich. Von den schlimmsten Stößen bleiben Fahrer und Sozius aber verschont. Abstecher ins Gelände dagegen lassen schnell deutlich werden, daß die Federwege doch sehr begrenzt sind. Auch vibriert der TPH-Motor deutlicher als

Als unerschrockener Abenteurer hat sich der Piaggio TPH 125 (12 PS, Upside-down-Gabel und Scheibenbremse, 4850 Mark) mit seinen Stollenreifen maskiert. Geländeeinlagen machen die Grenzen seines Fahrwerks schnell deutlich

Dank Stahlflex-Bremsleitung glänzt die TPH-Scheiben-bremse mit exaktem Druckpunkt, dazu ist sie wirksam und gut dosierbar. Ihr forcierter Einsatz zieht allerdings auf die Dauer das Lenkkopflager in Mitleidenschaft

der des SKR 125, und die Stollenreifen machen sich durch rauheres Abrollen auf Asphalt bemerkbar. Dafür bleibt der TPH mit seiner Upside-down-Gabel von Showa auch auf unebener Fahrbahn sauber auf Kurs und läßt sich mit der Scheibenbremse im Vorderrad bei Bedarf heftig zusammenstauchen. Wer das regelmäßig tut, sollte allerdings alle paar tausend Kilometer neue Bremsbeläge einkalkulieren öfter mal das Lenkkopflager auf Spiel überprüfen – es wird durch Gewaltbremsungen stark belastet.

Bei allem Fahrspaß, den der TPH 125 bietet, hat er auch seine praktischen Seiten. Zu denen zählen das geräumige Helmfach unter der Sitzbank und ein stabiler Gepäckträger, der noch besser wäre, wenn sich Spanngurte leichter an ihm festzurren ließen. Etwas kurz fiel der Fußraum aus, für die Knie des Fahrers läßt der hoch positionierte Lenker dagegen reichlich Platz. Den Füßen des Kopiloten bieten ausklappbare Alu-Rasten sicheren Halt. Auch doppelt besetzt zieht der TPH 125 noch druckvoll vorwärts. Weniger erfreulich ist der ausgeprägte Durst des Sprinters. Bei flotter Fahrweise können locker mehr als fünf Liter Super auf 100 Kilometer durch seinen Vergaser rinnen, nur zurückhaltender Umgang mit dem Gasgriff läßt den Verbrauch gelegentlich unter vier Liter fallen. Das Tankvolumen

von 8,5 Litern verspricht durchaus tourentaugliche Reichweiten, läßt sich aber nicht ohne weiteres nutzen. Zunächst ist einige Geduld nötig, um den Tank vollständig zu füllen. Und dann braucht der Fahrer gute Nerven, um die auf Null abgesunkene Tankuhr sowie die wenig später aufleuchtende Reserveanzeige zu ignorieren und die 50 bis 70 Kilometer herauszufahren, die der Tank immer noch hergibt. Während an Abblend- und Fernlicht nichts auszusetzen ist, macht der primitive Blinker-Kippschalter ohne präzise Mittelrastung das Ausschalten des Fahrtrichtungsanzeigers zum Glücksspiel. Etwas länger sollten die Spiegelausleger, von besserer Qualität die hakeligen Schlösser sein

Piaggio TPH 125

Motor: Gebläsegekühlter Einzylinder-Zweitakter, 9 kW (12 PS) bei 7600/min, 124 cm³, Getrenntschmierung, E- und Kickstarter, stufenlose Riemenautomatik
Fahrwerk: Stahlrohrrahmen, Showa-Upside-down-Gabel (Federweg 73 mm) und Scheibenbremse (Ø 190 mm) vorn, Triebsatzschwinge mit einem Federbein und Trommelbremse (Ø 100 mm) hinten
Fahrleistungen:
0-30 km/h	2,1 s
0-50 km/h	3,9 s
0-80 km/h	9,5 s

Höchstgeschwindigkeit: 103 km/h
Gewicht vollgetankt: 104 kg
Zuladung: 186 kg
Sitzhöhe: 810 mm
Wendekreis: 3,53 m
Testverbrauch: 4,8 l Super bleifrei/100 km
Tankinhalt/Reichweite: 8,5 l/ca. 177 km
Lieferbare Farben: nachtblau, gelb
Garantie: 12 Monate
Preis: 4850 Mark inkl. Nebenkosten, 80 km/h-Version zum gleichen Preis lieferbar

- ➕ **Kräftiger Abzug**
- ➕ **Sehr gute Scheibenbremse**
- ➕ **Schnell und handlich**
- ➕ **Auch für zwei geräumig genug**
- ➖ **Hoher Verbrauch**
- ➖ **Ungenaue Benzinuhr**
- ➖ **Laut**
- ➖ **Primitive Schalter und Schlösser**
- ➖ **Schwankende Verarbeitungsqualität**

Piaggio Vespa Cosa 200 FL
Zu neuen Ufern

Vespa Cosa 200 FL

Motor: Gebläsegekühlter Einzylinder-Zweitakter, 198 cm³, 9 kW (12 PS) bei 6000/min, Getrenntschmierung, E- und Kickstarter, Vierganggetriebe mit Drehgriffschaltung

Fahrwerk: Selbsttragende Stahlblechkarosserie, gezogene Einarm-Kurzschwinge (Federweg 90 mm) und Trommelbremse (Ø 170 mm) vorn, Triebsatzschwinge mit einem Federbein (Federweg 75 mm) und Trommelbremse (Ø 170 mm) hinten, Integral-Bremssystem

Fahrleistungen:

0 – 30 km/h	1,7 s
0 – 50 km/h	4,5 s
0 – 80 km/h	12,1 s

Höchstgeschwindigkeit: 100 km/h
Gewicht vollgetankt: 126 kg
Zuladung: 184 kg
Sitzhöhe: 830 mm
Wendekreis: 3,86 m
Testverbrauch: 5,2 l Super bleifrei/100 km
Tankinhalt/Reichweite: 7,7 l/ca. 148 km
Lieferbare Farben: nachtblau, rotmetallic
Garantie: 12 Monate
Preis: 5695 Mark inkl. Nebenkosten (mit EBC 6150 Mark)

+ **Sehr komfortabel**
+ **Komplette Ausstattung**
+ **Wirksames Integral-Bremssystem**
+ **Ordentliche Fahreigenschaften**
– **Schwergängige Schaltung**
– **Unmäßiger Verbrauch**

Mit viel Kunststoff und einem neuen, im Windkanal perfektionierten Design sorgte die Neue 1988 für einigen Wirbel. Zur Vespa, deren Nachfolge sie eigentlich hätte antreten sollen, wurde sie erst auf lebhaften Kundenwunsch hin ernannt. Doch die Cosa ist weit mehr als nur eine optisch geliftete PX. Wer's nicht glaubt, sollte zunächst einen Blick unter die Sitzbank werfen, wo sich ein Helmfach auftut. Das Fahrwerk wurde stark verbessert, das Integral-Bremssystem ist völlig neu.

Gestartet wird die Cosa per Knopfdruck am linken Lenkerende oder mit dem gewohnten Kick

aufs Pedal. Ein elektrischer Benzinhahn speist den Dellorto-Vergaser mit Super bleifrei, die Gemischanreicherung übernimmt eine Startautomatik, und um die Ölbeimischung kümmert sich eine Dosierpumpe. Zäh und hakig gab sich die Viergangschaltung der Test-Cosa, dafür ließ sich die Kupplung sanft und butterweich dosieren. Dank einer Kontrollleuchte im Cockpit ist das Auffinden des Leerlaufs auch bei heißem Motor selten ein Problem. Ein geringfügig verlängerter Radstand, gute 100/90-Bereifung und eine ordentliche Abstimmung von Federung und Dämpfung machen aus der für Rollerverhältnisse schweren Cosa auch auf schlechten Straßen kein Schaukelpferd. Ein rechter Schluckspecht ist sie dennoch: 7,8 Liter Tankinhalt klingen zwar auf dem Papier ausreichend, aber Durchschnittsverbräuche von fünf bis sechs Litern machen den Cosa-Lenker zum Dauergast an der Zapfsäule.

Ungewöhnlich ist die Integralbremse der Cosa. Ihre beiden Trommelbremsen werden hy-

Vespa-Traditionalisten lehnten die 1988 vorgestellte Piaggio Cosa (200 cm³, 12 PS, Integral-Bremssystem, 5695 Mark) zunächst ab. Erst allmählich sprachen sich die Qualitäten des Reiserollers herum. Die großen Spiegel an langen Auslegern wären auch anderen Rollern zu wünschen. Einen Drehzahlmesser braucht der Cosa-Zweitakter eigentlich nicht

Eine wegweisende Idee war das Helmfach unter der Cosa-Sitzbank. Im Gegensatz zum Integral-Bremssystem ist es heute Roller-Standard

draulisch und gemeinsam über die Fußbremse aktiviert. Autofahrer und ans Bremsen mit dem Pedal gewöhnte Vespisti lernen dieses System schnell schätzen, Motorradfahrer dagegen zerren zunächst erschrocken am Handhebel der schwächlichen Zusatzbremse, die nur aufs Vorderrad wirkt. Gegen rund 450 Mark Aufpreis hält Piaggio sogar die Cosa FL/EBC mit sensorgesteuertem Antiblockiersystem am Vorderrad bereit.

Piaggio Vespa PX 125 E Lusso/200 GS
Eine Frage des Stils

Die echtesten unter den echten Vespen sind die großen Modelle der PX-Serie (PX 125 E Lusso: 8,6 PS, 4850 Mark; PX 200 GS: 12 PS, 5450 Mark). Äußerlich wie technisch haben sie sich seit ihrer Vorstellung 1977 im wesentlichen nicht verändert

Technik ist eine Sache, Geschmack eine andere. Kaum jemand wird bestreiten, daß moderne Automatikroller unheimlich praktisch sind: Sie haben Helmfach, Getrenntschmierung und E-Starter; mit ihrer guten Balance und ordentlichen Bremsen sind sie kinderleicht zu fahren. Trotzdem gibt es Leute – und unter ihnen nicht wenige junge -, die sich nie auf so ein Plastik-Teil setzen würden. Und denen es völlig schnuppe ist, ob ihr Roller in der Kurve ein bißchen eiert. Aber aus Blech muß er sein, eine Schaltung muß er haben, einen richtigen Kickstarter und eine Mechanik zum Selberschrauben. Und Pobacken.

Die Diagnose ist klar: Wir haben es mit einer Stilfrage zu tun. Einfach war die Rezeptur bisher für Inhaber der Führerscheinklasse 1b: Verschrieben wurde in solchen Fällen die Vespa PX 80 E und sonst nichts. Doch seit es den EU-Führerschein der Klasse 1b gibt, dürfen reifere Inhaber

des Klasse 3-Führerscheins auf eine ungedrosselte, jugendliche 1b-Inhaber eine auf 80 km/h beschränkte 125er Vespa lenken. Die in beiden Varianten angebotene PX 125 E Lusso löst die beliebte, aber nicht sonderlich dynamische PX 80 E ab und darf sich als direkte Erbin des absolut erfolgreichsten Vespa-Modells, der 1948 erschienenen Vespa 125, fühlen.

Neben der 125er hält das Piaggio-Programm die Vespa 200 GS bereit. Auch sie kann auf eine ruhmreiche Geschichte zurückblicken. Ihr kräftiger 12-PS-Motor erlebte sein Debüt 1972 in der Vespa 200 Rally electronic, und die wiederum war die legitime Erbin der ersten richtig schnellen Vespa mit zehn-Zoll-Rädern und Vierganggetriebe, der GS 150 von 1955.

Zwei Handgriffe sind beim Vespa-Kaltstart Tradition und erfordern einen Blick in den Fußraum: Den Benzinhahn auf A wie »Aperto« stellen und

Im Gegensatz zur PK-Serie ist der drehschiebergesteuerte Zweitakter der PX-Modelle nahezu horizontal eingebaut und durch die abnehmbare Seitenbacke leicht zugänglich

das schwarze Choke-Knöpfchen ziehen. Der Kickstarter darf pausieren, denn bei gezogener Kupplung erweckt der elektrische Anlasser den getrenntgeschmierten Zweitakter mit einem krächzenden Geräusch zum Leben. Da der drehschiebergesteuerte und vibrationsfreudige 200er leicht versetzt rechts über dem Hinterrad arbeitet, sollten sich Neulinge beim Anfahren jeden sportlichen Ehrgeiz verkneifen. Schon so manchem Vespa-Novizen ist der Versuch, einen beeindruckenden Start hinzulegen, zum ungewollten Wheelie geraten.

Das Schalten erfordert anfangs etwas Konzentration, geht aber wegen der leichtgängigen Kupplung bald in Fleisch und Blut über. Sogar im Stadtverkehr muß der Drehgriff der PX 200 selten die mit einer Vier markierte Stellung verlassen, denn bei Tempo 50 und 3000 Touren bringt es der drehmomentstarke 200er schon auf beachtliche 13 Newtonmeter. Bei Schrittgeschwindigkeit kann bereits im Vierten getuckert werden, ohne den Motor abzuwürgen. Unangenehm fallen die Vibrationen vor allem im Leerlauf auf, der Blick in den Spiegel an der Ampel ist meist zwecklos.

Die kleinere Schwungmasse des 125er Motors erzeugt dagegen nur wenig störende Vibrationen. Erst mal auf Drehzahl, hängt er gut am Gas. Den insgesamt runden Gesamteindruck der PX 125 trübte beim Testroller jedoch ein Leistungsloch knapp über Standgas, das den Ampelstart bei warmem wie bei kaltem Motor zur Hängepartie machte. Die Ursache dürfte in der Vergaserabstimmung zu suchen sein, mit der sich der Importeur nochmal beschäftigen sollte.

Fahrwerk und Fahrverhalten der PX-Vespen haben sich seit ihrer Vorstellung 1977 im Prinzip kaum verändert, bessere Reifen haben ihren nervösen Geradeauslauf und ihre Neigung zum Eiern in Kurven allerdings merklich beruhigt. An die schlappe Vorderradbremse und das Eintauchen der gezogenen Schwinge beim Bremsen muß man sich gewöhnen (oder man rüstet eine Grimeca-Scheibenbremse nach); erfahrene Vespisti stellen die Ferse des rechten Fußes auf den Mitteltunnel und bremsen nur hinten.

Tadellos sind Licht und Verarbeitung der beiden PX-Modelle. Und daß Fahrer und Sozius auf der langen Sitzbank stundenlang bequem sitzen, können Generationen von Vespa-Reisenden bestätigen.

Vespa PX 125 E Lusso

Werte für 200 GS in Klammern

Motor: Gebläsegekühlter Einzylinder-Zweitakter, 123 (198) cm³, 6,3 (9) kW/ 8,6 (12 PS) bei 6000 (5700)/min, Getrenntschmierung, E- und Kickstarter, Vierganggetriebe mit Drehgriffschaltung, Direktantrieb

Fahrwerk: Selbsttragende Stahlblechkarosserie, gezogene Einarm-Kurzschwinge (Federweg 90 mm) und Trommelbremse (Ø 150 mm) vorn, Triebsatzschwinge mit einem Federbein (Federweg 75 mm) und Trommelbremse (Ø 150 mm) hinten

Fahrleistungen:

0 – 30 km/h	2,7	(1,5) s
0 – 50 km/h	6,3	(4,0) s
0 – 80 km/h	18,6	(11,6) s

Höchstgeschwindigkeit: 85 (103) km/h
Gewicht vollgetankt: 112 (113) kg
Zuladung: 198 (197) kg
Sitzhöhe: 830 mm
Wendekreis: 3,12 m
Tankinhalt/Reichweite: 8 l/ca. 190 (148) km
Testverbrauch: 4,2 (5,4) l Normalbenzin/100 km
Lieferbare Farben: grünmetallic, rotmetallic (nachtblau, schwarz)
Garantie: 12 Monate
Preis: 4850 Mark (5450 Mark) inkl. Nebenkosten

➕ **Ausgereift und robust**
➕ **Bequem auch auf langen Strecken**
➕ **Handlich**
➕ **Umfangreiches Zubehörangebot**
➖ **Gewöhnungsbedürftige Fahreigenschaften**
➖ **Schlappe Bremse vorn**
➖ **Hoher Verbrauch**

Manchmal kommen sie wieder

Der heftigste Konkurrent der Vespa war in den 50er und 60er Jahren die Lambretta. Nach dem Tod des Firmengründers Fernandino Innocenti 1966 ging es bergab, 1971 wurde die Produktion in Lambrate eingestellt. Die italienischen Fertigungsanlagen verkaufte man nach Indien, wo die Scooters India Ltd. bis heute Lambrettas produziert. Die Landshuter Roller-Schmiede will die Lambretta wieder nach Deutschland bringen.

Filigran und niedrig wirkt der nagelneue Oldtimer. Der Eindruck von Handlichkeit verstärkt sich,

wenn man die 200er vom Ständer schubst. Von Kippeln keine Spur, denn der Lambretta-Einzylinder ist nicht neben, sondern vor dem Hinterrad plaziert, das er über eine gekapselte Kette antreibt. Technisch wie äußerlich hat sich in 25 Jahren wenig verändert, nur die Blinker zollen der Neuzeit Tribut, und den Zweitakter befeuert heute eine kontaktlose Zündung.

Gestartet wird nach gutem Brauch per Kickstarter. Kerniges Zweitakt-Knattern belohnt die Mühe, physisch macht sich der sofort rund laufen-

Aus dem indischen Exil kommt die SIL-Lambretta GP 200 (10 PS, Viergang-Getriebe, Trommelbremsen, 4090 Mark) wieder nach Deutschland. Der Klassiker überrascht durch gutes Fahrverhalten

de Motor durch kräftige Vibrationen bemerkbar. Das Losfahren bringt eine angenehme Überraschung: Kräftig und druckvoll schiebt die Lambretta los, ohne Verschlucken dreht der Motor hoch. Angenehm leicht und exakt lassen sich die vier Gänge mit der Drehgriff-Schaltung einlegen, und am Ende stehen beeindruckende 110 km/h auf dem Tacho. Auch bei diesem Tempo liegt die Lambretta noch satt und sicher auf der Straße. So altertümlich das Fahrwerk mit seiner gezogenen Kurzschwinge auch aussieht, kann es in Federung, Dämpfung und Lenkpräzision mit so manch moderner Konstruktion absolut mithalten. Nur die harte Sitzbank verdirbt dem Fahrer auf die Dauer etwas die Laune, und Langen sind hinter dem niedrigen Lenker ihre Knie im Weg.

Tadellos funktioniert die vordere Trommelbremse. Auf Wunsch läßt sich auch eine hydraulische Scheibenbremse nachrüsten. Etwas bissiger könnte dagegen die hintere Trommelbremse zupacken. Auch die Lackqualität zählt nicht gerade zu den Stärken der indischen Lambretta. Hier hoffen die Importeure noch auf Verbesserungen durch den Hersteller.

Lambretta GP 200

Motor: Gebläsegekühlter Einzylinder-Zweitakter, ca. 7,5 kW (10 PS), 199 cm³, Mischungsschmierung, Kickstarter, Vierganggetriebe mit Drehgriffschaltung, Antrieb durch gekapselte Kette
Fahrwerk: Stahlrohrrahmen, gezogene Zweiarm-Kurzschwinge und Trommelbremse vorn, Triebsatzschwinge mit Federbein und Trommelbremse hinten
Gewicht vollgetankt: 122 kg
Sitzhöhe: 760 mm
Garantie: 6 Monate
Preis: 4090 Mark inkl. Nebenkosten

➕ **Echter Klassiker**
➕ **Kräftiger Motor**
➕ **Stabiles Fahrverhalten**
➕ **Passable Trommelbremse vorn**
➖ **Unbequem für Lange**
➖ **Harte Sitzbank**
➖ **Magere Ausstattung**
➖ **Bescheidene Verarbeitung**

Traditionelle Roller-Technik steckt unter der Blech-Verkleidung der GP 200: Stahlrohrrahmen, mischungsgeschmierter Zwei-takt-Einzylinder mit Kickstarter und Hinterradantrieb über eine gekapselte Kette

Suzuki AN 125
Fröhlich macht AN

Suzuki AN 125

Motor: Gebläsegekühlter Einzylinder-Viertakter, 10 PS (7,6 kW) bei 8000 /min, 124 cm³, zwei Ventile, E- und Kickstarter, stufenlose Riemenautomatik
Fahrwerk: Stahlrohrrahmen, Telegabel (Federweg 95 mm) und Scheibenbremse (Ø 180 mm) vorn, Triebsatzschwinge mit Federbein (Federweg 85 mm) und Trommelbremse (Ø 120 mm)
Fahrleistungen:
0-30 km/h	1,8 s
0-50 km/h	4,2 s
0-80 km/h	12,2 s

Höchstgeschwindigkeit: 92 km/h
Gewicht vollgetankt: 110 kg
Zuladung: 183 kg
Sitzhöhe: 780 mm
Wendekreis: 3,52 m
Testverbrauch: 3,5 l Normalbenzin auf 100 km
Tankinhalt/Reichweite: 7,3 l/ca. 208 km
Lieferbare Farben: rotbraun (maroon), grünmetallic
Garantie: 12 Monate
Preis: 5490 Mark inkl. Nebenkosten

+ **Tadelloses Fahrverhalten**
+ **Ausgezeichnete Scheibenbremse vorn**
+ **Quirliger Motor**
+ **Guter Fahrkomfort**
+ **Praxisgerechte Ausstattung**
– **Schalter und Instrumente wirken billig**

Ein fröhliches Grinsen, wie es der AN 125 zeigt, steckt an. Der Fahrer darf sich über den spritzigen Motor, tadelloses Fahrwerk und komfortables Vorankommen freuen

Wie das Kaninchen aus dem Hut zauberte Suzuki 1995 den Viertakt-Scooter AN 125 aus der Tasche. Sein elegantes Äußeres wirkt mit dem breiten Scheinwerfer-Grinsen so fröhlich, wie es auch dem Fahrer schnell zumute wird. Denn der luftgekühlte Zweiventiler des AN gehört zu den lebendigsten und kräftigsten Achtelliter-Viertaktern. In der Beschleunigung kann er beinahe mit dem technisch wesentlich anspruchsvolleren und entsprechend teureren Aprilia Leonardo mithalten, seine Höchstgeschwindigkeit fällt mit 92 km/h immer noch ganz passabel aus. Das Fahrwerk des Suzuki entspricht mit zehn-Zoll-Rädern,

Telegabel und Scheibenbremse vorn gängigem Roller-Standard. Der etwas schmächtige Vorderreifen der Dimension 3.50-10 (hinten rotiert ein Pneu des Formats 100/90) tut den vorzüglichen Fahreigenschaften des AN 125 erstaunlicherweise keinen Abbruch, sein Fahrwerk gehört zu den ausgewogensten unter 125ern. Unbeirrt von Spurrinnen zieht er seine Bahn, auch Unebenheiten bringen ihn nicht aus der Ruhe. Die Telegabel spricht sehr sensibel an und schluckt weg, was des Weges kommt; das im Solobetrieb komfortable hintere Federbein schlägt dagegen schon mal durch, wenn ein Beifahrer an Bord ist.

Unter den Viertaktern der neuen 125er-Klasse beeindruckt der Suzuki AN 125 (10 PS, zwei Ventile, 5490 Mark) durch die Summe seiner guten Eigenschaften. Dabei ist er technisch eher konventionell

Nur Gutes gibt es von der Scheibenbremse zu berichten. Sie arbeitet mit genauem, aber nicht zu hartem Druckpunkt, ist exakt dosierbar und gut zu erreichen. Die hintere Trommel wirkt dagegen etwas schwächlich.

Einem Mangel des ersten AN-Baujahrs, dem fehlenden Kickstarter, hat Suzuki mittlerweile abgeholfen. Seitdem gibt es an der Ausstattung nicht mehr viel zu mäkeln. Gutes Licht, ein seitlicher Griff zum Aufbocken, ein Gepäckträger

und sogar richtiges Werkzeug gehören zum Serienumfang. Für den Sozius hält der AN ausklappbare Rasten bereit, die allerdings ziemlich weit vorne sitzen und zu einer unnatürlichen Beinhaltung zwingen; vom Fahrer sind in dieser Hinsicht keine Klagen zu hören. Ihm sind allenfalls die Spiegelausleger zu kurz. Das karge Cockpit und die simplen Schalter muß man nicht schön finden, funktional sind sie jedenfalls.

SYM Duke 125/Super Duke 125
Bali läßt grüßen

**Das Leichtgewicht unter den Viertakt-125ern ist der SYM Duke (10 PS, Gewicht vollgetankt 100 kg, 5200 Mark).
Er ist komplett ausgestattet und sehr sparsam, seine Fahrwerksabstimmung ziemlich straff**

Sanyang Motors (SYM) ist Taiwans zweitgrößter Rollerhersteller und eng mit Honda verbunden. Deshalb wohl wirkt der taiwanesische Viertakt-125er Duke dem in Italien produzierten Honda Bali so ähnlich.

Mit dem Äußeren sind die Gemeinsamkeiten weitgehend abgehakt, denn der Duke zeigt deutlich anderen Charakter. Der wichtigste Unter-

schied ist der 10 PS starke Viertaktmotor, denn den Bali gibt es nur als Zweitakter. Das zehnzöllige Vorderrad des Formats 3.50 führt eine gezogene Zweiarm-Kurzschwinge, eine Doppelkolben-Scheibenbremse ist fürs Verzögern zuständig. Lobenswert umfangreich ist die Ausstattung des Duke: Helmfach, Staufach und Gepäckträger, Haupt- und Seitenständer sind Serie, und

Mehr Luxus und eine komfortablere Federung als der Duke bietet der SYM-Viertakter Super Duke 125 (10 PS, zwei Ventile, 5200 Mark). Für Lange wird wie bei den meisten Taiwan-Rollern der Knieraum etwas knapp

trotzdem wiegt er vollgetankt nur 100 Kilogramm. Damit ist er mit Abstand der leichteste Viertakt-125er.

Das geringe Gewicht des Duke schlägt sich in ordentlichen Fahrleistungen und sehr geringem Verbrauch nieder. Sein Motor wirkt zwar etwas zäh, liegt in den Fahrleistungen aber wenig hinter dem Suzuki AN 125 und vor dem Yamaha Cygnus. Das recht straff abgestimmte Fahrwerk spielt dabei gut mit, gehört aber nicht zur komfortablen Sorte. Dafür ist der Duke wendig und schon aufgrund seines niedrigen Gewichts sehr handlich. Seine Scheibenbremse verzögert passabel, könnte aber besser dosierbar sein, und der Seitenständer ist nur durch Federn gesichert – ein Zündunterbrecher wäre besser.

Als Ergänzung und mittelfristige Ablösung für den Duke kommt der Super Duke. Auch er ist sauber verarbeitet und glänzt mit guter Ausstattung. Der Motor ist der gleiche wie beim Duke, Messungen eines homologierten Exemplars waren allerdings noch nicht möglich. Ihn wird es auch in einer durch andere Fliehgewichte der Variomatik auf 80 km/h gestutzten Variante geben. Die Federungsabstimmung eines bereits gefahrenen Vorserien-Exemplars fiel deutlich komfortabler aus als beim Duke. Auch die Sitzposition ist bequemer, und der abschließbare Tankstutzen sitzt in der linken Seitenverkleidung. Schade, daß es den Super Duke nicht wie in Taiwan mit Kat geben soll.

SYM Duke 125

Motor: Gebläsegekühlter Einzylinder-Viertakter, 7 kW (10 PS) bei 7500/min, 124 cm^3, zwei Ventile, E- und Kickstarter, stufenlose Riemenautomatik
Fahrwerk: Stahlrohrrahmen, gezogene Zweiarm-Kurzschwinge) und Scheibenbremse (Ø 160 mm) vorn, Triebsatzschwinge mit einem Federbein und Trommelbremse (Ø 110 mm) hinten
Fahrleistungen:
0-30 km/h	2,0 s
0-50 km/h	4,6 s
0-80 km/h	15,2 s

Höchstgeschwindigkeit: 92 km/h
Gewicht vollgetankt: 100 kg
Zuladung: 178 kg
Sitzhöhe: 760 mm
Wendekreis: 3,65 m
Testverbrauch: 3,0 l Super bleifrei/100 km
Tankinhalt/Reichweite: 6 l/ca. 200 km
Lieferbare Farben: rot, grün, blaumetallic
Garantie: 12 Monate oder 10 000 km
Preis: 5200 Mark inkl. Nebenkosten (Duke, Super Duke)

➕ **Niedriges Gewicht**
➕ **Komplette Ausstattung**
➕ **Sehr handlich**
➕ **Geringer Verbrauch**
➖ **Mäßiger Fahrkomfort (Duke)**
➖ **Durchschnittliche Fahrpräzision**

Yamaha XC 125 T/TR Cygnus/MBK Flame (New)
Verbesserungs-Versuche

Yamaha darf für sich beanspruchen, den ersten 125er Viertaktroller moderner Bauart nach Deutschland gebracht zu haben. Der XC 125 Beluga hatte zwar noch kein Helmfach, bot aber mit E-Starter und Automatik allen modernen Bedienungskomfort. Sein 9 PS starker Zweiventiler war mustergültig sparsam und sorgte für flotte Fahrleistungen, mit denen die Trommelbremsen

Wie die Viertakt-125er von Kymco, SYM und Suzuki werden auch der Yamaha XC 125 TR Cygnus und sein MBK-Parallelmodell Flame New (9,5 PS, zwei Ventile, Scheibe als Extra, 5400 Mark) in Taiwan produziert

Cygnus TR und Flame New unterscheiden sich von den preisgünstigeren Varianten durch Telegabel, Scheibenbremse und andere Frontpartie. Die Scheibe bremst gut, die Gabel dagegen gibt sich recht bockig

Yamaha XC 125 TR Cygnus R

Motor: Gebläsegekühlter Einzylinder-Viertakter, 9,5 PS (7 kW) bei 7500/min, 124 cm³, zwei Ventile, E- und Kickstarter, stufenlose Riemenautomatik
Fahrwerk: Stahlrohrrahmen, Telegabel (Federweg 90 mm) und Scheibenbremse (Ø 180 mm) vorn, Triebsatzschwinge mit zwei Federbeinen (Federweg 75 mm) und Trommelbremse (Ø 110 mm) hinten
Fahrleistungen:

0-30 km/h	2,7 s
0-50 km/h	6,3 s
0-80 km/h	22,1 s

Höchstgeschwindigkeit: 88 km/h
Gewicht vollgetankt: 114 kg
Zuladung: 178 kg
Sitzhöhe: 780 mm
Wendekreis: 3,39 m
Testverbrauch: 3,4 l Normalbenzin auf 100 km
Tankinhalt/Reichweite: 7,8 l/ca. 229 km
Lieferbare Farben: blau, silber
Garantie: 12 Monate
Preis: 5400 Mark (XC 125 T: 5190 Mark) inkl. Nebenkosten

- ➕ **Kultivierter, sparsamer Motor**
- ➕ **Gute Ausstattung**
- ➕ **Handlich**
- ➕ **Wirksame Scheibenbremse (TR-Modell)**
- ➖ **Mäßige Fahrleistungen**
- ➖ **Kippeliges Fahrverhalten**
- ➖ **Lasche Trommelbremse vorn (T-Modell)**
- ➖ **Unbequemer Soziusplatz**

und die vordere Kurzschwinge so einigermaßen zurechtkamen. Trotz seiner kleinen Ausmaße war der wendige Beluga bequem, die Hinterradfederung allerdings von der bockigen Sorte. Als Gebrauchtkauf ist er immer noch zu empfehlen.

Warum die lange Vorrede? Weil der 1995 erschienene Nachfolger XC 125 T Cygnus (parallel angeboten als MBK Flame) zwar über eine elegante Karosserie mit Helmfach verfügt, aber leider die gleichen Fahrwerksschwächen aufweist wie sein Vorgänger. Toll verarbeitet, ein übersichtliches Cockpit mit griffigen Schaltern, große Spiegel, kräftiger Gepäckträger – all das ist gut am T-Modell. Auch der leise und sparsame Motor gefällt. Doch auf schlechten Straßen schaukelt und kippelt der wendige Cygnus T noch ärger

als der Beluga, und die vordere Trommelbremse fällt durch hohe Handkraft, ungenaue Dosierbarkeit und schlappe Wirkung negativ auf.

Geschwind schob Yamaha 1996 den Cygnus TR mit Telegabel und Scheibenbremse vorn nach. Vom Cygnus T unterscheidet er sich durch eine flachere Frontpartie ohne Vorderradkotflügel, der Scheinwerfer sitzt im Beinschild, der Lenker ist sparsamer verkleidet. Bremsen kann der TR tatsächlich viel besser als der T-Cygnus, in der Handlichkeit ist er ihm ebenbürtig. Die Telegabel überzeugt dagegen mit ihrer harten Dämpfung immer noch nicht, auch das Fahrgefühl könnte stabiler sein. Ein Manko bei beiden Cygnus-Modellen sind die unbequem hohen Trittflächen für den Sozius.

Yamaha YP 250 Majesty
Königliches Vergnügen

Die Roller-Oberklasse zählte bis 1995 nur zwei Mitglieder: Den komfortablen Honda CN 250 Helix und, mit einigen Einschränkungen, den eleganten Piaggio Hexagon 150. Mit dem Auftritt des Yamaha Majesty wurden die Karten neu gemischt. Zumindest in Sachen Leistung legte Yamaha mit dem 20 PS starken Viertakter des YP 250 Majesty die Meßlatte etwas höher. Das Fahrwerk

Einer der dicksten Pluspunkte des Majesty ist seine hervorragende Zweikolben-Scheibenbremse vorn. Zusammen mit dem voluminösen Vorderreifen ermöglicht sie heftiges Verzögern

Yamaha YP 250 Majesty

Motor: Wassergekühlter Einzylinder-Viertakter, zwei Ventile, eine obenliegende Nockenwelle, Bohrung x Hub 69 x 66,8 mm, Hubraum 250 cm³, 14,7 kW (20 PS) bei 6500/min, Naßsumpfschmierung, E-Starter, stufenlose Riemenautomatik

Fahrwerk: Stahlrohrrahmen, Telegabel (Federweg 100 mm) und Doppelkolben-Scheibenbremse (Ø 245 mm) vorn, Triebsatzschwinge mit zwei Federbeinen (Federweg 90 mm) und Trommelbremse (Ø 160 mm) hinten

Fahrleistungen:

0- 50 km/h	3,8 s
0- 80 km/h	9,3 s
0-100 km/h	14,8 s

Höchstgeschwindigkeit: 118 km/h
Gewicht vollgetankt: 158 kg
Zuladung: 197 kg
Sitzhöhe: 730 mm
Wendekreis: 4,93 m
Testverbrauch: 4,8 l Normalbenzin/100 km
Tankinhalt/Reichweite: 11 l/ca. 229 km
Lieferbare Farben: rot, schwarz, silbermetallic
Garantie: 12 Monate
Preis: 9950 Mark inkl. Nebenkosten

- ➕ **Vorbildlich präzises Fahrverhalten**
- ➕ **Hervorragende Scheibenbremse**
- ➕ **Gute Fahrleistungen**
- ➕ **Durchdachte Ausstattung**
- ➕ **Tadellose Verarbeitung**
- ➖ **Enttäuschendes Platzangebot**
- ➖ **Federung könnte besser sein**
- ➖ **Hoher Preis**

ihrer Majestät verspricht Gutes. Zwölfzöllige Reifen der Dimension 110/90 vorn und 130/70 hinten bieten die Voraussetzung für stabiles Fahrverhalten. Aus einem Motorrad könnte die Telegabel mit 33 Millimeter dicken Standrohren und die mächtige Zweikolben-Scheibenbremse mit 245 Millimetern Durchmesser stammen – wie die ganze Frontpartie des Majesty, der von vorn ohnedies wie die verkleinerte Ausgabe einer FJ 1200 (einer Tourenmaschine) wirkt.

Die Sitzprobe fällt leider enttäuschend aus: Mit dem Honda Helix kann der Majesty in punkto Platzangebot nicht konkurrieren. Das liegt vor

Motorradmäßige Fahrstabilität läßt sich wenigen Rollern nachsagen. Der Yamaha YP 250 Majesty (20 PS, zwei Ventile, Wasserkühlung, 9950 Mark) gehört zu dieser erlesenen Minderheit

allem an der ungünstigen Ergonomie von hohem Trittbrett und niedrigem Lenker, die die Knie schon mittelgroßer Fahrer beim Einschlagen mit den Lenkerenden in Konflikt bringt. Zurückrutschen auf der langen Bank scheitert an der Rückenstütze, die sich nicht weit genug nach hinten verstellen läßt. Provisorische Abhilfe bringt das Abschrauben der Rückenstütze – schon ist Platz. Was bleibt, sind allerdings zwei unschöne Löcher in der Sitzbank. Der deutsche Yamaha-Im-

Wer von einem 250er Roller ein opulentes Platzangebot erwartet, könnte sich vom Yamaha Majesty enttäuscht sehen. Die (zum Glück abnehmbare) Rückenstütze schränkt die Bewegungsfreiheit des Fahrers unnötig ein

porteur bekundete immerhin, man suche nach einer eleganteren Lösung.

Auch der Sozius ist nicht so komfortabel untergebracht, wie man es von einem großen Roller erwartet. Er sitzt recht hoch, kann sich nicht anlehnen und findet auf den seitlich hochgezogenen Trittbrettern vor allem keinen dauerhaft bequemen Platz für seine Füße.

In Laufkultur und Fahrleistungen kann der neukonstruierte, wassergekühlte Yamaha-Zweiventiler dagegen durchaus mithalten. Die Auslegung seiner Riemenautomatik wirkt zwar etwas lang, aber jenseits von 100 km/h kann der YP 250 aufgrund seiner besseren Aerodynamik doch ein paar Briketts mehr nachlegen als der Helix – sehr hilfreich beim Überholen. Dessen Wind- und Wetterschutz erreicht die Majesty-Karosserie allerdings nicht. Immerhin halten sich Verwirbelungen hinter der Scheibe in sehr erträglichen Grenzen.

Beim Fahrverhalten kann der Majesty seine Talente dagegen richtig ausspielen. Seine Lenkpräzision ist unter Rollern Spitze, seine straffe Federung vermittelt guten Fahrbahnkontakt, und unbeirrbare Stabilität bis zur Höchstgeschwindigkeit ist kein Thema. So unerschütterlich folgt der Yamaha dem eingeschlagenen Kurs, daß man fast glauben könnte, ein Motorrad unter sich zu

haben. Kurvenreiche Landstraßen sind sein Revier, Autobahnen braucht er nicht zu fürchten. Sogar in der Stadt macht er noch eine gute Figur, denn auch bei niedrigem Tempo, in engen Kurven oder beim Wenden zeigt sich kein Anflug von Kippeligkeit.

Ein derart auf Fahrspaß angelegter Charakter verlangt nach straffen Zügeln, und die hat Ihre Hoheit: Die Scheibenbremse im Vorderrad verzögert gewaltig und ist ausgezeichnet dosierbar. Den Ausschlag für die überlegene Bremsleistung gibt außer ihrem Durchmesser vor allem der üppig dimensionierte Vorderreifen, der entsprechend hohe Kräfte auf den Asphalt bringen kann.

Eine Sänfte ist der eher straff ausgelegte YP 250 allerdings nicht. Vor allem hinten kommen immer wieder unangenehme Stöße durch, egal wie man die beiden vierfach vorspannbaren Federbeine einstellt. Verwöhnt wird der Fahrer dagegen von ausgezeichnetem Licht, guten Spiegeln und einem übersichtlichen, reichlich ausgestatteten Cockpit. Praktisch sind der einstellbare Handbremshebel und der Tankstutzen vor der Sitzbank. Nur das Fassungsvermögen des Helmfachs unter der Sitzbank enttäuscht – zwar paßt ein Integralhelm hinein, aber für sperriges Gepäck ist es zu flach.

Teil 4
Roller-Praxis

Rollerfahren – nichts leichter als das

Nichts ist leichter zu fahren als ein moderner Automatikroller. Stimmt – zumindest technisch. Denn während sich Radfahrer heute mit komplizierten Kettenschaltungen plagen, sind zum Rollerfahren nur Gasgeben, Lenken und Bremsen nötig. Andererseits ist ein Roller wesentlich schneller als ein Fahrrad und wird nicht auf Radwegen, sondern im dichten Verkehrsgetümmel bewegt. Das kennen viele Roller-Neulinge zwar als Autofahrer, aber zwischen Auto- und Zweiradfahren gibt es einige gravierende Unterschiede.

Vom Lenken

Wichtigster Unterschied zwischen Auto und Zweirad ist dessen prinzipielle Instabilität. Anders gesagt: Wenn man es losläßt, fällt es um. Warum man damit trotzdem fahren kann, weiß jeder – ständige leichte Ausgleichsbewegungen des Fahrers wirken der Kipp-Tendenz entgegen. Dazu kommen die Kreiselkräfte der Räder: Ein sich drehendes Rad versucht seine Richtung beizubehalten. Je größer sein Umfang und je schneller die Rotation, desto stärker wird das stabilisierende Moment. Ein Fahrrad, das führerlos einen Hügel hinunterrollt, fällt deshalb erst um, wenn es sehr langsam wird (oder auf ein Hindernis trifft). Bei kleinen Roller-Rädern ist dieser Kreisel-Effekt weniger ausgeprägt, aber ab etwa 20 km/h dennoch spürbar. Erfreulich für die Stabilität, erschwert der Kreiseleffekt jedoch schnelle Richtungsänderungen bei höherer Geschwindigkeit.

Wie stabil ein Roller von selbst geradeaus läuft, hängt von einer Reihe konstruktiver Merkmale ab, die im Kapitel über Roller-Technik detailliert erläutert werden. In diesem Zusammenhang ist wichtig, daß auch für Roller gilt, was Motorradfahrer bei Sicherheitslehrgängen oder in guten Fahrschulen lernen: Nämlich, daß ein Zweirad mit dem Lenker gelenkt und in Kurven zusätzlich aus der Hüfte heraus stabilisiert wird. Dabei dürfen auf einem Roller wegen des fehlenden Knieschlusses die Füße durch Belastung des kurveninneren Trittbretts mithelfen. Völlig falsch wäre es allerdings, den Lenker schraubstockartig festzuhalten – so verhindert der Fahrer nur, daß sich das Zweirad selbst stabilisiert. Leicht und locker führt man seinen Roller am besten.

Vom Ausweichen und Kurvenfahren

Was fürs Geradeausfahren gilt, stimmt auch für Kurven. Und wie fährt man eine Kurve? Dumme Frage, werden Sie vielleicht antworten: Man lenkt hinein, geht ein wenig in Schräglage und fährt durch. Guter Vorschlag – aber wer es in dieser Reihenfolge versuchte, läge sofort auf der Nase. Richtig ist: Man legt sich in Kurven hinein, um die Zentrifugalkraft auszugleichen. Andernfalls fiele man zum Kurvenaußenrand hin um. Genau deshalb muß der Zweiradfahrer aber das Kippen in Schräglage einleiten, bevor er in die Kurve lenkt. Wer eine Rechtskurve fahren will, muß den Roller also zunächst dazu bringen, nach rechts zu kippen. Jeder von uns (auch Oma auf ihrem Fahrrad) tut das, indem er – ohne sich dessen bewußt zu werden – zuerst kurz nach links lenkt.

Dieser Reflex funktioniert normalerweise ganz gut. Probleme kann's aber geben, wenn ein unerwartetes Hindernis auftaucht, das zum raschem Ausweichen zwingt. Vor Schreck nicht reagieren zu können – das hat wohl jeder schon mal erlebt. Der Schreck ist auch der schlimmste Feind des Zweiradfahrers, denn er friert die Reflexe ein und läßt ihn das Hindernis anstarren wir das Karnickel die Schlange, während er darauf zufährt.

Darauf muß der Kopf vorbereitet sein. Um eingreifen und den blockierten Reflex ersetzen zu können, muß er allerdings wissen, was zu tun ist.

Dieses Wissen hat zwei Stufen: Planung und Ausführung. Letztere ist ein einfacher Trick, und den kann und soll man natürlich üben: Einfach kurz gegen das Lenkerende drücken, in dessen Richtung man ausweichen will. Lenk-Impulstechnik nennen es die Experten, aber das braucht man sich nicht zu merken. Wichtig ist nur: Rechts ausweichen heißt kurz am rechten Lenkerende drücken, dann kippt der Roller in die richtige Richtung.

Die ganz gewöhnliche Kurve wirft solche Probleme nicht auf. Hat man sich für eine bestimmte Geschwindigkeit entschieden, ergibt sich die benötigte Schräglage aus den Gesetzen der Physik. Seinen Schräglagenwinkel braucht zum Glück niemand auszurechnen – normalerweise wählt man ihn intuitiv richtig, weil er dem menschlichen Bewegungsempfinden entspricht. Denn auch wer schnell um eine Ecke läuft, geht dabei in leichte Schräglage.

Doch diese natürliche Automatik kennt Grenzen, und die machen sich durch Angst bemerkbar: Angst, daß die Füße oder die Räder wegrutschen. So nützlich diese Angst ist, wenn sie den Menschen vor Übertreibungen warnt, so birgt sie für Zweiradfahrer doch eine Gefahr. Und zwar dann, wenn sie viel zu früh signalisiert: »Schräger geht's nicht, fahr' jetzt lieber geradeaus!« Geradeausfahren in einer Kurve kann harmlos sein, es kann aber auch geradewegs in den Gegenverkehr führen. Und schräger – so schräg, wie es eben nötig ist – geht's meistens noch. Auch das sollte man üben: Bei einem Sicherheitstraining oder wenigstens durch Kreisefahren auf einem Parkplatz mit sauberer und ebener Oberfläche. Das Laufbild des Reifens oder die Beobachtung durch Dritte gibt Aufschluß, wieviel von der möglichen Schräglage man genutzt hat. Meist bleibt noch reichlich Reserve.

Nicht mit jedem Roller läßt sich allerdings das Potential an Schräglage nutzen, das die Reifen eigentlich bieten. Ehe die Gummis wegrutschen, passiert vor allem bei starker Beladung oder auf Bodenwellen oft etwas Unerwartetes: Der Roller setzt auf. Wenn dabei nicht ein nachgiebiges Element der Kunststoffkarosserie, sonder massives Metall wie der Hauptständer, der Auspuff oder das Getriebegehäuse Bodenkontakt aufnimmt, kann es ziemlich unvermittelt zum Sturz kommen

– der Roller wird ausgehebelt. Das muß man nicht unbedingt ausprobieren. Wenn ein Helfer den Roller zur Seite neigt, läßt sich meist bereits erkennen, ob irgendwelche Teile besonders früh aufsetzen könnten. Einbeziehen muß man dabei, daß der Roller unter einem Fahrer etwas einfedert und in einer Kurve noch weiter in die Federn sinkt, weil die Fliehkraft aufs Fahrwerk geleitet wird.

Vom Bremsen

Wenn Ihnen ein Fußgänger, ein Radfahrer oder ein Auto in die Quere kommt, gibt es zwei Möglichkeiten: Bremsen oder Ausweichen. Weil letzteres im dichten Stadtverkehr leicht zu neuen Gefahrensituationen führt, ist Bremsen fast immer die bessere Strategie. Ein Zweirad voll zu verzögern, ist aber gar nicht so einfach. Vorder- und Hinterradbremse wollen unabhängig voneinander dosiert werden, die Angst vor einem Sturz wegen blockierender Räder lauert dabei stets im Hintergrund. Die meisten Fahrer sind deshalb weit davon entfernt, die mögliche Verzögerung ihres Rollers oder Motorrads ausnutzen zu können.

Zunächst muß man sich darüber klar sein, daß die Vorderradbremse auf Asphalt (den die meisten Roller kaum je verlassen) die bei weitem wichtigere ist. Sie leistet beim Motorrad rund 90 Prozent, beim Roller wegen dessen Hecklastigkeit (Motor und Tank sind hinten eingebaut) etwa 70 Prozent der maximal möglichen Verzögerung. Den Grund nennen Techniker »dynamische Radlastverlagerung«. Dahinter steckt die anschauliche Tatsache, daß jedes Fahrzeug beim Bremsen vorn in die Knie geht, während das Heck entlastet wird. Der Vorderreifen wird stärker auf die Straße gepreßt und kann deshalb auch mehr Kräfte übertragen als der Hinterreifen. Aus diesem Grund bauen die Hersteller bei Autos wie bei Zweirädern die besseren Bremssysteme vorn ein. Bei Rollern ist es heute meist die standfestere und besser dosierbare Scheibenbremse, während hinten eine Trommel genügt.

Was heißt das für die Roller-Praxis? Eigentlich nichts anderes als fürs Radfahren: Man bremst stets vorn und hinten. Bei einer Vollbremsung soll man hinten voll zulangen und die Aufmerksamkeit auf optimales Bremsen vorn konzentrieren.

Die »dynamische Radlastverlagerung« bringt beim Bremsen mehr Gewicht aufs Vorderrad. Könner erreichen 100 Prozent und schonen so den Hinterreifen...

Denn ein blockiertes Hinterrad ist kein Drama, ein stehendes Vorderrad dagegen führt zum Sturz. Um in einer Paniksituation richtig reagieren zu können, sollte man das Bremsen üben – am besten bei einem der Sicherheitstrainings, wie sie vom ADAC und anderen Organisationen, aber auch von engagierten Fahrlehrern angeboten werden. Wer diese Möglichkeit nicht wahrnehmen kann, probiert es am besten auf einem leeren Parkplatz aus.

Der erste Schritt ist, die Hinterradbremse kennenzulernen: Anfahren, auf 20 bis 30 km/h beschleunigen, Bremse voll ziehen. Bei Rollern mit Schaltgetriebe zugleich auskuppeln, bei Automatikrollern das Gas schließen, um die Antriebskräfte vom Hinterrad zu nehmen.

Wichtig ist dabei, nicht die Straße einen Meter vor dem Vorderrad anzustarren, sondern weit geradeaus zu schauen. Denn ein Zweirad fährt immer dahin, wo der Fahrer hinschaut –

das gilt übrigens auch für Kurven und das Umfahren von Hindernissen. Die Füße gehören dabei unbedingt aufs Trittbrett – nicht nur wegen der Balance, sondern auch, um Verletzungen etwa durch den abstehenden Hauptständer zu vermeiden.

Sollte die Hinterradbremse alleine zu schwach zum Blockieren sein, darf man auch vorne ein bißchen mitbremsen und lernt bei dieser Gelegenheit, wie wenig die Hinterradbremse alleine zuwege bringt. Wer's kann, wird mit dem Hinterreifen schließlich einen schönen, geraden Strich ziehen.

Der zweite Schritt ist das Bremsen nur vorn. Den Hebel kräftig, aber nicht ruckartig ziehen, denn die Belastung auf dem Vorderrad erreicht erst nach Sekundenbruchteilen ihren Maximalwert. Vorher kann das Rad noch nicht die volle Verzögerungsleistung übertragen. Jetzt wird der Roller schon deutlich in die Knie gehen. Wieder gilt: Weit vorausblicken. Und: Die rechte Hand muß stets bereit sein, die Bremse wieder loszulassen, falls das Vorderrad pfeift oder stehenbleibt. Bis es soweit ist, braucht man aber ein paar Anläufe. Vielleicht schafft man es auch gar nicht, weil die psychische Hemmung zu stark oder, seltener, die Bremse zu schwach ist. Trotzdem lernt man auch daraus etwas: Vorne bremsen hilft mehr als hinten.

Weil die beste Verzögerung nur beim Einsatz beider Bremsen zustandekommt, sollte man auch das üben. Dabei lernt man die Wirkung der dynamischen Radlastverlagerung gleich in der Praxis kennen: Das Hinterrad pfeift jetzt schon bei wenig Bremsdruck. Sollte es blockieren, ist das nicht weiter schlimm. Wichtiger ist, daß auch dabei die rechte Hand bereit sein muß, eine blockierende Vorderradbremse reflexartig freizugeben. Und nicht vergessen: Auskuppeln und Gas weg!

Bremsen auf rutschigem Untergrund und in Kurven sind zwei etwas schwierigere Aufgaben. Auch sie kann man üben. Ein staubiger Feldweg ist recht harmlos und griffiger, als man glaubt, feuchtes Gras dagegen ausgesprochen tückisch. Auf jeden Fall sollte man zunächst mit der Hinterradbremse testen, wie griffig der Belag ist. Wenn's zu arg rutscht, läßt man die Finger besser ganz von der Bremse vorn. Generell gilt fürs Fahren auf zweifelhaftem Untergrund, vor allem abseits der Straße oder bei Schnee: Die Geschwindigkeit so wählen, daß man die Vorderradbremse gar nicht braucht.

Daß Zweiradfahrer in Kurven nicht bremsen sollten, haben Sie vielleicht schon mal gehört. Vergessen Sie's, es ist ein Tip aus der Zeit, als man noch mit schlimmen Reifen und extrem rutschigen Gummimischungen unterwegs war. Natürlich bremst ein routinierter Fahrer lieber vor der Kurve, denn auch durch bessere Reifen haben sich die Gesetze der Physik nicht verändert. Und die sagen, daß ein Reifen rollt, bis die Grenze der Haftreibung erreicht ist. Dann geht er zur Gleitreibung über, sprich: Er rutscht weg. Je mehr Seitenkräfte der Reifen in einer Kurve aufnehmen muß, desto weniger kann er an Bremskräften übertragen.

Doch moderne Gummis haften auf trockener Fahrbahn so gut, daß bei normalen Temperaturen und handelsüblichen Schräglagen noch einiges an Reserven bleibt – schließlich fahren Roller auf der Straße ja kein Rennen »auf der letzten Rille«. Weil ein Teil der möglichen Haftreibung schon durch die Seitenkräfte beansprucht wird, gilt fürs Bremsen in der Kurve dasselbe wie fürs Verzögern auf nicht so griffigen Oberflächen: Sanft und gefühlvoll muß es geschehen.

Auf eine andere Überraschung müssen Zweiradfahrer aber heute mehr als früher gefaßt sein: Beim scharfen Bremsen vorn versuchen manche Roller in der Kurve, sich aufzurichten und geradeaus zu fahren. »Aufstellmoment beim Bremsen in Schräglage« heißt dieses Phänomen, das mit wachsender Breite des Vorderreifens immer deutlicher wird. Seit breite Roller-Schläppchen im Trend liegen, hat auch das Aufstellmoment Konjunktur. Gefährlich ist es allerdings nur, wenn man's nicht erwartet und vor Schreck tatsächlich geradeaus fährt, anstatt dem Roller nachdrücklich zu zeigen, wo es langgehen soll.

Vom Aufpassen

Sicherheit beim Rollerfahren ist nicht allein reine Physik. Beim Ausweichen etwa muß der Fahrer vorher wissen, wohin er überhaupt ausweichen kann. Wer sich darüber erst Gedanken macht, wenn's schon lichterloh brennt, verliert kostbare Zeit. Zweiradfahrer haben keine Knautschzone außer ihrer Nase, defensives Denken ist für Roller- und Motorradfahrer deshalb viel wichtiger als für Autolenker.

Defensiv zu denken heißt aber nicht, ängstlich durch die Gegend zu schleichen. Wer Angst hat und verkrampft ist, kann sein Fahrzeug nicht beherrschen. Es geht vielmehr darum, das Verkehrsgeschehen aufmerksam zu beobachten, kritische Situationen schon im Vorstadium zu erkennen und nach Lösungen zu suchen, falls aus dem möglichen Problem ein echtes wird.

Klingt das zu theoretisch? Ein Beispiel: Sie fahren an einem heißen Nachmittag kurz vor Geschäftsschluß auf einer belebten Hauptstraße durch einen Ort. Alle sind abgespannt und unkonzentriert – die Autofahrer in ihren aufgeheizten Blechgehäusen besonders. Rechts in der Ausfahrt eines Supermarkts eine Schlange wartender Autos. Der Wagen in vorderster Position blinkt links, der Fahrer aber guckt angespannt nach rechts und wartet auf eine Lücke im dichten Gegenverkehr. Wenn die Lücke kommt, müssen Sie darauf gefaßt sein, daß er einfach losfährt, ohne nochmal in Ihre Richtung zu sehen. Also lieber Gas weg, Finger an die Bremse und vielleicht kurz die Hupe antippen, bis Blickkontakt zustande kommt. Dann erst können Sie sicher sein, daß ein anderer Verkehrsteilnehmer Sie tatsächlich gesehen hat.

Fährt er trotzdem los, heißt es bremsen. Bis etwa 60 km/h ist bremsen sowieso die erste Wahl, denn der Bremsweg ist kaum länger als die Strecke, die ein Zweirad zum Ausweichen bräuchte. Und wenn Bremsen bei höherem Tempo nicht mehr reicht? Dann bleibt als letzte Fluchtmöglichkeit eine Lücke. Lücken sind zahlreich, aber nicht immer leicht zu treffen und gut einsehbar – in ihnen kann ein neues Risiko lauern. Doch wenn zum Beispiel auf einer Landstraße der Wagen vor ihnen unvermittelt bremst, bleibt links und rechts meist Platz für einen Roller, denn die Fahrbahn ist ein ganzes Stück breiter als das Auto, das darauf fährt. Um diesen Raum im Notfall nutzen zu können, sollte man sich angewöhnen, regelmäßig danach Ausschau zu halten: Wo könnte ich hin, wenn…? Da gibt es oft nicht nur die asphaltierte Straße, auch der Seitenstreifen kann sich anbieten. Ein Ausflug auf die Wiese tut weniger weh als der Kontakt mit einem Autoheck.

Von Nässe und anderen Schikanen

Regennasse Fahrbahnen sind der Schrecken vieler Zweiradfahrer. Richtig rutschig sind sie allerdings nur für kurze Zeit, bis der Regen Ölrückstände, Dreck und Gummiabrieb weggewaschen hat. Tückisch bleiben dagegen Kopfsteinpflaster, Fahrbahnmarkierungen und jede Art von nassem Metall – also Gullideckel, Straßenbahnschienen oder Dehnungsfugen auf Brücken. Sie überfährt man mit möglichst wenig Schräglage und in stumpfem Winkel, also auf dem kürzesten Weg. Gerade kleine und schmale Rollerräder lassen sich durch Straßenbahnschienen gehörig aus der Ruhe bringen. Bremsmanöver auf solchen Rutschfallen sollte man deshalb ganz vermeiden.

Ziemlich einfach ist es dagegen, einen Bordstein zu erklimmen. Denn sobald das Vorderrad mal oben ist, bleibt dem Rest des Rollers gar nichts anderes übrig, als nachzukommen. Dem Vorderrad fällt das Hinaufhüpfen leicht, wenn man im 90 Grad-Winkel langsam auf das Hindernis zufährt, kurz davor das Gewicht durch Ziehen am Lenker nach hinten verlagert und und mit einem kurzen Gasstoß nachhilft.

Vom Stürzen

So ein Unfug, denken Sie jetzt – wer will schon stürzen? »Jeder Sturz ist eine Schande«, schrieb der Motorradjournalist Ernst »Klacks« Leverkus schon vor Jahrzehnten. So recht Klacks auch hat: Niemand ist perfekt, und auch ein vernünftiger Fahrer kann stürzen. Vielleicht war bei Nässe oder Dunkelheit eine Ölspur nicht rechtzeitig zu erkennen, vielleicht mußte er heftiger ausweichen, als es die Reifenhaftung erlaubte.

So weit, so schlecht. Wenn es tatsächlich passiert, kann der Rollerfahrer nur noch eines tun: Schadensbegrenzung betreiben. Weil die schlimmsten Schäden die am eigenen Körper sind, hat es keinen Sinn, den Roller im Fallen noch festzuhalten und an den Lenker geklammert über die Straße zu schlittern. Dabei ruiniert man sich nicht nur die Handschuhe, sondern riskiert auch Quetschungen oder Schlimmeres. Und das nicht nur an den Händen, denn auch andere Roller-Teile können bei heftigem Kontakt ziemlich weh tun. Daraus folgt die Maxime: Weg vom Roller, ihn loslassen und sich abstoßen, und zwar bevor man den Boden erreicht.

Vermeiden sollte man, in Flugrichtung vor den Roller zu geraten. Denn Metall und Plastik rutschen besser auf Asphalt als Textilien oder Leder, und das heißt: Ein hinterherrutschender Roller holt seinen Fahrer ein. Nur der Vollständigkeit halber sei erwähnt, daß es sehr wohl eine Technik gibt, einen unvermeidlich erscheinenden Sturz kontrolliert einzuleiten – indem man scharf einlenkt wie zum Ausweichen und die Hinterradbremse voll zieht, bis der Roller unter einem wegrutscht. Allerdings braucht man dazu gute Nerven, und deshalb dürfte die Anwendung dieser Methode die große Ausnahme sein.

Vom Reisen

Um andere Länder und andere Menschen kennenzulernen, muß man reisen. Daß sich das im Rol-
lersattel wunderbar erledigen läßt, bedarf keines
Beweises, schließlich waren schon Generationen
von Rollerfahrern kreuz und quer durch Europa
und die ganze Welt unterwegs. Nicht alle von
ihnen haben es so eilig wie Renzo Faroppa, der
1951 mit seiner Vespa in einer 23stündigen Ge-
walttour 1100 Kilometer zurücklegte und dabei
16 Alpenpässe überquerte, was ihm einen Platz
im Guinness-Buch der Rekorde einbrachte. Und
die Vespa mit stählernen Schwimmkammern aus-
zurüsten, um mit ihr wie Georges Monneret im
Sommer 1952 den Ärmelkanal von Calais nach
Dover zu überqueren, ist offensichtlich ebenfalls
kein verbreiteter Wunsch. Eher selten auch trifft
man Rollerfahrer am Polarkreis. Immerhin – Giorgio Pertilia, Edoardo Palazzi und Soren Nielsen
waren 1963 schon mit ihren Vespas dort.

Wer heute mit dem Roller reist, tut das aus rei-
ner Genußsucht. Kein anderes Fahrzeug vermittelt das Erlebnis so leichter und unbeschwerter
Bewegung inmitten der Natur. Im Auto ist man
eingesperrt, und wenn man das Fenster öffnet,
zieht es. Auf dem Roller zieht es nicht, weil man
vernünftig angezogen ist. Ein Rollerfahrer kann
beinahe überall anhalten, klappt das Visier hoch
und ist mittendrin in der Szenerie. Im Gegensatz
zum Motorradfahrer läuft er in Sachen Tempo
außer Konkurrenz, was sogar Autofahrer meist
einsehen. Natürlich werden Rollerfahrer bei
Regen obenherum genauso naß wie ein Motorradfahrer, aber wer den Guß unter einem Dach
abgewartet hat, kann danach trockenen Fußes
weiterfahren.

Weil es auf einem Roller nicht aufs Tempo an-
kommt, sehen Roller-Reisende mehr. Radfahrer
könnten zwar noch mehr sehen, sind aber meist
in gebückter Haltung mit Treten und der mentalen
Vorbereitung auf die nächste Steigung beschäftigt. Am meisten sehen 50er-Fahrer – und das
öfter, als ihnen lieb ist, weil Straßen sich unversehens in Kraftfahrtstraßen verwandeln und die
50er zu Um- und Irrwegen zwingen. Denn ausge-
schildert sind diese Strecken natürlich nicht.
Wahrscheinlich steckt dahinter ein kreatives touri-
stisches Konzept, denn so lernen 50er-Fahrer
Land, Leute und Gewerbegebiete kennen.

**Vespen dürften die einzigen Insekten sein, die man am
Polarkreis trifft – und auch das nur höchst selten**

Wer mit einem 50er Roller reisen will, braucht
deshalb Zeit und gute Straßenkarten, auf denen
er eine Route abseits der Hauptverkehrswege zu-
sammenstellen kann. Dann macht's auch mit
einem 50er Spaß.

Unkomplizierter reist man mit 125 oder mehr
Kubik – vor allem zu zweit. Klassische Blech-Ves-
pen der PX-Reihe sind unter Roller-Touristen noch
immer beliebt, schon wegen des in ganz Europa
gut ausgebauten Servicenetzes. Mit Front- und
Heckgepäckträger können sie eine Menge
schleppen, und bequem sind sie auch. Anspruchsvollere greifen zu Helix, Hexagon oder
Majesty, aber im Prinzip taugt für die große
Fahrt jeder Roller, auf dem man einige Stunden
lang schmerzfrei sitzen kann.

Das prinzipielle Problem des Reisens mit
einem Zweirad ist das Gepäck, beim Roller kommen teilweise sehr kurze Reichweiten wegen der
kleinen Tanks dazu. Letzterem kann man mit

einem Reservekanister abhelfen, dessen Platzbedarf allerdings das Gepäckproblem verschärft. Dann, aber nicht nur dann gilt es weise Selbstbeschränkung zu üben, denn auch mit Rucksack, Helmfach und einer Gepäckrolle oder Satteltaschen bleibt der Stauraum notorisch knapp. Außerdem werden die Fahreigenschaften eines Rollers dadurch nicht besser.

Wie gesagt: Daß Roller für Urlaubsfahrten taugen, bedarf keiner Erklärung – auf jeder Autofähre trifft man ein paar hoch bepackte Roller. Das sieht manchmal abenteuerlich aus, und oft ist es das auch. Denn die Gewichtsverteilung beeinflußt das Fahrverhalten eines Zweirads viel stärker als das eines Autos.

So tief wie möglich und nicht zu weit hinten sollte man deshalb schwere Gegenstände wie Werkzeug oder Reservekanister auf dem Roller unterbringen. Der für die Gewichtsverteilung ideale Ort ist das Trittbrett, der zweitbeste das Helmfach. Viele Roller-Trittbretter bieten genug Platz für einen Kanister oder einen Packsack, die natürlich mit Spanngurten oder Gepäckhaken sicher vertäut werden müssen und keine Lufteinlässe blockieren dürfen. Ein Topcase bietet sich für schwere Lasten aus zwei Gründen nicht an: Erstens sind die meisten Roller-Gepäckträger nur auf fünf bis sechs Kilo Zuladung ausgelegt, und zweitens wird das Vorderrad eines von Natur aus hecklastigen Rollers dadurch weiter entlastet, was die Fahrstabilität verschlechtert und bei scharfem Anfahren zu einem schönen Wheelie führen kann. Besser bringt man im Topcase

Oben links: Mit dem Roller unterwegs zu sein heißt Muße zu haben. Roller-Reisende sehen mehr, und am meisten Spaß macht es mit Gleichgesinnten wie bei der Alpen-Tour des ACTION TEAM

Oben: Wenn die Schwalben im Herbst gen Süden ziehen, packt manch blechernen Vogel ebenfalls die Wanderlust. Von Stuttgart nach Südfrankreich waren diese beiden Exemplare vier Tage lang unterwegs

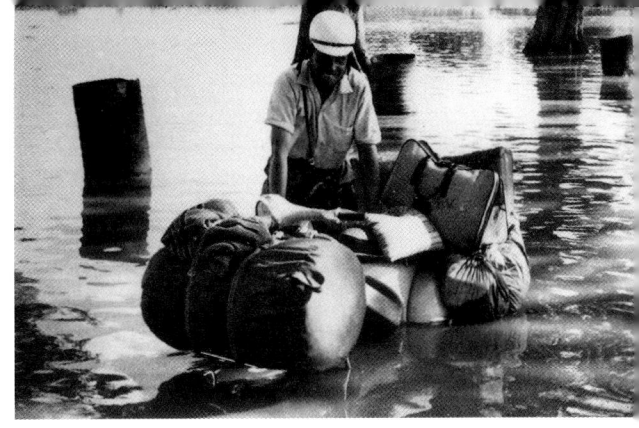

Dinge unter, die man unterwegs öfter braucht, aber trocken und unter Verschluß halten möchte.

Auch ein Gepäckträger vor dem Beinschild, wie es sie für die Vespa-Roller gibt, eignet sich nicht für schwere Lasten, denn diese beeinträchtigen die Lenkeigenschaften erheblich. Für kürzere Strecken und Einkäufe ist ein Rucksack geeigneter. Es geht viel hinein und die Fahrsicherheit leidet kaum, weil der Fahrer das Gewicht des Rucksacks so mit seinem Körper ausbalanciert, daß es über die Sitzbank auf den Roller wirkt. Auf längeren Strecken sind Satteltaschen eine nicht besonders elegante, aber praktische Lösung. Beim Passieren von engen Lücken muß man allerdings bedenken, daß der Roller dadurch einige Zentimeter breiter ist.

Wirklich wichtig an Gepäck ist nur, was man an Bekleidung zum Fahren (auch bei schlechtem Wetter) braucht, dazu Straßenkarten, etwas Werkzeug, eine Taschenlampe und ein Händlerverzeichnis oder eine Servicenummer.

Wer keine Lust hat, an jeder Kreuzung die Karte herauszukramen, schreibt sich ein Roadbook. Das ist in seiner simpelsten Form ein Zettel, auf dem man sich anhand der Karte nacheinander die größeren Orte notiert, durch die die geplante Route führt. Zusätzliche Hinweise auf Abzweigungen und Straßen-Numerierungen (»3,5 km nach Neustadt links auf B 8 Richtung Altdorf«) sind manchmal hilfreich. Der auf die Lenkerverkleidung geklebte Zettel erspart eine Menge Stopps.

Am sorglosesten und unterhaltsamsten ist freilich das Rollern in einer Gruppe. Deshalb organisieren Clubs Touren für ihre Mitglieder, deshalb gibt es auch professionelle Anbieter wie das ACTION TEAM (Adresse im Anhang). Hier übernehmen Profis Routenplanung und Hotelbuchung, qualifizierte Tourguides leiten die auf das Leistungsvermögen der Roller abgestimmten mehrtägigen Touren. Und falls mal ein Roller stehenbleibt, ist ein Transporter zu Stelle, um ihn und seine Besatzung abzuholen. Der Erfolg der seit 1995 angebotenen Touren zeigt, daß es zahlreiche dem Vereinsleben nicht so sehr zugeneigte Rollerfahrer genießen, einige Tage mit Gleichgesinnten unterwegs zu sein, ohne sich um Organisatorisches kümmern zu müssen. Etliche Teilnehmer buchen nach ihrer ersten Tour gleich die nächste.

Wir fassen zusammen: Fahren bei Nässe erfordert besondere Vorsicht. Wenn Überladung das Fahrverhalten zusätzlich beeinträchtigt, steigt man besser gleich ab

Vom Mieten

Nicht jeder kann oder will mit dem Roller lange Strecken zurücklegen. Doch für Ausflüge am Urlaubsort und zum Erkunden der Umgebung ist ein Roller trotzdem ideal. Wohnmobilisten können ihren eigenen Roller mitnehmen, Auto- oder Flugtouristen einen mieten. In den Ferienorten Südeuropas und auf Inseln stolpert man fast an jeder Ecke über Zweiradverleihe, auch in Deutschland werden es immer mehr. Wissen muß man, daß man auch im Ausland nur die Fahrzeuge fahren darf, die der deutsche Führerschein einschließt. Fast überall ist der Helm obligatorisch, ein guter Verleiher wird die Kopfbedeckung kostenlos zur Verfügung stellen. Auch Rückspiegel sollte der Roller haben. Vor der Unterschrift unter den Mietvertrag ist eine kurze Probefahrt unerläßlich. Bremsen, Licht, Reifen, Stoßdämpfer und Ölstand müssen stimmen, Mängel muß der Vermieter sofort beheben. Lassen Sie sich vom Vermieter erklären, was Sie unterschreiben – vor allem die Höhe der Versicherungssumme für die Haftpflicht – und nehmen Sie seine Telefonummer für den Notfall mit.

Einen Roller gleich für mehrere Tage zu mieten ist günstiger, und in der Nebensaison wird's nochmal billiger. So kostete beispielsweise ein im April 1996 auf Kreta für eine Woche gemieteter Piaggio TPH 80 nur 200 Mark einschließlich Haftpflicht- und Vollkaskoversicherung.

Einige im Ausland abweichende Bestimmungen gelten natürlich auch für Touristen – egal, ob sie mit ihrem eigenem oder einem Miet-Roller unterwegs sind. So darf auf 50ern in Italien und Spanien kein Sozius mitfahren, in den Niederlanden haben 50er an unbeschilderten Kreuzungen keine Vorfahrt, und in Österreich müssen Motorrad-, Roller- und Mokickfahrer einen Verbandskasten mitführen. Roller und Motorräder unter 150 cm^3 haben auf Italiens Autobahnen nichts zu suchen, außerdem gibt es in einigen Ländern spezielle Tempolimits für Zweiräder, die oft nach Hubraum gestaffelt sind.

Vom Verhalten als Verkehrshindernis

Eigentlich würde die Rolle, die der 50er-Fahrer als Verkehrshindernis bereits innerorts oft spielt, eine besondere Ausbildung erfordern. Denn hinter ihm, nicht vor ihm lauern die Gefahren. Mit 50 km/ läßt sich nicht mal innerorts überall mitschwimmen, denn auf halbwegs ausgebauten Straßen rollt der Verkehr dort meist mit 55 bis 60 km/h. Und natürlich haben Auto-, LKW- und Busfahrer auf Landstraßen erst recht keine Lust, hinter einem Roller herzujuckeln, dem noch dazu schon an leichten Steigungen die Puste ausgeht.

Die Ausbildung zum Verkehrshindernis gibt es nicht, aber als Notbehelf hat ein vorausschauender Mensch schon vor längerer Zeit den Rückspiegel erfunden. Er ist – neben ordentlichen Bremsen – das Allerwichtigste an einem 50er Roller und sollte unbedingt in zweifacher Ausführung vorhanden sein. Vor allem großgewachsene Rollerfahrer müssen sich schon beim Kauf vergewissern, daß sie in den Spiegeln nicht nur die eigenen Ärmel betrachten können. Hübsch geformte und aerodynamisch verkleidete Spiegel an viel zu kurzen Auslegern nützen gar nichts. Beim Spiegel-Test sollte man auch daran denken, daß eine gefütterte Jacke, wie man sie in der kalten Jahreszeit vielleicht trägt, voluminöser ausfällt als das sommerliche T-Shirt.

Sind die Ausleger zu kurz, gibt es zwei Möglichkeiten: Vom Händler gleich längere montieren lassen oder – etwa beim Gebrauchtkauf von privat – Spiegel mit passendem Gewinde aus dem Zubehörhandel verwenden. Auch wenn die nicht so pfiffig aussehen wie die Originale: Ohne gute Sicht nach hinten ist 50er-Fahren eine Art russisches Roulette. Niemand sollte sich darauf verlassen, daß ein gestreßter, unfähiger oder schlicht rücksichtsloser Autofahrer beim Vorbeifahren schon den nötigen Seitenabstand einhalten wird. Und noch weniger darf man erwarten, daß der zum Überholen ansetzende Autolenker auch den tiefliegenden Gullideckel registriert, dem man gleich ausweichen wird.

Sich nach hinten zu orientieren, ist für Rollerfahrer also lebenswichtig. Und was können 50er-Fahrer noch tun, um nachfolgende Auto- und LKW-Fahrer zum Einhalten eines ausreichenden Seitenabstands zu bringen? Ein Fahrlehrer schrieb zu diesem Thema vor einiger Zeit einen Leserbrief des Inhalts, man habe mit jedem motorisierten Zweirad gefälligst in der Fahrbahnmitte fahren. Danke für den Tip – auf einer Straße innerorts ist er auch richtig. Wer sich allerdings auf einer Bundesstraße dem von hinten heranbrandenden Verkehr so entgegenzustellen gedenkt, zieht irgendwann den Kürzeren.

Wenn man schon mit dem 50er außerorts unterwegs sein muß, dann in der Nähe des rechten Straßenrands. Das schützt allerdings auch nicht zuverlässig vor hirnlosen Autofahrern, die mit 120 km/h und einem halben Meter Seitenabstand vorbeirasen. Was Autofahrer deutlich vorsichtiger heran- und mit größerem Seitenabstand vorbeifahren läßt, ist – rechtzeitig eingesetzt – eine etwas unpräzise Spurhaltung des Rollerfahrers. Zehn oder zwanzig Zentimeter seitliches Schwanken lassen den auflaufenden Autofahrer aufmerksam werden und erinnern ihn daran, daß er sich einem prinzipiell instabilen Zweirad nähert. Mag er auch dem Rollerfahrer unterstellen, unaufmerksam oder angesäuselt zu sein – was zählt, ist der psychologisch richtige Schluß, den der Autolenker zieht: Daß er sich nämlich nicht darauf verlassen darf, daß der Rollerfahrer zentimetergenau geradeaus fahren wird.

Von der kleinen Freiheit

Zum Glück haben Zweiräder – und unter diesen vor allem Roller – die Möglichkeit, in »dichtem bis zähflüssigem« (wie es die Verkehrsmeldungen so schön formulieren) oder stehendem Verkehr besser voranzukommen als die vierrädrige Konkurrenz. In den meisten Ländern der Welt ist es gang und gäbe, daß Rollerfahrer diesen konzeptbedingten Vorteil ihres Fahrzeugs ausnutzen und sich an den Autokolonnen vorbeischlängeln. Neben den stehenden oder im Schrittempo dahinkriechenden Wagen ist so gut wie immer auch noch Platz für einen Roller. In Asien gibt es vor Ampeln sogar zwei Wartelinien: die hintere für Autos, die vordere für Zweiräder – denn die kommen bei Rot massenhaft nach vorn. Im Stau kennen Rollerfahrer in Japan oder Taiwan, in Frankreich oder Italien keine Hemmungen, sich fortzubewegen. Dazu ist ein Roller schließlich da – um bequem im Stau zu stehen, könnte man ja gleich das Auto nehmen.

In Deutschland ist die Sache wie üblich etwas komplizierter. Das Durchschlängeln gilt noch immer als verboten, obwohl es sich in den Ballungsräumen längst eingebürgert hat. Mit Verstand betrieben, ist es auch nicht gefährlich. Das hat mittlerweile dazu geführt, daß vernünftige Menschen, die es auch bei der Polizei gibt, die Zweiradfahrer in ihrem Schlängeltrieb gewähren lassen – zumindest solange sie es nicht zu toll treiben. Allerdings weiß der Rollerfahrer natürlich nie, wer in einem Polizeiwagen sitzt. Und auch unter Autofahrern gibt es Neidhammel, die den von ihnen verursachten Stau für eine allgemeine Pflichtveranstaltung halten. Diesen Leuten ist nicht bewußt, daß jeder Roller ein Auto weniger in der Schlange bedeutet. Wie auch immer – wenn es anderer Leute Bosheit will, läuft Durchschlängeln juristisch unter »verbotenes Überholen« und kostet von 60 Mark aufwärts.

Ähnlich liegt die Sache beim Abstellen von Rollern auf öffentlichen Gehwegen. Im Gegensatz zu Motorrädern werden auf dem Gehsteig geparkte Roller meist toleriert, wenn sie niemand behindern. Rechtlich gesehen, können aber auch hier 30 bis 50 Mark für verbotswidriges Parken fällig werden. Daß viele Kommunen trotz ihrer Finanznöte die Rollerfahrer gewähren lassen, mag mit der Einsicht zu tun haben, daß die wendigen Flitzer die städtische Verkehrssituation eher entlasten. Es wäre schließlich absurd, wenn jeder Roller einen kompletten Autoparkplatz in Anspruch nehmen müßte. Ein weiterer Grund für die kommunale Liberalität dürfte sein, daß Zweiradfahrer auf verschärfte Restriktionen beim Gehsteigparken schon des öfteren mit gezielten Parkplatz-Besetzungen reagiert haben.

Roller-Mode

Bekleidungstips für Rollerfahrer – ist das nicht ein Mißverständnis? Schließlich wurde der Roller auch deshalb erfunden und populär, weil er von seinem Benutzer – anders als das Motorrad – keine spezielle Bekleidung verlangt.

Im Prinzip stimmt das auch. Vom Helm abgesehen reicht zum Rollerfahren notfalls das, was man sowieso im Schrank hat. Notfalls – denn mit Sicherheit, Komfort und Strapazierfähigkeit von Alltagskleidung ist es beim Rollerfahren nicht weit her. Deshalb soll in diesem Kapitel erläutert werden, was an Bekleidung für Rollerfahrer notwendig und nützlich ist.

Notwendig ist zunächst ein Minimum an Sicherheit. Der Helm ist obligatorisch, und deshalb fangen wir mit ihm an.

Der Helm

Das Image des Rollerfahrens läßt sich mit den Attributen »leicht und unbeschwert« beschreiben. Dazu paßt natürlich so wenig Helm wie möglich. Viele Rollerfahrer wählen nach dieser Maxime einen Police-Helm, dessen Helmschale nur bis knapp über die Ohren reicht. Police-Helme gibt es ab 70 Mark, sie sind leicht und luftig, schränken die Sicht gar nicht und das Hören nur wenig ein. Mit einer solchen Kopfbedeckung ist zwar der Helmtragepflicht genügt, aber nennenswerten Schutz sollte man sich nicht davon versprechen. Augen, Gesicht und Kinn bleiben ungeschützt, der Helm kann sich leicht verdrehen, und mangels Visier ist man Insekten oder von anderen Fahrzeugen aufgewirbelten Steinchen schutzlos ausgesetzt. Die können schon bei 50 km/h nicht nur ekelhaft weh tun, sondern auch bleibenden Schaden anrichten, wenn sie das Auge treffen. Augenschutz gehört deshalb unbedingt dazu, und wenn es nur eine Sonnenbrille ist.

Das empfehlenswerte Minimum an Helm stellt auch für Rollerfahrer ein City-Helm oder Demi-Jet (ab 70 Mark), besser aber ein Jethelm mit Visier dar. Exemplare mit Druckknopfvisier sind billiger, die mit Klappvisier (ab etwa 150 Mark) aber viel praktischer. Während ein Demi-Jet oder City-Helm im Prinzip ein Police-Helm mit kurzem Visier ist, umschließt ein Jethelm seitlich den ganzen Kopf, und sein größeres Visier reicht bis zum Kinn. Dadurch sitzt er besser und bietet wesentlich mehr

Genügt der Helmtragepflicht, bietet aber wenig Schutz:
Ein Police-Helm wie der HJC FG-22
(Hein Gericke, 199Mark)

Optimale Sicherheit und guten Wetterschutz
gewährleisten Integralhelme (Bild: Takai MV 200,
für 159 bis 179 Mark bei Hein Gericke)

Schutz. Hören und Sicht sind zwar etwas stärker eingeschränkt als beim Demi-Jet, aber man ist immer noch nahe genug an der frischen Luft und braucht keine unidentifizierten Flugobjekte mehr zu fürchten. Je nach Konstruktion beginnt es unter einem Demi-Jet schon ab 20 km/h, unter einem Jethelm erst ab 80 bis 100 km/h zu ziehen, und oft wird es auch unangenehm laut. Deshalb sind für Fahrer schnellerer Roller (vom 125er aufwärts) nur Jethelme mit tief reichendem Visier zu empfehlen. Exzellent verarbeitet und ruhig, aber auch teuer sind zum Beispiel Shoei Jet Max und Arai SZ (rund 500 Mark).

Wer der Sicherheit Priorität einräumt, kommt am Integralhelm nicht vorbei. Wegen seiner geschlossenen Schale ist er wesentlich stabiler als ein Jethelm und schützt im Falle eines Falles auch die empfindliche Kieferpartie. Für den Integralhelm spricht ferner, daß er bei Regen oder Kälte den besten Komfort bietet. Leider hat er auch Nachteile: Die Lärmentwicklung ist sehr unterschiedlich, und wegen der schlechteren Belüftung kann es im Sommer unter einem Integralhelm ungemütlich heiß werden. Sehen und Hören sind stark eingeschränkt, und für Brillenträger bedeutet das Auf- und Absetzen eine lästige Fummelei. Für sie sind Klapphelme (ab 250 Mark) ein guter

Kompromiß – bei ihnen läßt sich das ganze Kinnteil samt Visier hochklappen. Ihre Nachteile gegenüber normalen Integralhelmen, von denen es eine kaum überschaubare Anzahl von Modellen (ab 100 Mark) gibt, sind höherer Preis und größeres Gewicht.

Egal für welchen Helmtyp man sich entscheidet – er muß passen. Einerseits darf er auf keinen Fall irgendwo drücken, denn was man beim Probieren im Geschäft vielleicht als ein bißchen eng empfindet, kann nach zwei Stunden mörderische Kopfschmerzen bedeuten. Deshalb sollte man den Helm wenigstens zehn Minuten lang tragen, besser noch eine halbe Stunde zur Probe fahren. Gute Helm-Shops bieten diese Möglichkeit.

Zu weit soll der Helm natürlich auch nicht sein. Denn ein Helm, den man beim Sturz verliert, nützt gar nichts. Wenn sich der Helm bei komfortabel eingestelltem Kinnriemen weder verdrehen noch nach vorne vom Kopf ziehen läßt, sitzt er richtig.

Ein bißchen Aufmerksamkeit sollte man auch Visier, Belüftung und Innenfutter widmen. Letzteres muß angenehm auf der Haut und zwecks Reinigung herausnehmbar sein. Das Visier sollte auch mit Handschuhen leicht zu öffnen, kratzfest und bei einem Integralhelm auch beschlagfrei sein, sonst werden Regenfahrten leicht zum Blindflug. Getönte Visiere sind bestenfalls überflüssig, solche mit starker Tönung absoluter Unfug. Denn sie schlucken viel zu viel von dem bißchen Licht, das die meisten Roller-Scheinwerfer hergeben. In einer regnerischen Nacht sieht man schon mit klarem Visier wenig genug. Eine starke Tönung führt unter solchen Bedingungen dazu, daß man mit offenem Visier fahren muß, um überhaupt etwas erkennen zu können. Da ist es schon besser, bei zu hellem Licht eine Sonnenbrille aufzusetzen.

Preisgünstige Helme bestehen meist aus Polycarbonat. Dagegen ist nichts einzuwenden, man muß aber wissen, daß dieses Material unter UV-Einstrahlung mit der Zeit verspödet. Deshalb sollte man Polycarbonat-Helme bei Nichtgebrauch in den Schrank stecken und nach fünf oder sechs Jahren ersetzen.

Handschuhe

Was tut der Mensch, wenn ihm die eigenen Schnürsenkel eine Falle gestellt haben? Bevor er zu Boden geht, streckt er die reflexartig die Arme aus, um den Sturz abzufangen. Und genau aus diesem Grund sind Handschuhe Bestandteil der Roller-Grundausstattung. Die Hände gehören beim unfreiwilligen Bodenkontakt nicht nur zu den gefährdetsten Körperpartien, sondern auch zu sensibelsten. Bei ihrer reichen Ausstattung an Nerven, Muskeln und Gelenken mag man sich gar nicht vorstellen, was durch Gewalteinwirkung alles kaputtgehen kann.

Weil die Hände bei einem Sturz zu den gefährdetsten Körperteilen gehören, sind Handschuhe ein Muß. Sie sind zum Glück nicht teuer (Bild: Buck-Handschuhe, Glattleder/Nubuk, Knöchelpolsterung, bei Hein Gericke für 49 Mark)

Handschuhe sind deshalb genauso wichtig wie der Helm. Ihre Wahl ist zum Glück weniger schwierig. Bei der Paßform muß man vor allem berücksichtigen, daß sie nicht zu eng sitzen und an der Handinnenfläche keine Falten bilden dürfen. Wie lang die Stulpen sein müssen, hängt von der benutzten Jacke ab. Am besten nimmt man sie zum Handschuhkauf mit – dann kann man bei gestreckten Armen gleich ausprobieren, ob der Ärmelabschluß bequem unter die Stulpen paßt.

Sommerhandschuhe für die warme Jahreszeit und ein gefüttertes Paar für kalte Tage sollte der Etat hergeben. Wasserdichte Handschuhe mit Goretex-Einlage oder einem vergleichbaren Material sind etwas Feines, aber mit rund 100 Mark nicht billig; wasserdichte Überzieher für zehn Mark tun es auch. Auch Goretex-Handschuhe dürfen keinesfalls zu eng sitzen, damit die empfindliche Membran beim An- und Ausziehen nicht beschädigt wird.

Ein bißchen Pflege verlängert die Lebensdauer von Handschuhen beträchtlich. Damit das Leder geschmeidig bleibt, soll man nasse Handschuhe nie auf die Heizung legen, sondern langsam trocknen lassen und anschließend gut mit Lederfett einfetten.

Nierengurt

Nierengurt oder nicht – das ist schon fast eine Glaubensfrage. Zur Sicherheit trägt er zwar nur wenig bei, und Roller oder Motorräder ohne richtige Hinterradfederung – zu ihrer Zeit als Nierensteinzertrümmerer apostrophiert – gibt es schon lange nicht mehr. Trotzdem spricht für den Nierengurt, daß er einen dagegen empfindlichen Bereich vor Zugluft schützt – und das um so mehr, je länger und je leichter bekleidet man fährt. Gerade wer sommerliche Roller-Touren im Hemd oder T-Shirt genießt (was unter Sicherheitsaspekten verwerflich ist, aber trotzdem Spaß macht), sollte auf einen Nierengurt nicht verzichten und wird es auch nicht, wenn er dieses Utensil erst einmal ausprobiert hat. Beim Kauf muß man darauf achten, daß der Gurt aus atmungsaktivem Material gefertigt ist. Denn ein Nierengurt, unter dem sich Schweiß ansammelt, bis das Hemd klatschnaß ist, stiftet mehr Schaden als Nutzen. Von Neoprengurten sollte man deshalb die Finger lassen – dieses Material ist gut für Taucher, aber nicht für Zweiradfahrer.

Jacke wie Hose

Ein Roller ist kein Motorrad. Deshalb wäre es ein bißchen zuviel verlangt, in kompletter Sicherheitskleidung, also einer Lederkombi und mit Motorradstiefeln, auf einen der kleinen Flitzer zu steigen. Andererseits tut runterfallen genauso weh, und Roller jenseits der 50er-Kategorie erreichen mitunter ganz respektable Geschwindigkeiten. Deshalb sollte man sich auch auf dem Roller einigermaßen sicher kleiden.

Die Qual der Wahl stellt sich ein, wenn es um die Jacke geht. Bei der Hose fällt die Wahl leichter – schützende Zweiradhosen sind erstens meist schwarz, und zweitens trägt man sie auf dem Roller nur, wenn es kühl oder naß ist. Doch für Jacke wie Hose gilt: Ihr Material sollte reiß- und abriebfest sein, also Leder oder kräftiges Textilgewebe. Wenn es außerdem wasserdicht ist – um so besser. Verstärkungen oder besser noch Protektoren an Ellenbogen, Schultern, Knien und Hüfte bedeuten schon einen ganz passablen Sicherheitsstandard.

Wer nicht bloß ein paar Kilometer in der Stadt fahren will, sollte darauf achten, daß Hals- und Ärmelabschlüsse der Jacke lang genug und winddicht sind. Bündchen an den Ärmeln rutschen schon beim Fahren hoch, bei einem Sturz erst recht. Und wenn es zum Kragen reinzieht, weil er sich nicht schließen läßt, nützt auch das schönste Innenfutter nichts. Außerdem muß die Jacke den Rücken auch im Sitzen noch abdecken. Hier sieht es bei vielen modischen Lederjacken düster aus – sie sind zum Rollerfahren schlicht ungeeignet.

Zum Glück ist das Angebot an Textiljacken in den letzten Jahren explosionsartig gewachsen. Sie bieten für Rollerfahrer oft den besten Kompromiß zwischen Preis, Funktion und Tragbarkeit. Am unteren Ende der Skala stehen leichte, gefütterte Nylonjacken. Sie lassen sich leicht verstauen und taugen als Windbreaker für kühle Sommerabende, sind aber nur kurzzeitig wasserdicht und bieten beim Sturz keinen Schutz. Ebenfalls aus Nylon, aber wasserdicht und mit Verstärkungen ausgestattet sind einfache Fahrerjacken ab 100 Mark. Eine solche Kombination gibt es beispielsweise bei Yamaha- und MBK-Händlern (SPORTIV Y 100, Jacke 179 Mark, Hose 99,50 Mark). Derartige Textilien bieten schon vernünftigen Schutz, sind aber bei warmem Wetter ziemlich schweißtreibend. An-

Atmungsaktive und wasserdichte Textiljacken eignen sich zum Rollerfahren am besten (Bild: Snake-Jacke mit herausnehmbarem Innenfutter, verstellbarer Taillierung und winddichtem Kragen, bei Polo für 199 Mark)

spruchsvollere Exemplare haben ein herausnehmbares Innenfutter.

Eine Klasse höher sind Jacken aus Funktionsmaterialien angesiedelt. In ihrem Inneren steckt Goretex, Aerotex, Helsapor oder eine andere Klima-Membran, die Schweiß in Form von Wasserdampf entweichen läßt, Wasser in flüssiger Form aber aussperrt. Solche Jacken gibt es ab 200 Mark, das Gros findet sich aber in Preislagen von 400 Mark aufwärts. Neben der Ausstattung, die mit zahlreichen Taschen und Verstellmöglichkeiten eher auf die Bedürfnisse von Motorradfahrern zugeschnitten ist, spielen Verarbeitung und Leistungsfähigkeit der Klimamembran eine wichtige Rolle. Goretex-Jacken gehören deshalb preislich und qualitativ zur Oberklasse. Das auf Reiß- und Abriebfestigkeit optimierte Außengewebe solcher Textilien wirkt deshalb oft ziemlich steif. Zum Rollerfahren braucht man so aufwendige Bekleidung eigentlich nicht.

Das trifft auf die Hose noch mehr zu. Auf dem Roller zieht man sie meist nur bei Kälte oder Regen über die Jeans, deshalb ist der Forderungskatalog kurz: Sie sollte sich klein zusammenlegen lassen, sie muß wasserdicht, sie kann gefüttert sein. Reißverschlüsse im Beinbereich sind praktischer als Druckknöpfe, die leicht ausreißen. Auf jeden Fall sollte sich der Beinbereich so weit öffnen lassen, daß man hineinschlüpfen kann, ohne vorher die Schuhe auszuziehen – sonst gibt's nasse Füße, wenn es gerade zu regnen angefangen hat.

Schuhe

Motorradstiefel braucht man zum Rollerfahren glücklicherweise nicht. Festes Schuhwerk sollte aber sein – vor allem der Knöchelbereich braucht Schutz. Den bieten Stiefeletten, Trekking-Schuhe oder Biker-Boots – je nach Geschmack. Notfalls tun es auch hohe Sportschuhe.

Regen- und Kälteschutz

Wer wasserdichte Jacke und Hose sein eigen nennt, ist bei Regen aus dem Gröbsten schon heraus. Für alle anderen gibt es Regenjacken und -hosen, preisgünstige Regenoveralls aus Nylon (ab 40 Mark) und Regenpelerinen. Letztere neigen zwar zum Flattern, reichen aber zumindest für 50er Roller auf kürzeren Strecken aus.

Eine wasserdichte Thermokombi löst Witterungsprobleme für Ganzjahresfahrer (Bild: Einsteiger-Thermokombi Steam, PVC-beschichtetes Nylon, bei Hein Gericke für 199 Mark)

Klassisch, aber nicht billig ist gewachste Baumwolle (als Mantel, Jacke oder Hose), typischerweise von Barbour. Vorteil: Das Material ist atmungsaktiv und ziemlich unverwüstlich. Nachteil: Wärme läßt das Wachs aus dem Gewebe austreten, Hände und darunter getragene Kleidung werden verschmiert. Für Hände und Füße gibt es preiswerte Regenüberzieher, die sich leicht im Handschuhfach verstauen lassen.

Kälte stellt etwas größere Anforderungen. Wer auch im Winter längere Strecken zurücklegen will, ist mit einem einteiligen Overall am besten beraten. Die Palette reicht von gefütterten Regenanzügen (ab 150 Mark) bis zu richtigen Thermo-Overalls (ab rund 300 Mark), in denen man schon einige Stunden bei Minusgraden aushält.

Nützlicher Kleinkram

Daß Augenschutz wichtig ist, wurde bereits gesagt. Wer partout ohne Visier fahren will, sollte sich deshalb eine Motorradbrille zulegen.

Vor allem in der kälteren Jahreszeit oder auf längeren Fahrten ist eine Sturmhaube mit langem

Gegen Regen helfen auch wasserdichte Jacken und Rollerponchos (Bild: SR Easy Going Rain-Coat, wasserdichte Jacke, zum Mantel verlängerbar, bei Polo für 79 Mark)

Halsteil sehr angenehm. Sie schützt nicht nur vor Zugluft, sondern senkt auch den Geräuschpegel. Außerdem nimmt sie Schweiß auf, und das Innenfutter des Helms bleibt länger sauber.

Ein unter Motorradfahrern populäres Mittel gegen gehörschädigende Windgeräusche sind Ohrenstöpsel aus Schaumgummi. Man bekommt sie in Drogerien und Geschäften für Arbeitsschutz-Artikel. Daß man dadurch zu wenig hört, ist ein Trugschluß – auch ohne Stöpsel nimmt man ja nur wahr, was lauter als die Windgeräusche ist. Zwar erreichen Roller keine extremen Geschwindigkeiten, doch hinter einer ungünstig konstruierten Scheibe können schon bei 80 oder 90 km/h Turbulenzen auftreten, die auf längeren Fahrten nerven.

Wer auch im Winter fährt, braucht außer einer Sturmhaube, dicken Handschuhen und warmer Kleidung auch einen ordentlichen Halsabschluß. Am besten sind Halskrausen aus Textil mit Fleece-Futter und Klettverschluß. Sie können allerdings einen guten, verstellbaren Halsabschluß an der Jacke nicht ersetzen. Der reicht in der warmen Jahreszeit aus. Ein zusätzliches getragenes Halstuch ist aber angenehm und kann, wenn es hoch genug reicht, einen Jet- oder Integralhelm nach unten hin abdichten. Das vermindert auch die Windgeräusche, die fast ausschließlich am unteren Helmrand entstehen.

Was man sonst noch braucht – oder auch nicht

Zu den unnötigen Anschaffungen gehört – zumindest für Roller mit Kunststoffkarosserie – eine Abdeckplane. Denn bis auf Auspuff und eventuell rostgefährdete Chrom-Accessoires wie einen Gepäckträger liegen die mechanischen Komponenten gut geschützt unter der Karosserie, und die kann nicht rosten. Eine Plane behindert schlimmstenfalls sogar die Luftzirkulation, die nötig ist, damit Schwitzwasser wegtrocknen kann.

Über Sinn und Unsinn einer Scheibe läßt sich streiten. Winddruck stellt auf dem Roller kein Problem dar, als Wetter- und Kälteschutz hilft sie im Brustbereich ein wenig. Weil man auch mit Scheibe bei Regen an den Schultern naß wird, kann sie eine wasserdichte Jacke aber nicht ersetzen. Bei Rollern ohne Handprotektoren hält eine tief genug reichende Scheibe immerhin die Hände trocken und warm. Ob sie Wind, Regen und Insekten vom Kopf des Fahrers abhält, hängt von dessen Statur und der Höhe der Scheibe ab. Meist klappt es nur bei etwas kürzer Gewachsenen, alle anderen bekommen dafür lästige Luftwirbel um die Ohren geblasen.

Auch das Lenkverhalten des Rollers ändert sich mit einer Scheibe. Das höhere Gewicht macht die Lenkung bei niedrigen Geschwindigkeiten ein wenig träger. Bei höherem Tempo kann die Scheibe stabilisierend wirken, weil sie eine ruhigere Umströmung schafft. Der Wind zerrt nicht mehr an den Ärmeln des Fahrers und bringt so auch keine Unruhe ins Vorderrad. Ein Yamaha XC 125 Beluga lief im MOTORRAD-Langstreckentest über 25 000 Kilometer, den er übrigens in sehr guter Verfassung überstand, mit Scheibe stabiler und rund 5 km/h schneller, was für verbesserte Aerodynamik spricht. Bei den meisten Rollern macht sich eine Scheibe allerdings bremsend bemerkbar.

In der DDR und in Frankreich sah und sieht man häufig Kniedecken an Rollern. Sie sind alles andere als elegant, ersetzen bei schlechtem Wetter allerdings eine Überhose und halten die Füße trocken. Eine warme Jacke braucht man trotzdem. Nützlicher und in manchen Gegenden auch zu empfehlen ist ein Diebstahlschutz. Viele Roller haben eine Öse unter dem Trittbrett, durch die man ein Ketten- oder Ringschloß fädeln kann. Damit läßt sich der Roller an einer Straßenlaterne oder dergleichen recht gut sichern. Man kann das Schloß natürlich auch durchs Rad ziehen (dafür eignet sich auch das Mini-Bügelschloß Swing von Abus für etwa 50 Mark) oder bei einem Roller mit Scheibenbremse ein Bremsscheibenschloß verwenden. Diese Schlösser brauchen wenig Platz und können Gelegenheitsdiebe abschrecken. Ebensowenig wie das Lenkschloß hindern sie aber Profis daran, den Roller in einen Transporter zu heben und wegzukarren.

Am einfachsten bekommt man Bekleidung und Zubehör bei dem Zweiradhändler, bei dem man auch den Roller gekauft hat – und vielleicht macht er auch einen Extra-Preis. Mehr Auswahl bieten meist spezielle Zubehör-Anbieter wie Detlev Louis, Hein Gericke, Polo oder Motoport. Sie geben Kataloge heraus (Adressen im Anhang), die größeren von ihnen betreiben auch Shops in zahlreichen Städten.

Roller für Einsteiger

Vom Gebrauchtkauf

Ob ein gebraucht angebotener Roller in gutem Zustand ist, läßt sich wesentlich einfacher überprüfen als bei einem Auto. Denn Korrosion kann nur an wenigen Stellen zum Problem werden – vor allem am Auspuff, weniger oft am Hauptständer und am Rahmen, bei Blech-Vespas auch am Trittbrett und in den Radläufen. Um diese Stellen von unten begutachten zu können, sollte man nicht gerade im feinsten Zwirn zur Besichtigung gehen. Einen Helm zur Probefahrt sollte man ebenfalls mitbringen.

Der äußere Zustand sagt mehr als der Tacho-Kilometerstand darüber aus, was der Roller schon hinter sich hat. Ein zerrissener Sitzbankbezug läßt auf reichliche Nutzung und häufiges Parken im Freien schließen, desgleichen angelaufene Instrumente oder mattes Plastik. Sichtbare Sturzschäden (zerbrochene Blinker, Schleifspuren oder Risse in der Verkleidung) können bei modernen Rollern teuer werden. Ersatz für eine kaputte Frontverkleidung kann für 100 bis 300 Mark zu haben sein, aber (zum Beispiel beim Honda Helix) auch über 700 Mark kosten. Dellen an einer Blech-Vespa kann man dagegen auch ausbeulen.

Auch ein verrotteter Auspuff wirkt sich preismindernd aus. Für ein Originalteil sind etwa 300 Mark fällig, mit Kat natürlich mehr. Ersatz aus dem Zubehörhandel kommt billiger, aber eine Betriebserlaubnis muß er haben. Gegen Flugrost hilft sandstrahlen, flammspritzen und lackieren. Wenn der Auspuff eines Zweitakters mit Ölkohle zugesetzt ist, muß meist ein neuer drauf, denn Ausbrennen wird kaum mehr praktiziert.

Ein Blick auf die Batterie sagt einiges über den Pflegezustand des ganzen Rollers. Blühende Korrosion an den Polen und zu niedriger Säurestand lassen auf einen sorglosen Besitzer schließen. Ein weiteres Indiz liefert die Prüfung von Bowdenzügen (Gasgriff, Bremshebel von Trommelbremsen) auf Leichtgängigkeit. Wenn die Einstellschrauben von Trommelbremsen schon am Ende ihres Gewindes sitzen, sind neue Beläge fällig; bei Scheibenbremsen erkennt man die Belagstärke an einer Verschleißanzeige auf den Belägen.

Bei dieser Gelegenheit lohnt auch ein Blick auf die Reifen. Wenn ein Schlappen sich der Mindest-Profiltiefe von 1,6 Millimetern nähert, ist er nichts mehr wert. Einfacher Test: Steckt man ein Markstück ins Profil, darf die Schrift am Rand gerade noch zu sehen sein. Runter müssen auch Pneus, die vom Alter spröde sind und rissige Flanken aufweisen. Um Korrosion am Rahmen oder Trittbrett zu entdecken, sollte ein Helfer den Roller kippen. Roststellen am Rahmen abzuschleifen und provisorisch zu überpinseln ist kein Problem, eine fachgerechte Lackierung ist aber teuer. Bei einer Blechkarosserie kann die Entrostung noch aufwendiger werden.

Beim Fahrwerk erfordern Schwingenlager und Lenkkopflager Aufmerksamkeit. Das Lager der Triebsatzschwinge kann man überprüfen, indem man das Hinterrad bei aufgebocktem Roller seitlich hin- und herbewegt. Wenn es mehr als einige Millimeter Spiel hat und dabei hörbar klackt, ist es ausgeschlagen. Etwas Spiel ist bei Rollern mit gummigelagerter Schwinge allerdings normal. Wichtiger noch ist die einwandfreie Funktion des Lenkkopflagers. Der Lenker muß – ebenfalls bei aufgebocktem Roller – frei und ohne als Rucke spürbare Widerstände drehbar sein, sonst ist das Lager definitiv Schrott. Wenn sich dagegen das Vorderrad in Fahrzeuglängsrichtung hin- und herbewegen läßt, hat das Lager Spiel und kann eventuell noch nachgestellt werden.

Nicht nachstellen kann man verschlissene Stoßdämpfer. Sie outen sich durch Nachschwingen des Rollers, wenn man ihn am Heck und am Lenker (abgebockt und bei gezogener Bremse natürlich) kräftig in die Federn drückt und dann losläßt.

Vor der Probefahrt sollte man auch noch sämtliche Schlösser ausprobieren, die Fahrgestellnummer mit der im Schein vergleichen und nachsehen, ob der Roller noch TÜV hat oder bei einem 50er das Versicherungskennzeichen noch gültig ist. Wenn man bei ausgeschalteter Zündung den Kickstarter sachte drückt, kann man in etwa feststellen, ob der Motor noch Kompression hat. Anspringen sollte er natürlich gleich, Gas annehmen auch, und die Kupplung sollte weich greifen. Ungewöhnliche Geräusche, rubbelnde Bremsen oder Vibrationen im Lenker sind keine guten Zeichen, Nachdieseln beim Abstellen deutet auf fette Ablagerungen im Brennraum hin.

Bei Vespas mit Schaltgetriebe kündigen unter Vollast herausspringenden Gänge ein verschlissenes Schaltkreuz an. Das Ersatzteil ist mit rund 30 Mark nicht teuer, aber für den Einbau nimmt die Werkstatt mindestens 350 Mark.

Verbastelte Exemplare erkennt man an vermurksten Schrauben und Gewinden, oft sind sie auch mit Tuningteilen "veredelt". Davon sollte man die Finger lassen – es sei denn, man ist selbst bastelsüchtig und möchte viel Geld investieren, bis die Gurke wieder läuft.

Von Grauimporten

Bei Rollern ist es wie bei Autos – sie sind in vielen europäischen Ländern billiger als in Deutschland. Da liegt die Idee nahe, auf die Schnelle ein paar Hunderter oder mehr zu sparen. Aber trotz EU-Harmonisierung lohnt sich Privatimport fast nie, weil man sich jede Menge Ärger bei der Zulassung einhandeln kann. Für den TÜV Südwest zum Beispiel sind privat importierte 50er Roller aus Italien überhaupt nicht mehr zulassungsfähig. »Wir haben festgestellt, daß 95 Prozent der für den italienischen Markt gebauten Mokick-Roller die europäische Abgasnorm ECE R 47 zum Teil bei weitem nicht erfüllen. Die notwendigen Umbauten wären für Privatleute wahnsinnig teuer, das kann 1500 Mark oder mehr kosten«, sagt dazu Matthias Gerst, Leiter der Fachgruppe »Internationale Gutachten« beim TÜV Südwest. »Hierfür die Datenblätter auszugeben, die den Kunden schließlich auch 270 Mark kosten, hat also keinen Sinn.«

Abgesehen davon sind 50er in Italien nur für eine Person zugelassen, haben keinen Kat und sollten – zumindest dem Gesetz nach – auf 45 km/h gedrosselt sein. Letzteres war zum Beispiel bei einem von der Toom-Kette angebotenen, aus Italien importierten Honda Bali 50 der Fall.

Außerdem weigern sich viele Werkstätten, Graue zu reparieren oder Teile dafür zu verkaufen. »Holen Sie Ihre Teile dort, wo Sie diesen Dreck gekauft haben«, bekam etwa der Besitzer eines grau importierten Piaggio NRG zu hören. Andere Händler nehmen Grauimporte nicht zur Inspektion an.

Die Werksgarantie eines aus einem anderen EU-Land importierten Fahrzeugs gilt zwar auch in Deutschland. Trotzdem kann es auch damit Probleme geben. Wer will schon erst mit der Werkstatt prozessieren, ehe er einen Termin für eine Garantiereparatur bekommt? Vor allem in der Saison ist die Ausrede »Keine Zeit, rufen Sie in drei Wochen nochmal an« schwer zu widerlegen, wenn der Werkstatthof voller Roller steht.

Anders sieht es aus, wenn der Verkäufer des Grauimports selbst eine Werkstatt samt ordentlichem Ersatzteillager betreibt. Dann bleibt als Problem allenfalls der Wiederverkauf. Dabei kann es nämlich sein, daß man das zuvor gesparte Geld wieder einbüßt.

Vom Roller aus dem Baumarkt

Bei Schnäppchen in Bau- und Verbrauchermärkten sind zwei Fragen wichtig: Taugt das Produkt etwas, und wie sieht es mit Service und Ersatzteilversorgung aus?

Die erste Frage ist meist zu beantworten, wenn man herausgefunden hat, welcher Roller sich hinter einem eventuellen Phantasienamen verbirgt – und zwar durch Nachschlagen im Testteil dieses Buchs. Sollte das Fahrzeug dort nicht zu finden sein, dann lassen zumindest einige Indizien auf mindere Qualität schließen. Sehen Sie sich den Lack an, probieren Sie die Schlösser aus – an ihnen wird gern gespart. Schon im Neuzustand fast wirkungslose Stoßdämpfer lassen für die Fahreigenschaften nichts Gutes erwarten. Und eine Telegabel ganz ohne hydraulische Dämpfung, an deren Enden die Vorderachse nicht in einer Muffe steckt, sondern einfach durch die zusammengequetschten Enden der Rohre geschoben ist, taugt vielleicht für ein Fahrrad, aber nicht für einen 50 km/h schnellen Roller. Und wenn die Federung schon beim Draufsetzen fast auf Block geht, sollte man ebenfalls vom Kauf Abstand nehmen.

Die Antwort auf die zweite Frage – die nach dem Service – erfordert schon beinahe kriminalistische Recherche. Der Verkäufer wird selbstverständlich versichern, daß mit dem Service mindestens bis ins nächste Jahrhundert alles paletti ist und daß der Roller außerdem sowieso nicht kaputtgeht. Wenn Sie nicht selbst ein begnadeter Schrauber oder Zweiradmechaniker sind, sollten Sie sich den vom Verkäufer genannten Service-Betrieb vor dem Kauf ansehen oder wenigstens dort anrufen; es gibt Fälle, in denen der Werkstattbetreiber von seinem Glück gar nichts wußte oder schon wieder aus dem Vertrag ausgestiegen war.

Eine andere Möglichkeit, wie sie etwa der Importeur des über Supermärkte vertriebenen Rex 50 nutzt, ist ein mobiler Service. Keine schlechte Idee, weil der Mechaniker ins Haus kommt – das erspart einem, den Roller zur Werkstatt zu bringen und später wieder abzuholen. Ein Nachteil ist, daß auch bei Mini-Reparaturen jedes Mal die Anfahrtpauschale zu berappen ist. Wer sich bei Kleinigkeiten selbst helfen kann, ist damit aber möglicherweise nicht schlecht bedient.

Was Verbrauchermärkte gar nicht bieten können, sind Zubehör, Rat bei kleineren Problemen oder die spätere Inzahlungnahme, wenn Sie auf ein anderes Modell umsteigen wollen. Denn ihr Interesse beschränkt sich aufs Verkaufen – aus den Augen, aus dem Sinn. Ein Fachhändler dagegen wird den Rollerfahrer auch über den Kauf hinaus als Kunden behalten wollen. Und das hat auf jeden Fall Vorteile, wenn man auf Dauer mit seinem Fahrzeug zufrieden sein will.

Vom Führerschein

Seit Ende Februar 1996 gibt die neue Leichtkraftradklasse. Mit dem Führerschein der Klasse 1b dürfen jetzt Leichtkrafträder und natürlich auch Roller mit bis zu 125 cm^3 und 15 PS (11kW) gefahren werden. Für 1b-Inhaber über 18 Jahre gibt es keine Beschränkung in der Höchstgeschwindigkeit. Das Gute an der neuen Regelung: Auch wer seinen Führerschein der Klasse zwei, drei oder vier vor dem 1.4.1980 gemacht hat, darf jetzt uneingeschränkt 125er bis 11 kW fahren. 16- und 17jährige müssen sich zunächst mit 80 km/h zufrieden geben. »Erhöhtes Unfallrisiko« ist das Argument, mit der dieser Altersgruppe eine »bauartbedingte Höchstgeschwindigkeit« verordnet wurde. Erst zum 18. Geburtstag darf

Wer darf was fahren?

Führerschein/Klasse	2,3,4	2,3,4	2,3,4	5	1b	1a	1
Ausgestellt	vor dem 1. Dez. 1954	vor dem 1. April 1980	nach dem 31. März 1980	vor dem 1. April 1980			
Hubraum/kW max.	250 cm^3/offen	125 cm^3/11kW (15 PS)	50 cm^3	50 cm^3	125 cm^3/11 kW (15 PS)	25 kW (Leergewicht mindestens 6,25 kg/kW)	kein Limit
bauartbedingte Höchstgeschwindigkeit*	keine	keine	50 km/h	50 km/h	80 km/h für 16- und 17jährige; keine ab 18 Jahren	keine	keine

* Die bauartbestimmte Höchstgeschwindigkeit steht in der Betriebserlaubnis, im Fahrzeugschein und im Fahrzeugbrief

dann der Fachmann von der Werkstatt – so will es die Vorschrift – die oder den 125er entdrosseln. Das und die Eintragung in die Fahrzeugpapiere reicht für freie Fahrt.

Neues gibt es auch beim Führerschein der Klasse vier: Fahrstunden und Führerscheinprüfungen dürfen jetzt auch auf Automatikrollern gemacht werden – ohne Einschränkungen in der Fahrerlaubnis.

Nicht alle Polizisten und Behördenmitarbeiter wissen, daß auch Westdeutsche mit dem Führerschein der Klassen 2, 3 und 4 die 60 km/h schnellen Mokicks und Roller aus der alten DDR fahren dürfen – die Simson-Schwalbe zum Beispiel. Denn die sind nach Auskunft des Vorsitzenden des baden-württembergischen Fahrlehrerverbands, Gebhard Heiler, rechtlich den auf 50 km/h beschränkten Mopeds und Mokicks gleichgestellt.

Vom Versichern

Bei Redaktionsschluß dieses Buches herrschte zum Thema *Versicherungstarife für die neue 125er Klasse* Tohuwabohu. Der Verband der Schadenversicherer (VDS) konnte seinen Mitgliedern keine Empfehlung geben, in welche Tarifschublade die frisch erstarkten 125er zu stopfen seien – in die für teure Leichtkrafträder oder für günstige, weil PS-schwache Motorräder. Auf diese Frage hatten viele Versicherungen Mitte 1996 auch viele Antworten. Einigkeit herrscht nur insoweit: Unterschieden wird einerseits, ob der Roller als Kraftrad mit Kfz-Brief und -Schein geführt wird, andererseits nach dem Alter des Fahrers. Unter 18 Jahre oder nicht, heißt hier die kritische Frage. Auf der Basis dieser Daten sollen zunächst die tatsächlichen Kosten ermittelt werden. Grundsätzlich aber kann jede Versicherung selbst entscheiden, wieviel sie wofür verlangt.

Fest steht, daß 16- und 17jährige Fahrer nahezu überall Prämien in Höhe der bisherigen 80er Tarife werden löhnen müssen, die in der Haftpflicht zwischen 300 und 400 Mark pro Jahr liegen. Klar ist auch, daß alte, bisher als Motorrad zugelassene 125er in der weitaus günstigeren Motorradklasse (bis 10 PS: 100 bis 150 Mark) bleiben. Aufpassen müssen die Halter neuer, ungedrosselter und in der Betriebserlaub-

nis als Leichtkrafträder definierter Roller, wenn sie 18 Jahre oder älter sind. Manche Versicherungen, etwa der HDI und die Vereinte, stufen auch diese tarifgünstig als Motorräder und nicht als Leichtkrafträder ein. Andere Anbieter sehen auch die offenen 125er als teure Leichtkrafträder an, wenn sie als solche zugelassen sind. Dann dürfen sie keinen Fahrzeugschein, sondern nur eine Betriebserlaubnis haben.

Auch beim Versicherungskennzeichen für Mofas und Mokick-Roller tut sich was: Wer über 25 Jahre alt ist, bekommt es bei der Garanta schon für 76 Mark im Jahr. Der Deutsche Ring bietet ein ebenso billiges Mopedschild für alle Altersgruppen über die Zeus-Direkt (Telefon 08102/232345) an.

Eine Zweitfahrzeug-Regelung für Motorroller bieten neben anderen die Garanta und die Vereinte an. Ist bei derselben Gesellschaft schon ein Fahrzeug versichert, kann der Roller als zweiter Vertrag gleich mit 70 Prozent eingestuft werden. Aber Achtung: Oft enthalten solche Verträge die sogenannte Alleinfahrerklausel. Sie sieht vor, daß nur der Versicherungsnehmer und eventuell noch dessen Ehepartner fahren darf. Verstößt man dagegen, kann billig schnell zu teuer werden.

Vom Einfahren

Was Alexander Spoerl 1955 in seinem auch heute noch lesenswerten Buch *Mit Motorrad und Roller auf Du* (Schrader-Verlag Stuttgart, Reprint 1995) zum Einfahren schrieb, trifft die Sache auch heute noch. »Das Einfahren ist keine technische, sondern eine seelische Angelegenheit... Wird daraus eine besonders gute Maschine, dann sagt der Fahrer von sich, daß er sie gut eingefahren habe. Beschwert er sich hingegen über die Maschine, dann sagt die Werkstatt, er habe sie falsch eingefahren. Wie man richtig einfährt, kommt darauf an, was man der Werkstatt dann erzählt. Sagt man, vorsichtig gefahren zu sein, dann hätte man lieber gleich aufdrehen sollen. Gesteht man, aufgedreht zu haben, dann erlischt sogar die Garantie...Wie man es macht, ist es verkehrt. Es sei denn, es ist gut gegangen. Aber dann liegt es nicht am Einfahren.«

Was beim Einfahren technisch passiert, sind zwei Dinge. Auf den ersten paar Kilometern entledigt sich der Motor der Bearbeitungsrückstände, die in Form von Graten oder feinen Partikeln eventuell noch vorhanden sind. Deshalb muß das Getriebeöl, bei Viertaktern auch das Motoröl bald gewechselt werden. Der Zweitakter bläst seinen Abrieb zum Auspuff hinaus. Das zweite ist, daß sich Lager, Kolbenringe und Zylinderbohrung, Ventile und Ventilsitze aneinander anpassen. Das bringt am Anfang etwas mehr Reibung an den Stellen, an denen es noch nicht paßt, und weniger Leistung, weil zum Beispiel die Kolbenringe noch nicht so perfekt abdichten wie später. Je flotter man einfährt, desto schneller kommt der Motor in Form. Zögerndes Einfahren ergibt allenfalls einen lahmen Motor.

Vor allem bei 50ern sind die Einfahrvorschriften (»Die ersten 1500 Kilometer nie Vollgas«) absurd. Die Motoren sind auf 65 bis 75 km/h ausgelegt und in Deutschland ziemlich zugestopft, Tempo 50 ist für sie gar nichts. Dauervollgas ab Kilometerstand Null sollte man nicht geben, aber mit 30 oder 40 Kilometern auf dem Tacho ist so ein Zweitakter dem Babyalter entwachsen, spätestens mit 200 Kilometern ist er eingefahren.

Etwas vorsichtiger sollte man mit großen Zweitaktern umgehen, vor allem wenn sie aus Ländern wie Indien kommen. Sie können schon mal klemmen. Bei japanischen Produkten ist diese Sorge unbegründet. Und bei Viertaktern dauert alles ein bißchen länger. Aber nach einigen hundert Kilometern ist auch ein Viertakter eingefahren. Wechselnde Betriebsbedingungen auf seinen ersten Kilometern tun jedem Motor gut, eine Mischung von Stadt- und Landstraßenverkehr zum Beispiel. Kaltstarts und Kurzstreckenbetrieb belasten einen jungen Motor stärker als einen alten – besser die ersten Kilometer als gemütliche kleine Tour mit gelegentlichen Pausen gestalten.

Vom Service

Wieviel Service braucht ein Roller eigentlich? Hersteller und Importeure beantworten diese Frage mit »So viel wie möglich«, was bedeutet, daß viele 50er alle 2000 Kilometer in die Werkstatt sollten.

Natürlich: Sicher ist sicher. Und wer von Zweiradtechnik rein gar keine Ahnung hat, sollte den

Wer selber schraubt, kann Geld sparen. Bis zum Ablauf der Garantiezeit sollte man den Inspektionsplan aber einhalten. Auch danach macht das Schrauben nicht immer Spaß

Rat des Herstellers beherzigen und seinen Roller wenigstens ab und zu – also mindestens einmal im Jahr – dem prüfenden Blick eines Fachmanns aussetzen. Die Erstinspektion ist in jedem Fall ein Muß – schon deshalb, weil bei dieser Gelegenheit schlecht angezogene Schrauben entdeckt werden können. Außerdem steht die Garantie auf dem Spiel.

Später sieht die Sache anders aus. Viertakter brauchen natürlich ihren regelmäßigen Ölwechsel, wenn der Motor keinen Schaden nehmen soll. Den kann man auch an der Tankstelle machen. Das Einstellen der Ventile ist schon schwieriger, aber nur selten nötig. Zweitaktern ist Service sowieso ziemlich schnuppe. Seit sie mit elektronischer Zündung ausgerüstet sind, wollen sie eigentlich nur mit Benzin und Öl versorgt sein, dann laufen sie auch. Und wenn sie mal nicht mehr laufen, liegt's an der Zündkerze, öfter noch am Kerzenstecker, oder es ist Dreck im Vergaser. Wer ein bißchen schrauben kann, kriegt das selbst hin.

Der Motor eines Rollers – vor allem eines 50ers – ist also kein sehr wartungsintensives Bauteil, das ständige Werkstattbesuche rechtfertigt. Wer genug Zweiradverstand hat, um abgenutzte Bremsbeläge oder lockere Lager zu diagnostizieren und den Luftfilter selbst zu reinigen, darf sich nach Ablauf der Garantiezeit die eine oder andere Inspektion schenken. Ganz sollte man auf die Fachwerkstatt dennoch nicht verzichten, denn hin und wieder muß auch das Getriebeöl (bei Automatikrollern das im Endantrieb) gewechselt werden. Es gibt auch technische Probleme, die die Hersteller nicht an die große Glocke hängen, sondern in aller Stille bei Service-Terminen beseitigen lassen. Piaggio etwa ließ beim neuen Viertakt-Sfera wegen dessen bekannten Startschwierigkeiten ein dickeres Anlasserkabel einbauen; beim SKR 125 wurde eine Mutter auf der Kupplungsglocke, die sich gern lockerte, ersetzt und mit Loctite gesichert. Wer nicht zum Service kommt, behält die Probleme.

Teil 5
Roller-Legenden

So fing es an:
Roller-Vorläufer

Jedes Kind weiß, was ein Roller ist. Zwei kleine Räder, ein Trittbrett dazwischen – so ähnlich sahen auch die ersten motorisierten Roller aus, die von Bastlern schon um die Jahrhundertwende in den USA zusammengeschraubt wurden. Diese Ur-Roller und ihre Erfinder sind heute vergessen. Dagegen ist über den ersten europäischen Roller-Vorläufer, das 1902 von dem Franzosen M. Gautier konstruierte Autofauteuil, einiges mehr bekannt. Sein 350 Kubik-Viertakter war unter dem bequemen Sattel eingebaut, eine Schaltung gab es nicht, wohl aber eine Trittbrettheizung durch den darunterliegenden Auspuff. Ab 1915 entstand in den USA eine Reihe von Rollern: Der Scooter von Briggs und Stratton in Milwaukee gab der ganzen Fahrzeug-

gattung den Namen, nur im deutschsprachigen Raum heißen Scooter Roller. Das von 1916 bis 1921 produzierte Autoped war so erfolgreich, daß Krupp in Essen neben anderen europäischen Herstellern eine Fertigungslizenz erwarb.

Technisch waren diese Vehikel äußerst simpel. Federung, Gangschaltung oder gar eine Verkleidung gab es nicht, gefahren wurden sie oft im Stehen. Fachleute gaben dem Roller zwar durchaus Chancen, doch der erhoffte Erfolg stellte sich nicht ein. Motorfahrzeuge waren ein Spielzeug für technisch Interessierte, und die griffen lieber gleich zum Motorrad. Daran konnten auch der für seine Zeit technisch revolutionäre englische Unibus mit Blechkarosserie, Zweiganggetriebe und anspruchsvollem Fahrwerk (Telegabel und

Das erste Zweirad mit Roller-Merkmalen wie Trittbrettern, kleinen Rädern und dem Motor unter dem Sitz war das französische Autofauteuil von 1902

Oben: Mit dem komfortablen Lomos-Sesselrad stellte DKW 1922 den ersten Roller-Vorläufer mit (manuell verstellbarem) stufenlosem Getriebe vor. Rund 2000 Stück wurden verkauft – zu wenig für den erfolgreichen Motorradhersteller

Oben rechts: Den vom amerikanischen Autoped abgeleiteten Krupp-Roller trieb ein Viertaktmotor an. Drückte man den Lenker des »Kruppstahl-Klappstuhls« nach vorn, so griff die Kupplung; zog man ihn heran, so trat die Bremse in Aktion

Parallelogramm-Aufhängung des Hinterrads) und das komfortable, ab 1922 angebotene Lomos-Sesselrad von DKW mit Federung und von Hand zu verstellendem, stufenlosem Riemengetriebe nichts ändern.

Erst als die Weltwirtschaftskrise in den 30er Jahren für Ebbe in den Kassen der Privathaushalte sorgte, griffen Amerikaner das Thema Roller wieder auf. E. Foster Salsbury begann 1936 erfolgreich mit der Produktion des 30 Kilo leichten Motor Glide, der zunächst wie seine Vorläufer ohne Schaltung und Verkleidung auskommen mußte. Mit dem 1938er Modell jedoch zettelte Salsbury eine technische Revolution an – es war nicht nur der erste Roller, sondern das erste Zweirad überhaupt mit Automatikgetriebe (self-shifting transmission). Wie bei modernen Rollern lief ein Keilriemen über Scheibenräder mit kegelförmigen Naben, auf denen er sich stufenlos verschieben konnte; das Kuppeln erledigte eine Fliehkraft-

kupplung. Heute ist diese Technik Roller-Standard. Salsbury suchte auch in Europa nach Lizenznehmern, doch in der Alten Welt interessierte sich noch niemand für Scooter. In den USA dagegen folgten zahlreiche weitere Roller-Fabrikate wie Cushman, Crocker und sogar Rock-Ola, sonst bekannt für Juke-Boxen. Mit Slogans wie »Billiger als Schuhsohlen-Leder« stellte die Werbung das ökonomische Motiv in den Vordergrund.

Das änderte sich mit dem 1946 vorgestellten Salsbury Model 85 Super-Scooter, einem Markstein in der Entwicklung des Rollers. Salsbury hatte während des Krieges einen Windkanal entworfen, und der mit einer aerodynamischen Karosserie verkleidete Super-Scooter profitierte davon. Schon das Standardmodell zeigte eine tropfenförmige Nase, die DeLuxe-Version hatte eine große Frontverkleidung mit anmontierter Scheibe. Im Heck hinter dem lederbezogenen

Oben: Legitimer Urahn heutiger Sofa-Roller wie des Honda Helix war der Salsbury Model 85 Super-Scooter von 1946 (links das DeLuxe-Modell mit Scheibe und hoher Verkleidung). Als Antrieb diente ein sechs PS starker Viertakt-Einzylinder
Oben links: Mit dem Crocker Scootabout hielt 1939 das Design Einzug in die Roller-Welt. Mit seiner tropfenförmigen Verkleidung sah der Scootabout richtig elegant aus. Dennoch sollen weniger als 100 Stück gebaut worden sein – für Sammler eine absolute Rarität

Fahrersitz gab es einen Gepäckraum und Platz für ein Reserverad, darunter war der 6 PS starke Viertakt-Einzylinder nach hinten geneigt eingebaut und trieb das Hinterrad über eine Kette an. Natürlich hatte auch der Super-Scooter ein Automatikgetriebe, zum Gasgeben und Bremsen gab es zwei Pedale – sie hießen einfach »Stop« und »Go«. Die anspruchsvolle Vorderradfederung des Model 85 mit zwei übereinanderliegenden Schraubenfedern unterschiedlicher Kennung sucht bei Rollern bis heute ihresgleichen. Daß der futuristische Super-Scooter nur zwei Jahre lang in kleinen Stückzahlen gebaut wurde, wirkt aus heutiger Sicht erstaunlich und macht ihn zum begehrten Sammlerstück. Einzige Erklärung: Er war seiner Zeit viel zu weit voraus. Denn die simpleren Modelle von Amerikas größtem Rollerhersteller Cushman verkauften sich weiterhin gut und wurden erst Ende der 50er Jahre von den eleganteren und technisch überlegenen europäischen Import-Rollern verdrängt. 1961 war es dann soweit: Cushman stellte die Fertigung ein und wurde Vespa-Generalimporteur für die Vereinigten Staaten.

Vespa und die europäischen Nachkriegsroller

Hatten amerikanische Hersteller wie Salsbury bereits die grundlegenden Eigenschaften und technischen Merkmale von Rollern definiert – kleine Räder, freien Durchstieg und den unter einer Verkleidung nahe dem Hinterrad sitzenden Motor, ja sogar Automatikgetriebe -, so begann der weltweite Siegeszug des Rollers doch nicht in den USA. Die reichste Nation der Erde fand Autofahren viel angenehmer.

Im Kontrast dazu die Situation im Europa nach 1945. Vor allem in Deutschland und Italien lagen die Fabriken in Trümmern, die Infrastruktur war weitgehend zerstört. An die Anschaffung eines Autos wagten die meisten Menschen nicht zu denken, vom Fleck kommen wollten und mußten sie dennoch. Das milde Klima Italiens kam dem Prinzip zweirädriger Fortbewegung natürlich entgegen, und während die Bomber von den deutschen Großstädten nicht viel übriggelassen hatten, waren die italienischen Städte mit ihren engen und für den Autoverkehr kaum geeigneten Gassen erhalten geblieben – wie sich bald herausstellen sollte ein ideales Roller-Biotop. War der Wunsch nach einem erschwinglichen Verkehrsmittel auch vorhanden, so bedurfte es doch noch einer überzeugenden Alternative zu den kleinen Motorrädern der 98 Kubik-Kategorie, die es damals längst gab. Diese Alternative in eine Form gebracht zu haben, die von Anfang an überzeugte, das ist das Verdienst Enrico Piaggios und seines Chefingenieurs Corradino d'Ascanio.

Mit einem Betrieb für Schiffsausrüstungen in Sestri Ponente bei Genua hatte Enricos Vater Rinaldo Piaggio 1884 den Grundstein für den heute größten Zweiradproduzenten Europas gelegt. Den Schiffsausrüstungen folgten einige Jahre später Eisenbahnwaggons und Straßenbahnen, doch schon 1915 begann Piaggio in Finale Ligure zunächst mit Reparaturen, dann mit dem Bau von Flugzeugen, Flugbooten und U-Boot-Jägern.

Durch die Rüstungsproduktion war Piaggio im Zweiten Weltkrieg zu einem Großunternehmen mit über 14 000 Beschäftigten angewachsen. 1945 standen sie alle vor dem Nichts: Die Produktionsanlagen in Pontedera waren völlig zerstört, nur wenige rechtzeitig ausgelagerte Teile des Werks hatten den Krieg überstanden. Und die Herstellung von Flugzeugen war durch die Alliierten verboten. Enrico Piaggio, der die Firma nach dem Tod seines Vaters 1938 übernommen hatte, befand sich also in keiner beneidenswerten Situation. »Wir müssen Tausenden Arbeit beschaffen«, sagte er bei der ersten großen Mitarbeiter-Versammlung im Oktober 1945. »Aber fast alles, was wir bisher produziert haben, dürfen wir jetzt nicht mehr herstellen. Was wir brauchen, sind neue Ideen!« Es mußte ein Produkt gefunden werden, das sich verkaufen ließ und so dem Unternehmen eine Zukunftsperspektive eröffnete.

Vespa – das Konzept

Schon vor Kriegsende hatte Enrico Piaggio den Ingenieur Renzo Spolti beauftragt, ein Fahrzeug zu entwerfen, das viel billiger als ein Kleinwagen wie der Fiat Topolino sein sollte. Enrico Piaggio kannte den kleinen, von Fallschirmtruppen verwendeten Roller des Turiner Ingenieurs Vittorio Belmondo und den Welbike-Roller der alliierten Luftlandetruppen. Zweifellos schwebte ihm ein derartiges Fahrzeug vor: einfach aufgebaut, leicht zu fahren, leicht zu bedienen und zu warten. Außerdem sollte es mehr Schutz bieten als ein Motorrad. Dadurch waren schon einige

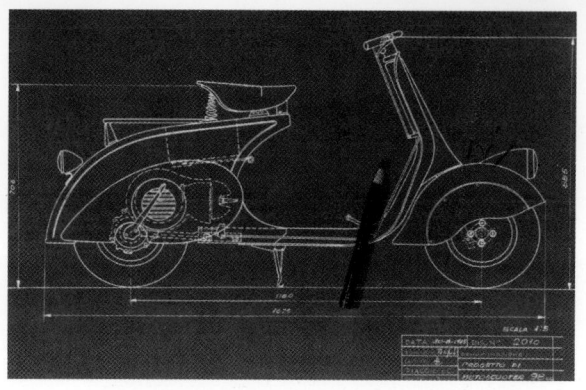

Corradino d'Ascanios Vespa-Entwurf V.98 von 1945 stellte mit seiner eleganten, selbsttragenden Karosserie auch Enrico Piaggio zufrieden, der mit »si« sein handschriftliches Plazet gab

Merkmale festgelegt: kleine Räder, eine Verkleidung und möglichst wenig wartungsintensive Komponenten.

Das Ergebnis, der aus vorhandenen Teilen aufgebaute Prototyp MP 5, gefiel Enrico Piaggio jedoch nicht. Statt eines freien Durchstiegs machte sich auf dem Fahrzeugboden der tragende Mitteltunnel breit, unter dem der Motor saß. Das ganze Fahrzeug wirkte so elegant wie ein gestrandeter Wal. Die Arbeiter vergackeierten das Ding als »Paperino« – der italienische Begriff für Donald Duck. »Der Paperino war lächerlich«, räumte Piaggio ein, »wir mußten noch einmal von vorn beginnen.«

Der Auftrag ging an Corradino d'Ascanio. Der hatte für Motorräder und ihre Technik nicht viel übrig, er hielt sie für unbequem und zu kompliziert. Der anfällige und pflegebedürftige Antrieb über eine Kette, die durch große Räder bedingte hohe Sitzposition und das wenig elegante Auf- und Absteigen gefielen ihm nicht. Von Straßendreck verschmutzte Kleidung, das Schalten mit der damals noch üblichen Tankschaltung oder einem Fußhebel sowie der mühselige Radausbau bei den häufigen Reifenpannen waren ihm gleichfalls ein Dorn im Auge. D'Ascanio ging die Sache aus ganz neuem Blickwinkel an, und das nach nur drei Monaten präsentierte Ergebnis seiner Überlegungen hatte mit dem Paperino nicht mehr viel gemein. »Für einige fundamentale Lösungen bei der Vespa ließ ich mich von Konzeptionen aus der Luftfahrttechnik inspi-

rieren, die mir vertraut sind, zum Beispiel bei der einarmigen Aufhängung der Räder, wodurch ein schneller Austausch möglich ist«, berichtete d'Ascanio. »Und was den Rahmen angeht, habe ich die modernste Auto-Konzeption verwendet, weil die Stahlblech-Karosserie zugleich den Rahmen abgibt und in ihrer speziellen Konfiguration noch stabiler ist als das alte System des Rohrrahmens.«

Vor der Vespa waren Roller im Prinzip nicht anders konstruiert als Fahr- und Motorräder. Tragendes Element war ein aus Stahlrohren geschweißter Rahmen, der allen anderen Komponenten Halt gab – bei Rollern bildete dieser Rahmen allerdings keine Schleife wie bei Motorrädern, sondern mußte wegen des freien Durchstiegs die nach oben offene Form eines U (ähnlich dem Rahmen eines Damenfahrrads) annehmen. Rohrrahmen sind zwar leicht, mit relativ einfachen technischen Mitteln zu fertigen und einfach zu verändern, um etwa Verbesserungen einfließen oder ein ganz neues Modell entstehen zu lassen. Zudem bleiben die mechanischen Komponenten wie Motor und Getriebe gut zugänglich. Andererseits ist der rollertypische U-Rahmen nicht so stabil wie ein Schleifenrahmen.

Roller können wegen ihrer Karosserie außerdem nicht von allen Vorzügen des Rohrrahmens profitieren. Ihre Verkleidung erhöht das Gewicht, und mit der Zugänglichkeit der Technik ist es auch nicht mehr so weit her. Deshalb war es eine geniale Konstrukteursidee, der von einem Roller sowieso erwarteten Verkleidung eine zusätzliche Aufgabe zu geben – als selbsttragende Karosserie. So konnte d'Ascanio auf den Rohrrahmen verzichten und erreichte zugleich außerordentliche Stabilität.

Zwei Nachteile selbsttragender Karosserien fielen 1945 noch nicht ins Gewicht: Zum einen bietet Blech den Designern wesentlich weniger Gestaltungsspielraum als Kunststoff (was damals noch keine Rolle spielte); zum anderen sind Änderungen der Karosserie wegen der teuren Preßwerkzeuge aufwendig und wollen gut überlegt sein. 1945 war die »geplante Veraltung« von Produkten durch regelmäßige Facelifts jedoch so ziemlich das letzte, über das sich ein Hersteller den Kopf zerbrechen mußte. Und als in den fünfziger Jahren Roller-Hersteller wie die Pilze aus dem Boden schossen, spielten im sich verschärfenden Konkurrenzkampf vor allem Hubraum und Leistung, bessere Fahrwerke, dichtes Service-Netz und der Preis eine Rolle. Anders als heute fanden die Verbesserungen vor allem unter dem Blech statt.

Daß gerade Piaggio-Konstrukteur d'Ascanio auf die schlaue Idee mit der selbsttragenden Karosserie kam, ist kein Zufall. Hinreichend große Blechpressen und Leute, die damit umgehen konnten, besaß Piaggio als Flugzeughersteller. Doch auch andere Konstruktionsdetails beweisen die Originalität d'Ascanios: Die einseitige Aufhängung der zunächst nur acht Zoll großen Räder (sie stammten aus dem Vorrat an Spornreifen für die Flugzeugproduktion) machte den Radwechsel zum Kinderspiel, ihre kleine Dimension ermöglichte sogar die Unterbringung eines Reserverads. Den aus dem Anlaßaggregat eines Flugzeugs entwickelten 98-Kubik-Zweitakter baute d'Ascanio nicht vor oder über, sondern rechts neben dem Hinterrad ein. Das sparte Bauteile, Platz und Gewicht, denn ein Sekundärantrieb per Kette oder Kardanwelle wurde überflüssig. Der zunächst gummigelagerte, ab 1949 mit einer Schraubenfeder beweglich gelagerte Motor übernahm zugleich die Aufgabe der hinteren Schwinge und trieb das Rad über das Getriebe direkt an. Für die Fahreigenschaften ist diese Motorposition natürlich kein Vorteil. Jede Vespa ist rechts- und zugleich hecklastig, was ihren Fahrer zu vorsichtigem Umgang mit der Kupplung und zu einer typischen Haltung zwingt. Um ein Gegengewicht zum Motor zu schaffen, sitzen Vespa-Piloten nie kerzengerade auf dem Roller. Entweder neigen sie sich selbst etwas nach links, oder sie kippen den Roller unter sich in diese Richtung. Deshalb und wegen ihrer kleinen Räder wurde die Vespa von Motorradfahrern, Fachleuten und natürlich von der Motorräder produzierenden Konkurrenz von Anfang an als fahrunsichere Fehlkonstruktion kritisiert. Der Conte Parodi etwa, damals noch Besitzer von Moto Guzzi, lehnte den ihm von Enrico Piaggio angebotenen Vertrieb der Vespa entschieden ab, weil er sie für einen Flop hielt. Piaggio ließ sich von der Kritik nicht beirren, die gewöhnungsbedürftigen Fahreigenschaften taten dem Erfolg keinen Abbruch, zumal die Vespa vor allem für niedrige Geschwindigkeiten und kurze Distanzen gedacht war. An ihre typische Fahrdynamik konnte man sich durchaus gewöhnen und mit ihr sogar Weltreisen und Rallyes, Rennen und Rekordfahrten erfolgreich bestreiten.

Vespa – das Design

Nicht nur d'Ascanios technisches Genie, sondern auch die glückliche Hand des Zeichners Mario d'Este trug dazu bei, daß die Vespa ausgezeichnet ankam. Die runden Formen der V.98, die im Frühjahr 1946 in Zeitschriften und auf Ausstellungen erstmals gezeigt wurde, rissen Leser und Besucher zu Begeisterungsstürmen hin. Hier war alles aus einem Guß, kein Wunder, daß die Vespa als Beispiel für gelungenes Design im New Yorker Museum of Modern Art steht. Mehr noch als ihre Technik dürfte ihre Form dazu beigetragen haben, daß die Vespa nicht nur ein Roller, sondern heute mehr denn je ein Lifestyle-Attribut ist und immer noch produziert wird.

Der erste italienische Roller nach 1945 war die Vespa allerdings nicht, und vielleicht war sogar ihr Design nicht ganz ohne Vorbild. Denn kurz vor der Vespa kam 1946 der Nibbio von Gianca in Monza auf den Markt, und auch er wies eine Wespentaille auf. Technisch war er im Vergleich zur Vespa mit seinem Rohrrahmen, einem 2 PS starken 98-Kubik-Zweitakter, fußgeschaltetem Zweiganggetriebe und Telegabel nicht revolutionär, großer Erfolg blieb ihm versagt.

Gegenüber den Prototypen wies die erste Serien-Vespa, die ab 1946 gebaute V.98, eine Gebläsekühlung auf. Sie hatte 3,2 PS, drei Gänge und war rund 60 Kilogramm leicht

Vespa – der Erfolg

Machen wir's kurz: Die Vespa schlug geradezu unglaublich ein. Verließen 1946 gerade mal 2484 Roller das Werk, waren es 1947 schon 10 535 Stück und im Jahr darauf knapp 20 000. 1952 wurden 131 000, 1956 über 220 000 Fahrzeuge produziert – fast hundertmal so viele wie zehn Jahre zuvor. 1956 lief auch die millionste Vespa vom Band, 1960 war die zweite Million voll, zehn Jahre später die vierte. Die Vespa wurde zum erfolgreichsten Roller aller Zeiten. Auf 15 Millionen in aller Welt produzierte

Die Vespa sollte zu allererst Transportbedürfnisse befriedigen. An diesem Ziel orientierte sich zunächst auch die Werbung: »Vespizzatevi«, vespisiert euch – denn mit der Vespa kommt man morgens schneller zur Arbeit

»Sag Nero, er kann seinen Sechsspänner behalten«: Piaggio erkannte schnell, daß sich Prominente aus der Film- und Musikbranche (im Bild Charlton Heston bei den Dreharbeiten zu »Ben Hur«) bestens für die Imagepflege eigneten

Es war nicht allein das Produkt Vespa, das den kommerziellen Durchbruch ermöglichte. Enrico Piaggio war von Anfang an klar, daß Vertrieb und Service, Kundenzufriedenheit, Image und Markenbindung ganz oben auf der Prioritätenliste stehen mußten. Deshalb wurde das Vertriebs- und Servicenetz rasch ausgebaut, schon 1953 gab es weltweit mehr als 10 000 Service-Stationen. Vespa-Lizenznehmer gab es zunächst in Europa, aber bald in aller Welt: Ab 1950 wurde die Vespa in Deutschland produziert, 1951 nahmen die französische ACMA und die britischen Douglas-Motorradwerke die Vespa-Fertigung auf, 1953 das bis heute existierende spanische Vespa-Werk. Belgien, Brasilien und Indien folgten. Innerhalb weniger Jahre wurde die Vespa in 13 Ländern produziert und in 114 Ländern vertrieben – sogar in Australien, Südafrika und China. Kopiert wurde sie ebenfalls, zum Beispiel ab 1957 als »Viatka 150« in Kirov/UdSSR.

Italienische Käufer bekamen eine Unfall- und Diebstahlversicherung für ein Jahr gratis dazu, obwohl oder gerade weil sie in Italien nicht obligatorisch war – jeder, der 16 Jahre alt war, durfte ohne Prüfung Vespa fahren. Ab 1949 erschien auch eine Kundenzeitschrift, die erste Miss Vespa wurde gewählt, und 30 italienische Vespa-Clubs schlossen sich zur »Unione Vespisti d'Italia« zusammen, aus der später der »Vespa Club d'Italia« wurde.

War die Vespa ursprünglich auch als bequemes Transportmittel für Kurzstrecken konzipiert worden, so stellte sich bald heraus, daß sie auch für sportliche Erfolge taugte. Schon 1948 sammelten Vespas 33 Siege bei italienischen Wettbewerben, darunter eine internationalen Sechstage-Fahrt. 1951 gewannen Vespas neun Goldmedaillen – die Vespa war damit das sportlich erfolgreichste »Motorrad« Italiens. 1952 konstruierte der Franzose Georges Monneret für die Rallye Paris-London eine Amphibien-Vespa, mit der er den Ärmelkanal überquerte, und eine von Piaggio gebaute Rekord-Vespa schaffte mit 171 km/h einen neuen Geschwindigkeitsrekord für 125er. Daneben machten sich Vespa-Fahrer zu allen nur denkbaren Expeditionen und Reisen auf. Mit der Vespa an den nördlichen Polarkreis, durch die Anden oder durch den Kongo, von Mailand nach Tokio, von London nach Australien und

Exemplare beläuft sich heute die Bilanz – Kopien nicht mitgerechnet.

Angehörige aller sozialen und beruflichen Gruppen schwangen sich auf die Vespa. Nach einer 1956 in Italien durchgeführten Erhebung der Zeitschrift Business Week waren zwei Prozent aller Vespa-Besitzer Priester, zwei Prozent Ärzte, drei Prozent Studenten, sieben Prozent Freiberufler, zehn Prozent Facharbeiter, 16 Prozent Kaufleute und je 30 Prozent Arbeiter und Angestellte. Mit geringen Abweichungen ließ sich das gleiche Spektrum von Benutzern auch in anderen europäischen Ländern finden.

zurück – keine Strecke schien zu weit, kein Unterfangen zu schwierig. Ein Franzose fuhr in 51 Tagen von Paris nach Saigon, ein Schweizer 6000 Kilometer durch die Wüste. Bis heute scheinen solche »Vestrapazen« nichts von ihrem Reiz verloren zu haben: Der Italienier Giorgio Bettinelli ist mit seiner Vespa PX 150 seit Mitte der 90er Jahre zwischen Melbourne und Kapstadt unterwegs, um 52 000 Kilometer lang durch 22 Länder zu reisen. Der Mann ist Experte, er hat schon zwei kleinere Unternehmungen dieser Art hinter sich: Rom-Saigon (24 000 km) und Alaska-Feuerland (36 000 Kilometer).

Vespa in Deutschland

Vor allem in Frankreich und der Schweiz war die Vespa-Begeisterung von Anfang an groß, in Deutschland überwogen zunächst die Vorbehalte. Nachdem verschiedene auf eine Lizenzproduktion angesprochene Motorradproduzenten abgewinkt hatten, war es der Lintorfer Fahrradhersteller Jakob Oswald Hoffmann, der auf der Frankfurter Frühjahrsmesse 1949 das Potential der dort erstmals in Deutschland präsentierten Vespa erkannte. Ab Mitte des Jahres wurden in Lintorf die ersten Roller aus angelieferten Teilen

Gute Idee, schlimme Folgen: Noch vor Piaggio brachte der deutsche Vespa-Lizenzhersteller Jakob O. Hoffmann 1954 eine 150er Vespa heraus, die er »Königin« nannte. Das kostete ihn seinen Vertrag

montiert, im Jahr darauf verließen schon 9000 Vespen das Hoffmann-Werk. Die vielversprechende Zusammenarbeit fand allerdings 1954 ein abruptes Ende. Offizieller Anlaß war, daß Hoffmann vor dem Hintergrund rückläufiger Verkaufszahlen und erfolgreicher Konkurrenten mit stärkeren Motoren (die NSU-Lambretta mit 150 cm∆ und 6,2 PS hatte sich in Deutschland zum meistverkauften Roller aufgeschwungen) seine Vespa noch vor dem Stammwerk ebenfalls mit einem 150-Kubik-Motor aufgerüstet hatte. Piaggio sah darin einen Vertragsbruch und kündigte die Lizenz. Im Hintergrund stand, daß Hoffmann sich mit anderen Projekten finanziell verhoben hatte. Das Hoffmann-Motorrad »Gouverneur« war ein kostspieliger Mißerfolg, und sein Versuch, mit der »Hoffmann-Kabine« ins Geschäft mit Kleinwagen einzusteigen, brachte ihm eine Klage des Isetta-Herstellers BMW ein. Die Banken zeigten ihm die rote Karte, und Hoffmann mußte Vergleich anmelden. Trotzdem gab er nicht klein bei und erreichte in einem Vergleich, daß er 1955 noch 2000 Vespas bauen und verkaufen konnte.

Bei der Suche nach einem neuen Partner kam Piaggio noch einmal die Vergangenheit als Flugzeughersteller zupaß. Die Regensburger Messerschmitt-Werke, die mit der Me 262 den ersten Düsenjäger der Welt entwickelt hatten, waren ähnlich wie Piaggio nach 1945 gezwungen gewesen, sich nach neuen Geschäften umzusehen. Auch hier hatte ein früherer Flugzeugkonstrukteur, Fritz Fend, ein innovatives Produkt entwickelt: den seit 1953 produzierten Fend-Flitzer, der als »Messerschmitt-Kabinenroller« berühmt wurde. Wie im Flugzeug saßen Fahrer und Passagier in diesem Dreirad unter einer Plexiglaskuppel hintereinander, der 175-Kubik-Zweitakter von Sachs trieb das Hinterrad an.

Enrico Piaggio und Willy Messerschmitt wurden sich schnell einig, und ab 1955 liefen Vespas im Augsburger Messerschmitt-Werk vom Band. Mittlerweile war in Italien ein 150 cm³-Motor entwickelt worden, und so erschien die Messerschmidt-Vespa ebenfalls mit diesem Triebwerk in zwei Varianten: als 8 PS starke 150 GS und als gedrosselte 150 Touren mit 5,5 PS. Die hochgespannten Erwartungen erfüllten sich dennoch nicht, denn in Deutschland gab es bereits zahlreiche andere Roller-Hersteller.

Vespa – die Familie

50 Jahre lang blieb die Vespa zwar im Kern die alte, aber nicht die gleiche. Eine Piaggio-Statistik nennt 89 verschiedene Modelle, dazu kommen zahlreiche Ausstattungs- und Exportvarianten. Sehen wir uns die Ur-Vespa von 1946 doch mal etwas näher an, dann wird die technische Entwicklung schnell deutlich. Die V.98 von 1946 rollte auf acht-Zoll-Rädern, das Hinterrad war bis auf eine Gummilagerung ungefedert, vorn gab es eine primitive Bandfeder ohne Dämpfung. Da

die fahrtwindgekühlten Zweitaktmotoren der 1945 gebauten 100 Prototypen leicht überhitzten, hatte man dem Serienmodell immerhin schon eine Gebläsekühlung spendiert. Das Getriebe mußte mit drei Gängen auskommen. Zwar wurde schon die V.98 am linken Lenkerende geschaltet, doch die Übertragung vom Handgriff zum Getriebe war Sache eines komplizierten und widerborstigen Gestänges. Einen Soziussitz gab es nicht, und sogar ein Ständer fehlte – der Fahrer parkte seine Ur-Vespa, indem er sie mit dem Trittbrett auf einen Bordstein lehnte. Daß der Motor aus-

Die 1963 erschienene Vespa 50 war eine komplette Neukonstruktion und in Italien führerscheinfrei. In Deutschland wurde sie als Zweisitzer angeboten. Für die traditionsvernarrten Japaner wird sie bis heute unverändert produziert

Der Vergleich läßt die Richtung der Vespen-Evolution erkennen: Gegenüber der Ur-Vespa (rechts im Bild) wurde die PX-Vespa (im Bild eine PX 200 E von 1982) höher und schmaler

schließlich per Kick gestartet wurde, versteht sich ebenso von selbst wie die Mischungsschmierung des schlitzgesteuerten Zweitakters mit Nasenkolben. Die erforderlichen sechs Prozent Ölbeimischung garantierten eine deutliche Zweitaktfahne. Immerhin war die erste Vespa mit etwa 60 Kilo leichter als jeder 50er Roller von heute und erreichte mit ihren 3,3 PS knapp 60 km/h. Daß ihr Lenker dem eines Fahrrads ähnelte, war Absicht – er sollte zeigen, daß sich der Roller so leicht wie ein Fahrrad handhaben ließ.

Es ist unmöglich, in diesem Rahmen auch nur annähernd auf alle Vespa-Modelle einzugehen. Die Vielfalt der Varianten ist sowieso ein Gebiet für Spezialisten, und auch die sind sich nicht immer einig. Ein bedeutsamer Einschnitt war 1977 die Ablösung der »großen« Vespen durch die kantiger wirkende PX-Reihe mit einem Staufach im Beinschild. In den Jahren danach wurden die PX-Motoren auf Getrenntschmierung umgestellt, ein E-Starter als Extra kam dazu. Analog dazu löste die PK-Reihe ab 1983 die »kleine« Vespa ab, die jedoch als Sondermodell bis heute für Japan produziert wird. Ab 1984 wurde die PK 125, später auch die PK 50 mit einer hydraulisch gesteuerten Riemenautomatik angeboten; in Kombination damit gab es erstmals mem-

brangesteuerte Motoren. Sowohl PX- als auch PK-Reihe sind bis heute in Produktion, die komplizierte PK-Automatik wich allerdings einem normalen, fliehkraftgesteuerten Riemengetriebe.

Moderne Zeiten sollten für Piaggio mit der 1987 vorgestellten Cosa anbrechen. Ihre Motoren mit 125, 150 und 200 Kubik entstammen zwar den PX-Modellen, sind wie bisher rechts neben dem Hinterrad eingebaut und werden per Drehgriff geschaltet. Um die selbsttragende Stahlblechkarosserie aber trägt die Cosa eine windschnittige Kunststoff-Verkleidung, unter der Sitzbank gibt es ein Helmfach. Wichtigste technische Neuerung war neben einem stark verbesserten Fahrwerk das hydraulische Integralbremssystem: Per Fußpedal werden sowohl die hintere als auch die vordere Bremstrommel aktiviert, ein sensorgesteuertes Antiblockiersystem fürs Vorderrad ist als Extra lieferbar.

Eigentlich sollte die Cosa keine Vespa sein, sondern sie ablösen. Doch ein Sturm der Entrüstung fegte diese Pläne hinweg. So blieben die heute in Spanien hergestellten PX-Vespen im Programm, die Cosa heißt in Deutschland ebenfalls Vespa und ist die komfortable und fahrwerkstechnisch überlegene Alternative zur traditionellen PX.

Die Vespa-Konkurrenten

n der ersten Hälfte der fünfziger Jahre erfaßte der Roller-Boom ganz Europa. Lizenz-Vespas wurden in Deutschland, England, Frankreich, Belgien und Spanien hergestellt. Daneben versuchten noch zahlreiche andere Hersteller, vom großen Rollerkuchen ein Stück abzubekommen. Aus verständlichen Gründen können hier nur die wichtigsten vorgestellt werden.

Die Innocenti-Lambretta

Sowohl im Sport als auch an der Verkaufsfront war die Lambretta der große Rivale der Vespa, und oft genug hatte die »Lammy« die Nase vorn. Insgesamt vier Millionen Lambrettas verließen das Werk in Lambrate bei Mailand bis zur Produktionseinstellung 1971. Danach erwarb die Scooters India die Fertigungsanlagen. Mittlerweile wird die in Indien seit 25 Jahren fast unverändert gebaute SIL-Lambretta GP 200 sogar wieder

in Deutschland angeboten. Eine seit 1952 existierende spanische Lizenzfertigung unter dem Namen Serveta lief dagegen Ende der 80er Jahre aus.

Charakteristisch für die ersten Lambretta-Modelle A, B und C 125 waren ein Minimum an Verkleidung und ästhetisch gestaltete, sichtbare Technik. Der Zylinder des 4,3 PS starken Zweitakters stand unter dem Sattel frei im Fahrtwind und kam ohne Gebläse aus, die Triebsatzschwinge war ab dem B-Modell drehstabgefedert. In Fahrleistungen und Fahrstabilität der Vespa überlegen, konnte die Lambretta allerdings nicht den gleichen Wetterschutz aufweisen. Das änderte sich mit der 1950 vorgestellten, verkleideten LC 125, die natürlich eine Gebläsekühlung benötigte. Als NSU-Lambretta wurde sie schon im gleichen Jahr in Deutschland produziert und verdrängte hier die Vespa vom ersten Platz in der Zulassungsstatistik.

Gegenüber der vollverkleideten Vespa wirkte die 1947 vorgestellte Lambretta A 125 sehr technisch und spartanisch. Mit 4,3 PS und besseren Fahreigenschaften machte sie ihr trotzdem heftig Konkurrenz

Ende der 50er Jahre brummte das Roller-Geschäft bei Innocenti. Die Lambretta Li-Modelle mit 125 oder 150 cm³ und Doppelsattel waren ein Renner. Zwischen 1958 und 1966 wurden rund 800 000 Stück in verschiedenen Versionen gefertigt

Das eigenwillige Bertone-Styling des 1966 erschienenen Lambretta-50ers Lui löste Kontroversen aus. Den Geschmack der Kunden traf es nicht

1954 stiegen Hubraum und Leistung beim D-Modell auf 150 cm³ und 6 PS, was Piaggio endgültig in Zugzwang brachte. Die Antwort aus Pontedera war die kompromißlos sportliche 150 GS mit 8 PS und zehn-Zoll-Rädern, 100 km/h schnell. Jetzt hatte Innocenti die schlechteren Karten.

Roller waren in Italien mittlerweile richtige Modeartikel geworden, deren Design ebenso wichtig war wie ihre technischen Qualitäten. In aller Eile brachte Innocenti 1957 mit der TV 175 ein komplett neues Modell heraus. TV stand für Turismo Veloce, und die sehr gelungene, sportlich-sachliche Linie der Karosserie unterstrich diese Zuordnung. Statt über eine Kardanwelle trieb der neun PS starke Zweitakter das Hinterrad über eine gekapselte Kette an. Doch die TV 175 litt an Kinderkrankheiten und mangelnder Fertigungsqualität, Reklamationen häuften sich. Die ein Jahr später vorgestellte Li 125/Li 150-Reihe dagegen

Technisch wie optisch eine Ausnahme-Erscheinung: Der Rumi Formichino 125 von 1955. Seine tragenden Strukturen bestehen aus Alu-Gußteilen und integrieren den Zweitakt-Zweizylinder

wurde zur Basis des Lambretta-Erfolgs in den kommenden Jahren. Ihre Technik steckte auch in der ab 1959 gebauten TV 175 Serie 2. Die Serie 3 von 1962 wies – eine Novität unter europäischen Rollern – vorn sogar eine allerdings seilzugbetätigte Scheibenbremse auf.

Vor allem für den Export nach England wurde die 1963 vorgestellte, 12 PS starke Lambretta GT 200 gebaut. Daneben gab es die Li-Serie mit 125, 150 und 200 cm³ Hubraum.

Der Tod Fernandino Innocentis 1966 und der Rückgang des Roller-Booms brachten das Unternehmen ins Trudeln. Mit einer letzten, von Nuccio Bertone gestalteten Roller-Serie versuchte man erfolglos, das Blatt zu wenden. Der 50er Lui von 1966 war mit seiner Mixtur von Roller- und Mokick-Merkmalen zweifelsohne erfrischend innovativ, doch Erfolg blieb ihm ebenso versagt wie dem schnellen 75er Vega, der nur auf der Rennstrecke gegen die Vespa 90 SS konkurrieren konnte.

Roller in England und Frankreich

Ab Mitte der 50er Jahre entstanden in England einige große, zum Teil avantgardistische Roller wie der 200er Scootamobile von Harper Aircraft mit Glasfiber-Karosserie, Scheibe, zwei Schein-

werfern und Heckflossen. 10 PS stark war der wuchtige, von einem 225 cm³-Zweitakter von Villiers angetriebene Dayton Albatross. Diese Typen konnten sich gegen die Vespa- und Lambretta-Konkurrenz ebensowenig durchsetzen wie der von Triumph und BSA gemeinsam entwickelte Tigress-Roller, den es ab 1958 mit zwei Motorvarianten gab: Man konnte ihn mit einem 7,5 PS starken 175er Zweitakter oder mit einem 10 PS leistenden 250er Viertakter bekommen.

Frankreichs Roller-Produzenten hatten mehr Glück als ihre britischen Kollegen. Bernardet, Terrot, Motobécane und vor allem Peugeot lancierten erfolgreiche Baureihen mit zum Teil skurrilem Design, die sich aber verkaufen ließen. Der 125er Terrot VMS2 sah aus wie ein gekämmter Pudel auf Rädern, und der populäre Peugeot-125er S.55 bot auf der langen Schnauze einen Gepäckträger. Auch einige Viertakter mit AMC-Einbaumotoren wie der 2,15 Meter lange und 8 PS starke 175-Kubik-Luxusroller Scootavia bereicherten den französischen Markt.

Auch in Japan und den USA waren Roller in den 50er Jahren populär. Cushman war Amerikas bedeutendster Rollerproduzent der Nachkriegszeit, doch die kantigen Viertakter konnten sich mit der Eleganz einer Vespa nicht messen.

Japans führende Hersteller Fuji und Mitsubishi,

Frankreichs Roller-Hersteller wagten keine technischen Experimente, sondern setzten sich mit extravagantem Design ins rechte Licht. Der 125er Terrot VMS 2 war 1953 eine ungewöhnliche Erscheinung, verkaufte sich aber gut

Honda und später auch Yamaha folgten dagegen zunächst den europäischen Trends und statteten ihre Roller mit schwülstigen, chromblitzenden Karosserien aus. Komfort nach Art amerikanischer Straßenkreuzer war Trumpf. 1957 stellte Fuji den Rabbit Superflow mit 250er Viertaktmotor, 6 PS und einer Automatik mit Drehmomentwandler vor. Doch die Vespa spielte in Japan eine beeindruckende Außenseiter-Roller und wurde so sehr zum Lifestyle-Element, daß Piaggio noch heute Sonderserien der 1963 erschienenen Vespa 50 exklusiv für die japanischen Vespa-Fans produziert.

Roller in Deutschland

Ein paar Zahlen verdeutlichen den kometenhaften Aufstieg des Rollers zu Beginn der 50er Jahre. Die Neuzulassungen von Rollern über 50 cm∆ (für die 50er gibt es keine Statistik, sie wurden zudem erst in den 60er Jahren richtig populär) stiegen von 6549 Stück im Jahr 1950 auf 53 376 Exemplare 1953. Zwei Jahre später war mit 95 508 Stück der Höhepunkt bei den Neuzulassungen erklommen. Mit sechs Jahren Verzöge-

rung erreichte der Bestand 1961 sein Maximum von 520 000 Stück, aber nur noch 28 585 neue Roller kamen in diesem Jahr kamen deutsche Straßen.

Von da an ging es auch mit dem Bestand bergab. 1968 beliefen sich die Neuzulassungen auf ganze 537 Roller über 50 cm^3 und dümpelten in der Folgezeit bei um die 1000 Stück pro Jahr. Der Bestand erreichte 1979 mit 29 000 Rollern seinen historischen Tiefpunkt. Erst als ein Jahr darauf die 80er-Klasse eingeführt wurde, bekamen Roller schlagartig Aufwind: Über 60 000 Achtziger und 5081 Roller der größeren Hubraumklassen rollten neu auf die Straße. Bei den 50ern ging die Post erst in den 90er Jahren richtig ab – aber das ist ein Thema für ein anderes Kapitel.

Versucht man, die in Deutschland entwickelten Roller zu charakterisieren, so fallen neben den erfolglosen Primitivrollern zwei Tendenzen auf: eine Vorliebe für große, kräftige und möglichst autoähnliche Fahrzeuge mit luxuriöser Ausstattung und das Bestreben, Rollern durch Verwendung großer Räder motorradähnliche Fahreigenschaften anzuziehen. Zahlreiche, manchmal avantgardistische Detaillösungen im Bereich von Karosserie, Fahrwerk und Bremsen wurden verwirklicht, während das konstruktive Grundprinzip des tragenden Rohrrahmens mit starr eingebautem Motor und dem Hinterradantrieb über eine meist gekapselte Kette bis auf wenige Ausnahmen konventionell blieb. Außer beim Heinkel-Roller dienten stets Zweitakter als Antrieb. Während größere Hersteller (vor allem solche mit Motorradtradition wie DKW oder Zündapp) eigene Motoren verwendeten, griffen die meisten Roller-Konstrukteure auf Einbaumotoren zum Beispiel von ILO oder Fichtel & Sachs zurück, etwa der 1949 vorgestellte Pirol-Roller mit ILO-Motor. Der 4,5 PS starke 150er sah nicht nur merkwürdig aus, sondern konnte auch interessante technische Details vorweisen. Die Räder waren einseitig aufgehängt und ließen sich nach dem Lösen einer einzigen Schraube abnehmen, das Vorderrad wurde von einer gezogenen Langschwinge geführt und durch einen vor dem Rad liegenden, gekapselten

Torsionsstab gefedert. Der nach rückwärts geneigte Motor saß über dem Hinterrad – ab 1951 war es ein 200er mit 6,5 PS, was den Pirol zum stärksten deutschen Roller machte – und ließ Platz für einen zwölf Liter großen Tank.

Nicht nur das auffällige Design seiner Karosserie mit einem Lufteinlaß im Turbinen-Look war am Walba de Luxe-Roller bemerkenswert. Seine hydraulische Öldruckbremse von ATE-Lockheed, die zugleich auf Vorder- und Hinterrad wirkte, war im Erscheinungsjahr 1951 revolutionär.

Oben: Mit zunächst 4,5, später 6,5 PS war der bereits 1949 vorgestellte Pirol besser motorisiert als die Konkurrenz. Technisch ungewöhnlich war die Torsionsfederung vorn

Oben rechts: Als erster Roller konnte der im Trend des anbrechenden Düsenzeitalters gestylte Walba de Luxe eine hydraulische Integralbremse vorweisen

Moto Guzzi verwendete bei Motorrädern später eine ähnliche Konstruktion, doch erst 1987 griff Piaggio mit dem Integral-Bremssystem der Cosa diese Idee bei einem Roller wieder auf. Der Zeit voraus war auch die Ausbildung der Lenkerenden als Handprotektoren. Doch der Walba de Luxe war nicht nur teuer, er hatte auch reichlich Kinderkrankheiten wie mangelndes Leistungsvermögen und starke Vibrationen, sodaß Fachzeitschriften auf die Veröffentlichung von Tests lieber verzichteten.

NSU-Lambretta

Da war die ab 1950 von NSU in Lizenz gebaute Lambretta schon von anderem Kaliber. Fast aus dem Stand setzte sie sich an die Spitze der Zulassungs-Statistik und verlieh dem Roller-Boom in Deutschland Schub. Mit insgesamt 186 000 verkauften Exemplaren wurde die in der Werbung als Autoroller bezeichnete NSU-Lambretta die Nummer eins auf dem deutschen Markt, die Lieferzeiten betrugen bis zu sechs Monate. Der NSU-»Autoroller« war technisch ausgereift und hervorragend verarbeitet. Weil der vor dem Hinterrad eingebaute Motor für einen niedrigen, relativ weit vorne liegenden Schwerpunkt und ausbalancierte Gewichtsverteilung sorgte, gab es an ihren Fahreigenschaften trotz kleiner acht-Zoll-Räder nichts auszusetzen. Den zunächst verwendeten 4,5 PS starken Zweitakt-125er ersetzte

Anstatt eine Eigenkonstruktion zu riskieren, baute NSU die Lambretta ab 1950 in Lizenz. Ausgereifte Technik und vorbildliche Fertigungsqualität machten sie zum Verkaufsschlager

1954 ein 6,2 PS starker 150er, und als der Lizenzvertrag 1956 auslief, hieß die NSU-Lambretta nur noch NSU Prima. Ihr stellten die Neckarsulmer 1957 mit der Prima V ihre erste Eigenkonstruktion zur Seite. Wie bei den ersten Lambrettas mit Kardanantrieb saß ihr Motor nicht quer, sondern längs in der Triebsatzschwinge. Seine Kurbelwelle führte geradewegs zum Getriebe im Schwingenarm und von dort über eine Umlenkung zum Hinterrad. Mit E-Starter, fußgeschaltetem Vierganggetriebe und 9,5 PS aus 175 cm³ sollte die repräsentative und mit reichlich Chrom verzierte Prima V die erstarkte Konkurrenz von Vespa und Heinkel überrunden. Doch daraus wurde nichts. In den Folgejahren wandte sich NSU mit dem Kleinwagen NSU Prinz und der Entwicklung des Wankelmotors zur Serienreife dem Autogeschäft zu.

Goggo und Co.

Den Trend zu geräumigen Rollern mit voluminösen Karosserien dokumentierten gleich mehrere Fabrikate, die 1951 und 1952 auftauchten. Die größte Verbreitung fand der Goggo-Roller des niederbayerischen Landmaschinen-Fabrikanten Hans Glas, der später mit dem Goggomobil noch einmal Triumphe feierte, ehe er sich mit technisch anspruchsvollen Limousinen in die Pleite konstruierte. Angetrieben von ILO-Zweitaktern mit 4,6 PS und 125 cm³, 5,2 PS und 150 cm³, schließlich 10 PS und 200 cm³ verließen bis 1955 über 46 000 Goggo-Roller das Werk. Zu ihrer Beliebtheit trugen weniger innovative Details als ein durchdachtes Konzept bei, das Platzangebot, Fahrkomfort und Seitenwagen-Tauglichkeit vornan stellte.

Solcher Erfolg war dem Kroboth-Roller nicht beschieden. Der Tüftler Gustav Kroboth war überzeugt, daß Motorräder bis 200 cm∆ über kurz oder lang vom Roller verdrängt werden würden. Deshalb waren ihm gute Fahreigenschaften wichtig. Motor und Tank lagen weit vorn, was allerdings keinen freien Durchstieg zuließ. Die ausladende Schnauze des Kroboth-Rollers gewährte perfekten Wetterschutz und drückte das Vorderrad bei hohem Tempo fester auf die Straße, riesige Trittbretter und gegen Schwingungen in Kunststoff gelagerte Karosseriebleche standen für Fahrkomfort.

Dem niederbayrischen Landmaschinen-Fabrikanten Hans Glas gelang mit dem 1951 vorgestellten Goggo-Roller sein erster großer Wurf. Der Goggo war nicht elegant, aber geräumig und bequem

Noch weiter ging Maico 1951 mit dem Maicomobil, das ebenfalls weniger ein Roller als ein verkleidetes Motorrad war. »Mühelos können Sie Tagesstrecken von 500 km zurücklegen, ohne nasse Schuhe...«, versprach die Werbung. Hinter der großen Scheibe des zunächst 6,5 PS, später 10 PS starken Fahrzeugs gab es ein richtiges Armaturenbrett, unter dem Sattel einen Gepäckraum. Das war offenbar nicht, was die Kunden wollten. Nicht zuletzt deshalb brachte Maico 1955 die Maicoletta. Sie hatte nicht nur einen freien Durchstieg und Ausstattungsdetails wie Uhr und elektrische Ganganzeige, sondern war mit 14 PS aus 250 cm³ der stärkste und mit 105 km/h auch der schnellste Roller ihrer Zeit. Fachjournalisten waren begeistert von ihrer vorzüglichen Straßenlage, zu der die 14-Zoll-Räder und die kräftige Telegabel vorn entscheidend beitrugen.

Luxus pur war die Philosophie des 1952 vorgestellten Bastert-Einspurautos (Bild Seite 173). Seine elegante, rostfreie Leichtmetall-Karosserie war unter Mitarbeit des französischen Designers Louis Lepoix entstanden, der auch für das Design des Walba de Luxe verantwortlich zeichnete. Ein

Mit Kofferraum und ausladender Verkleidung erhob das Maicomobil schon 1951 den Anspruch der Langstrecken-Tauglichkeit

175er ILO-Zweitakter, Gepäckraum und Ganganzeige, elektrische Winker (Blinker gab es noch nicht), Motorraum-Beleuchtung und ein schwenkbarer Fahrersitz samt Rückenlehne trieben den Preis des Einspurautos auf knapp 2000 Mark. Geräumige 200er Roller wie der Goggo kosteten damals zwischen 1600 und 1700 Mark, eine NSU-Lambretta war für 1430 Mark zu haben, und für 3300 Mark gab es schon Kleinwagen wie den Lloyd-»Leukoplastbomber«, dem der DDR-Trabi nachempfunden war. Der 8,2 PS starke und 80 km/h schnelle Bastert war der teuerste Roller auf dem deutschen Markt, nur 1200 Stück wurden gebaut.

Zündapp

Schon eher eine Erfolgsstory kann man die Geschichte der 1952 vorgestellten Zündapp Bella nennen. Der renommierte Nürnberger Motorradhersteller hatte sich für die Gestaltung die italienische Moto Parilla zum Vorbild genommen, bei Fahrwerk und Motoren hatten die Zündapp-Konstrukteure aber auf ihre eigenen Fähigkeiten vertraut. Der Erfolg gab ihnen recht: Über 130 000

Bella-Roller wurden in zahlreichen Varianten gefertigt, viele davon exportiert – unter anderem auch in die USA. Was die Bella auszeichnete und ihr bis heute einen treuen Freundeskreis erhält, waren ihre elastischen und standfesten Motoren und ihr tadelloses Fahrverhalten. »Die Bella hat wie kaum ein anderer Rollertyp die Motorradfahrer angesprochen. In der deutschen Technikgeschichte darf man ihr wahrscheinlich eine führende Rolle als Totengräberin des Motorrads als Volksfahrzeug einräumen«, schrieb der Motorjournalist und Roller-Experte Günter Winkler in *Das Auto und Kraftrad*. Mit einem 150er Zündapp-Zweitakter und 7,3 PS war die Bella von Anfang an gut motorisiert, die Leistung wuchs in den Folgejahren bis auf 13,4 PS bei der von 1960 bis 1962 gebauten Bella 200. Das genügte für eine Höchstgeschwindigkeit von 100 km/h. Auch Zündapp blieb jedoch vom Zusammenbruch des Roller-Markts Anfang der 60er Jahre nicht verschont, nach 1963 waren nur noch die Mokick-Roller R 50 und RS 50 Super im Programm. Sie erwiesen sich als ausgewogene, komfortable und langlebige Gebrauchsroller, von

Einer der populärsten deutschen Roller war die von 1952 bis 1962 in zahlreichen Varianten gebaute Zündapp Bella. Insgesamt wurden über 130 000 Stück gebaut

denen immer noch etliche in Betrieb sind. Nach dem Zündapp-Konkurs 1984 wurden die Produktionsanlagen nach China verkauft, in Portugal fertigt der ehemalige Lizenznehmer Famel weiterhin Zweiräder mit dem Zündapp-Markenzeichen.

DKW

Lange zögerte DKW mit dem Rollerbau. 1948 hatte man das Angebot abgelehnt, Vespa-Lizenznehmer zu werden – vielleicht hatten die negati-

Oben: Gilt als der schönste Roller, der in Deutschland gebaut wurde: Die elegante Dürkopp Diana war ein auch technisch gelungener Reise-Roller mit 9,5 PS und 200 cm³

Oben rechts: 1954 kam der DKW Hobby mit stufenloser Riemenautomatik auf den Markt, gekuppelt wurde von Hand. Ungewöhnlich war der Seilzug-Starter wie bei einem Rasenmäher

ven Erfahrungen mit dem Lomos-Sesselrad bei dem großen Motorradhersteller ein Ressentiment gegen Roller hinterlassen. Erst 1954 stellten die Ingolstädter mit dem Hobby einen eigenen Roller vor. »Nicht schalten – nur fahren!« lautete der Werbeslogan, denn der preisgünstige, drei PS starke 75 cm³-Zweitaktroller Hobby war mit einem stufenlosen Riemengetriebe ausgestattet. Beim Anfahren und Anhalten mußte allerdings noch von Hand gekuppelt werden. Auf großen 16-Zoll-Rädern war der Hobby sicher zu fahren, die Startprozedur mit einem Seilzug wie bei einem Rasenmäher war kurios, aber nicht unpraktisch, eine Getrenntschmierung ersparte das Ölpanschen beim Tanken. Immerhin 44 000 Exemplare des DKW Hobby wurden verkauft. Nach der Produktionseinstellung in Deutschland 1957 baute der französische Lizenznehmer Manurhin bis 1961 weitere 10 000 Exemplare, die mit einer Fliehkraftkupplung ganz modernen Bedienungskomfort boten.

Heinkel

Wie Corradino d'Ascanio und Willy Messerschmitt hatte sich Ernst Heinkel vor 1945 einen Namen als Flugzeugkonstrukteur gemacht. Bis zur Zerstörung und Demontage seiner Werke konnte Ernst Heinkel auf 100 verschiedene Flugzeugty-

pen und 37 Weltrekorde zurückblicken. Unter großen Schwierigkeiten begann Heinkel ab 1950 wieder mit der Produktion von Motoren (unter anderem eines Zweitakt-Dreizylinders für Saab) und Getrieben. Gleichzeitg entstanden Pläne für einen Roller mit Einzylinder-Viertaktmotor. Nach penibler Erprobung wurde 1953 der erste Heinkel Tourist mit der Typenbezeichnung 101 A-0 und einem 7,2 PS starken 125 cm³-Motor, Dreigang-Drehgriffschaltung und acht-Zoll-Rädern vorgestellt. Das wuchtig wirkende Fahrzeug war bequem, servicefreundlich konstruiert und erwies sich als unverwüstlich. 1954 wuchsen Hubraum und Leistung auf 175 cm³ und 9,2 PS bei 5500/min, ein E-Starter war bei dem als 102 A-1 bezeichneten Modell nun serienmäßig. Die Nachfrage war groß, schon im August 1954 lief der 10 000. Heinkel Tourist vom Band. Weitere Verbesserungen folgten: Vierganggetriebe, zehn-Zoll-Räder und größere Bremsen.

Der elegante, auf der IFMA 1956 vorgestellte Heinkel-Prototyp 112 mit 125 cm³-Viertaktmotor und zwölf-Zoll-Rädern verschwand leider wieder in der Versenkung, da Heinkel ihn nicht kostendeckend zu produzieren können glaubte. Zudem verkaufte sich der Tourist gut, bis 1960 waren schon 100 000 Stück gebaut worden. In diesem Jahr bekam der Tourist als 103 A-0 ein neues Ge-

Als einziger Viertakt-Roller aus deutschen Landen gelangte der qualitativ und technisch hochwertige Heinkel Tourist ab 1953 zu legendärem Ruhm. Noch heute fahren tausende von Exemplaren

wand mit langem Heck im Straßenkreuzer-Stil. Doch ab 1963 begannen die Produktionszahlen wie bei allen deutschen Rollerherstellern drastisch zu fallen, 1965 stellte Heinkel die Fertigung des Tourist ein. Geblieben ist der Ruf des »Mercedes unter den Rollern«, geblieben ist auch eine lebhafte Clubszene. Mehrere tausend Heinkel Tourist sind noch heute auf unseren Straßen unterwegs.

Roller aus Ostdeutschland

Auch in der DDR fiel die Roller-Idee auf fruchtbaren Boden. Der Maschinenbau-Ingenieur Max Freihoff baute 1953 ebenso wie zwei Handwerker der »Arbeitsgemeinschaft der Mechaniker und Karosserieklempner«"einen Roller-Prototyp, beides waren recht ansehnliche Fahrzeuge. Produziert wurde indes ab 1955 nach erheblichen Anlaufschwierigkeiten als erster DDR-Roller der Pitty, eine Konstruktion des branchenfremden Schwermaschinenwerks Ludwigsfelde (IWL). Er hatte zwar zwölf-Zoll-Räder, eine lange Schnauze und war recht geräumig, aber mit den 5 PS seines MZ RT 125-Zweitakters eindeutig untermotorisiert. Sein 1956 vorgestellter Nachfolger Wiesel sah etwas eleganter aus, mußte aber mit dem gleichen Motor leben. Das änderte sich 1959 beim IWL Berlin – jetzt lieferte der MZ-125er 7,5 PS. Fünf Jahre später versuchten die VEB-Konstrukteure mit dem 9,5 PS starken 150er Troll noch eins draufzusetzen, doch sein klobiges Design ließ selbst die nicht gerade verwöhnten DDR-Bürger vom Kauf zurückschrecken.

Ganz anders beim KR 50/51, der berühmten »Schwalbe« von Simson. Das aus einer Waffenfabrik hervorgegangene Unternehmen hatte von 1908 bis zur Weltwirtschaftskrise qualitativ hochwertige Autos produziert, 1936 mußten die jüdischen Besitzer flüchten. Nach 1945 verließen zunächst Fahrräder, ab 1950 AWO-Motorräder mit Viertaktmotoren das thüringische Werk. 1955 kamen die populären Mokicks der SR-Reihe dazu, 1958 erblickte die Schwalbe als einsitziger Kleinroller KR 50 das Licht der Welt. Richtig erfolgreich und 60 km/h schnell wurde sie ab 1964 mit einem neuen, 3,5 PS starken und gebläsegekühlten Motor. 1058300 Schwalben allein vom Typ KR 51 baute Simson bis

Mit Primitivrollern hielt man sich in der DDR gar nicht erst auf. Der ab 1955 von den Industriewerken Ludwigsfelde produzierte Langschnauzer IWL Pitty war mit fünf PS allerdings untermotorisiert

1986, in Spitzenzeiten waren es bis zu 60 000 Stück im Jahr. Es gab sie mit drei oder vier Gängen, mit Automatik, Hand- oder Fußschaltung und ab 1980 wieder mit fahrtwindgekühltem Motor. Immer hatte die Schwalbe aber eine komfortable Federung und große 16-Zoll-Räder, die ihr zu ausgezeichnetem Fahrverhalten verhalfen, wie es noch heute für Simson-Roller typisch ist. Ihre anspruchslose Technik bewährte sich auch im Behinderten-Dreirad Duo, ihre unverwechselbare Form und ihre Allgegenwart im Straßenbild ließen sie zur Vespa der DDR werden.

Der erfolgreichste Roller nördlich der Alpen war die Simson Schwalbe KR 51. Von 1964 bis 1986 wurden über eine Million Stück hergestellt

Die Roller-Neuzeit

Schon ab 1955 gingen die Roller-Zulassungszahlen in Deutschland zurück. Der wirtschaftliche Aufschwung und kostengünstige Fertigungsmethoden in der Autoindustrie machten das Vierrad für immer mehr Menschen erschwinglich. Auch wenn sie sich ihren Lloyd, Goggo oder Käfer vom Munde absparen mußten – ein Auto war, was die Leute wollten. Nicht nur Verkehrsminister weihten mit stolzgeschwellter Brust immer neue Autobahn-Abschnitte ein, auch Kommunalpolitiker hielten sich für fortschrittlich, wenn sie die spärlichen Reste von Altstädten plattwalzen und zu autogerechten Trassen ausbauen ließen.

Der Roller als Notbehelf der Mobilität hatte ausgedient und verkümmerte zu einer Schattenexistenz. Mitte der 60er Jahre wurden in der Bundesrepublik nur noch einige 50er Roller von Hercules und Zündapp hergestellt. In Italien sah es etwas besser aus, doch auch im Revier der Vespa spielten Autos eine immer größere Rolle.

Jugendliche dagegen fanden Mofas und Mokicks schicker. Auch Piaggio blieb nichts anderes übrig, als dem Trend zu folgen, was mit dem 1967 vorgestellten Ciao-Mofa auch gelang. 1968 war in der Bundesrepublik der absolute Tiefpunkt der Neuzulassungen mit traurigen 537 Rollern über 50 Kubik erreicht, aber auch danach ging es nicht richtig aufwärts. Bis 1978 dümpelten die Neuzulassungen um oder knapp über 1000 Stück pro Jahr. Roller aus den 50er Jahren bekam man für einen Appel und ein Ei nachgeworfen, aber niemand wollte sie haben – heute lecken sich Sammler die Finger danach.

Der Roller-Bestand sank 1979 auf sein absolutes Minimum von 28 466 Fahrzeugen (ohne 50er, für die es keine Statistik gibt), während Motorräder bereits voll im Aufwind lagen. Ihr Bestand hatte sich vom 1971 erreichten Minimum (133 113 Stück) bis 1979 auf 450 634 Maschinen mehr als verdreifacht. Nur noch unter den Fittichen von Piaggio, Gilera und Simson über-

1961 stellte Honda den zehn PS starken Juno M 80 vor. Im Nachfolger M 85 leistete der 170 cm³-Zweizylinder-Boxer mit obenliegender Nockenwelle sogar zwölf PS, das stufenlose Hydraulikgetriebe ließ sich per Drehgriff stufenlos variieren

lebte der Roller als nennenswertes Produkt. An der Renaissance des Rollers in den 80er Jahren waren allerdings nicht nur europäische, sondern auch japanische Hersteller beteiligt. In den 50er Jahren hatten sie mit schwülstigen Blechkarossen und Viertaktmotoren europäische und amerikanische Trends zu verbinden gesucht. 1961 enstand mit dem Honda-Roller M 80 ein durchaus originelles Fahrzeug mit Zweizylinder-Boxermotor, und der ein Jahr zuvor präsentierte 175 Kubik-Roller Yamaha SC-1 wies eine Zweigang-Automatik mit hydraulischem Drehmomentwandler auf. Danach wurde es auch in Japan still um den Roller. Früher als die Europäer erkannten jedoch Honda, Suzuki und Yamaha Ende der 70er Jahre das Potential, das noch oder wieder im Roller steckte. Chronisch zugestaute Innenstädte und eine sich ins Autofeindliche wendende Verkehrspolitik schufen Bedarf für ein Fahrzeug, das durch kleine Ausmaße und spielerische Bedienbarkeit zum schnellen Fortkommen in Ballungsgebieten taugte. Während Europas Herstel-

Frappierende Ähnlichkeit mit dem Honda Melody von 1982 weisen einige der gegenwärtig aus China importierten Billigroller auf. Uralt-Lizenzen sind der Grund

ler glaubten, Zweiradfahrer mit Leistung ködern zu müssen, setzten die Japaner auf Bedienungskomfort. Das bedeutete in erster Linie die Einführung der Automatik, später auch des E-Starters als Standardausrüstung von Rollern.

Der Gilera GSA 50 von 1982 war der erste moderne Automatikroller europäischer Provenienz, kam aber beim Publikum nicht an

Ab 1977 tauchten diese zierlichen 50er Roller in den Schaufenstern deutscher Fahrrad- und Motorradhändler auf. Sie trugen Namen wie Honda Melody und Yamaha Salient, aber – als Lizenzprodukte – auch Puch oder Hercules. Gemeinsam war ihnen das Konstruktionsprinzip eines tragenden Rohrrahmens, bei allen trieb ein gebläsegekühlter Zweitakter über eine Riemenautomatik das Hinterrad an. Das Design der Kunststoff-Karosserien wirkte gewollt modern – Vespa-Fans wandten sich mit Grausen und gossen Hohn und Spott über die japanischen Plastikroller aus.

Nur Gilera versuchte schon 1982 mit dem GSA 50 (Gilera Scooter Automatico) gegenzuhalten. Technisch war er mit Triebsatzschwinge und Automatik auf der Höhe der Zeit. Sein Rohrrahmen trug eine kantige Kunststoffkarosserie, bei der das mattgraue Trittbrett sich nach hinten zu einer flachen Heckverkleidung hochzog, während die Frontverkleidung etwas selbstgeschnitzt wirkte. So mutig das GSA-Design war, traf es leider nicht den Geschmack europäischer Rollerfahrer.

Stattgessen machten zunächst die Japaner das Geschäft. Langsam, aber stetig wuchsen die verkauften Stückzahlen. Für die Größenordnungen, in denen die fernöstlichen Hersteller rechneten, waren Europas Rollermärkte zwar ein Klacks,

Der Piaggio Sfera 50 mit Helmfach, E-Starter und Automatik kam 1990 genau richtig. Der moderne Roller-Boom hatte gerade begonnen, der Sfera wurde ein Hit

Der BMW-Roller C1 (im Bild eine 1992 vorgestellte Designstudie) soll seinem Fahrer durch optimale Crashsicherheit den Helm ersparen. Bereits gesichtete Prototypen hatten eine normalen Lenker und ein durchgehendes Trittbrett

aber ihre Beharrlichkeit zahlte sich aus. Während immer weniger Vespas verkauft wurden, was Piaggio Ende der achtziger Jahre in ernste Schwierigkeiten brachte, setzten sich Honda Lead, Yamaha Beluga und der von Suzuki produzierte Puch Lido bei den Rollerfahrern durch – zunächst als 50er, später auch mit 80er- und 125er-Motoren. Der Trend war unverkennbar, er ging zu mehr Bedienungskomfort, zu Elektrostarter und Automatik.

Mit einer Automatik für die PK-Modelle versuchte Piaggio mitzuziehen. Doch die Fertigung der Blechkarosserien war vergleichsweise auf-

wendig, das Design ließ sich nicht so ohne weiteres dem sich wandelnden Käufergeschmack anpassen. Gegen die bessere Ausstattung und die ausbalancierte Gewichtsverteilung der modernen Japan-Roller war auch die erwiesene Unverwüstlichkeit einer Vespa kein durchschlagendes Argument mehr. Zudem waren die Fernost-Produkte billig, denn Honda und Yamaha hatten zeitig Joint-Ventures in Taiwan gegründet. Auf der Insel vor dem chinesischen Festland werden seit Mitte der 80er Jahre japanische Roller von 50 bis 150 Kubik zu konkurrenzlos günstigen Preisen hergestellt, was die japanischen Hersteller im Roller-Bereich von Schwankungen des Yen-Kurses unabhängig macht.

In den 80er Jahren kamen Fertigungsstätten in Europa hinzu. Heute wird der Suzuki-Roller AP 50 in Spanien gebaut, der AN 125 kommt aus Taiwan. Yamaha baut alle 50er außer Axis und Forte, die von Yamamoto Espana kommen, in Frankreich bei MBK. Die 125er Cygnus-Modelle kommen aus Taiwan, nur der 250er Majesty wird in Japan hergestellt. Honda fertigt den Bali in Italien und holt den Helix aus Japan nach Europa.

Spät, aber nicht zu spät schafften auch die europäischen Zweiradhersteller die Kurve zum modernen Roller. Den Anfang machten Aprilia mit dem Amico 50 und Piaggio mit dem 1990 vorgestellten Sfera. Der Piaggio-50er mit Helmfach, E-Starter, Automatik und einem komfortablen Fahrwerk war haargenau, was der Rollermarkt verlangte und verkaufte sich von Anfang an prächtig, weitere Modelle folgten rasch. Aprilia schwang sich mit einer phantasievollen Modellpalette (Scarabeo, SR 50) und ausgezeichneter Qualität zu Europas zweitgrößtem Rollerhersteller auf. MBK und später auch Peugeot begannen für Europa eigenständige Typen wie Evolis und Squab zu entwickeln, und Mopedhersteller wie Derbi, Malaguti und Italjet traten mit stilistisch und technisch aufregenden Rollern wie dem Formula 50 ins Rampenlicht.

Damit scheinen europäische Firmen die Initiative bei innovativer Technik und Gestaltung wieder an sich gerissen zu haben. Immerhin kommt mit dem Vierventiler Aprilia Leonardo der technisch anspruchsvollste Viertakt-Roller aus Italien, und der Zweizylinder Italjet Formula 125 dürfte ebenfalls Maßstäbe setzen, wenn er 1997 endlich auf den Markt kommt. Vielleicht steigt diesmal sogar BMW ins Rollergeschäft ein. Der 1992 als Designstudie vorgestellte C1 läuft mittlerweile jedenfalls brav in der Erprobung. Als Antrieb kommt ein Motor zwischen 125 und 400 cm^3 mit geregeltem Kat in Frage. Mit Gitterrohrrahmen und Überrollbügel soll der angeschnallte Fahrer bei einem Unfall gut geschützt sein; Crashversuche verliefen ermutigend. Im Gegensatz zum Prototyp wird der C1 in seiner endgültigen Form allerdings zweisitzig sein und vielleicht auch ein Dach bekommen. Die Realisierung des Projekts

hängt vor allem davon ab, ob es für dieses Fahrzeug eine Ausnahme von der Helmpflicht geben wird.

Auch aus Japan steht Neues ins Haus. Dem Vernehmen nach arbeiten alle japanischen Hersteller an leistungsstarken Rollern mit Hubräumen um die 400 cm^3. Damit dürften Fahrleistungen wie mit mittelgroßen Motorrädern möglich sein – mit der Folge, daß man auf ihnen auch entsprechende Schutzkleidung tragen sollte. Mit der rollertypischen Handlichkeit ist es bei diesen Fahrzeugen dann schon aufgrund von Größe und Gewicht sicher vorbei, als Vorteil gegenüber dem Motorrad bleiben besserer Wetterschutz und Komfortmerkmale wie ein automatisches Getriebe.

Roller-Business weltweit

Während aus Europa zunehmend anspruchsvolle, aus Taiwan preisgünstige und aus Indien nostalgische Roller à la Bajaj Chetak, LML-Vespa und SIL-Lambretta kommen, hat sich die Volksrepublik China ziemlich unbemerkt zum weltgrößten Zweiradhersteller mit beträchtlichem Roller-Anteil gemausert. Ein paar Zahlen zeigen, von welchen Größenordnungen die Rede ist.

Produktion motorisierter Zweiräder 1994

Deutschland	72 842
Frankreich	333 543
Italien	751 890
Spanien	204 025
Indien	2 201 788
Japan	2 725 286
Taiwan	1 631 426
VR China	5 227 021

(Quelle: International Motorcycle Manufacturers Association)

In diesen Zahlen sind Motorräder, Mopeds und Roller mit unterschiedlichen Anteilen enthalten – eine weltweite Roller-Statistik gibt es leider nicht. Trotzdem wird erkennbar, daß die europäische Zweiradproduktion im Vergleich zur asiatischen eigentlich nicht der Rede wert ist. Wertmäßig sehen die Relationen allerdings etwas besser aus. Denn ein Primitivroller aus der VR China, der bei uns im Supermarkt für weit unter 2000 Mark angeboten wird, schlägt mit einem entsprechend geringen Preis ab Fabrik zu Buche.

Anhang

Adressen

1. Hersteller und Importeure

Adly
CCF Motorfahrzeuge
Emetzheimer Straße 9
91781 Weißenburg
Telefon 09141-85010,
Fax 09141-85018

Aprilia
A & G Motorrad-Vertrieb GmbH
Sunderweg 2
33649 Bielefeld
Telefon 0521-447 030,
Fax 0521-447 0333
Elektronische Händlerauskunft:
Tel. 0721-9189 1616

Atala
Zweirad Röth GmbH & Co. KG
Schulstraße 6
64689 Hammelbach
Telefon 06253-4036,
Fax 06253-1671

Bajaj
Bajaj Motorfahrzeuge Vertriebs GmbH
Straße am Heizhaus 1
10318 Berlin
Telefon 030-509 9413,
Fax 030-509 9561

Buffalo
Großversandhaus Quelle
Postfach
90750 Fürth
Telefon 0911-140,
Fax 0911-142 2976

Cagiva
DNL Motorrad GmbH
Sandstraße 13
50226 Frechen
Telefon 02234-12043,
Fax 02234-55554

Derbi
Hans Leeb GmbH & Co. KG
Hermann-Fischer-Straße 5
A- 9400 Wolfsberg
Telefon 0043-4352-4194,
Fax 0043-4352-52450

Endress
Endress Elektrogerätebau GmbH
Neckartenzlinger Straße 39
72658 Bempflingen
Telefon 07123-38020,
Fax 07123-35177

Fantic
siehe SYM

HMZ
HMZ Handels-Importgesellschaft
Ruppmannstraße 27
70565 Stuttgart
Telefon 0711-784 0917,
Fax 0711-784 6502

Honda
Honda Deutschland GmbH
Sprendlinger Landstraße 166
63069 Offenbach
Telefon 069-83090,
Fax 069-832 020

Italjet
siehe Derbi

Kinetic
siehe LML-Vespa

KTM
KTM Motorfahrzeuge GmbH
Hohenburger Straße/Gewerbegebiet
92289 Ursensollen
Telefon 09628-1881,
Fax 09628-1880

Kymco
MSA Motor Sport Accessoires
Dr.-Kilian-Straße 4
92637 Weiden
Telefon 0961-306 202,
Fax 0961-306 204

LML-Vespa
RWN-Handels-GmbH
Nonnenwaldstraße 5
82377 Penzberg
Telefon 08856-81779,
Fax 08856-81770

Malaguti
Malaguti Rau
Niedervellmarer Straße 45
34127 Kassel
Telefon 0561-891 800,
Fax 0561-890 0798

MBK
siehe Yamaha

Peugeot
siehe Sachs

PGO
PGO-Zentrallager
Eberfurterstraße 47a
66450 Bexbach
Telefon 06826-92030,
Fax 06826-4071

Piaggio
Piaggio Deutschland GmbH
Industriestraße 8
86420 Diedorf
Telefon 08238-30080,
Fax 08238-7834

Rex
SI-Zweirad-Vertriebs-GmbH
Postfach 2124
33349 Rheda-Wiedenbrück
Telefon 05242-410 877,
Fax 49257

Sachs
Sachs Fahrzeug- und
Motorentechnik GmbH
Nopitschstraße 70
90441 Nürnberg
Telefon 0911-42310

Sasy
SAT Systems GmbH
Zillenhardstraße 41
73037 Göppingen
Telefon 07161-99720,
Fax 07161-818 832

SIL-Lambretta
Roller-Laden
Bergstraße 6
84066 Pfaffenberg
Telefon 08772-8474,
Fax 08772-8475

Rollerschmiede
Stethaimerstraße 6
84034 Landshut
Telefon 0871-22062,
Fax 0871-22063

Simson
Suhler Fahrzeugwerk GmbH
Meininger Straße 222
98502 Suhl
Telefon 03681-7870,
Fax 03681-787 260

Sundiro
Witzemann Motorräder
An der B 10
76327 Pfinztal-Kleinsteinbach
Telefon 07240-5874 ,
Fax 07240-5876

Suzuki
Suzuki Motor GmbH
Tiergartenstraße 8
64646 Heppenheim
Telefon 06252-7050,
Fax 06252-74621

SYM
Hans Hoffmann
Dieselstraße 2
71277 Rutesheim
Telefon 07152-997521,
Fax 07152-997126

Tokaido
Neckermann Versand
Hanauer Landstraße 360-400
60386 Frankfurt/Main
Telefon 069-40401,
Fax 069-404 4235

Vespa siehe Piaggio

Viva
K-Zwo GmbH
Neefestraße 7
09119 Chemnitz
Telefon/Fax 0371-302 284

Yamaha
Yamaha Motor Deutschland GmbH
Hellersbergstraße 9
41460 Neuss
Telefon 02131-1640,
Fax 02131-164 159

2. Roller-Gespanne

Däschlein Gespannbau-Zweiradtechnik
Ansbacher Straße 57
91572 Bechhofen
Telefon 09822-7556,
Fax 09822-7766
Baut unter anderem Vespa-, Piaggio- und
Yamaha Majesty-Gespanne mit Globe- und
Spatz-Seitenwagen

Koch Motorrad GmbH
Schlagdstraße 31-33
37281 Wanfried
Telefon 05655-8051,
 Fax 05655-8622
Spezialität: Vespa-Gespanne
mit eigenem Royal-Seitenwagen

Krüger, Hans
Bohrenweg 15
D-65385 Rüdesheim-Assmannshausen
Tel. 06722-4696
Spezialität:
Vespa- und Bajaj-Gespanne

Lohré GmbH
Unterberg 46
42799 Leichlingen
Telefon 02175-98912
Importiert das für Rollergespanne
gern verwendete Squire PV1-Boot

Motorradschuppen
An der Altenstadt 12
35315 Homberg-Ohm
Tel. 06633-5040,
Fax 06633-5490
Spezialität: Piaggio- und
Vespa-Gespannumbauten

Motorrad-Stemler
Garschager Heide 29
42899 Remscheid 11
Telefon 02191-50639
Spezialität sind originalgetreue
Steib-Nachbauten

Sauer, Peter
Gespann- und Motorenschmiede
Eckernförder Straße 1a
24398 Karby
Telefon 04644-893

Walter-Gespann-Technik
Im Mülmischtal 3
34327 Körle bei Kassel
Telefon 05665-2655, 05683-7271
Spezialität: das Jeaniel Cobra-Boot,
geeignet zum Beispiel für den Honda Helix

Zweirad Schira
Holländische Straße 236
34127 Kassel
Telefon 0561-84813
Spezialität sind 50er Gespanne mit
eigenem Schira-Seitenwagen,
125er sind in Vorbereitung

3. Tuning

Motorrad Hester
Redtenbacher Straße 2
69126 Heidelberg
Telefon 06221-300 111,
Fax 06221-303 605
Das Hester-Team ist auch im
Roller-Rennsport erfolgreich

Alpha Technik
Kleinholzener Weg 1
83071 Stephanskirchen
Tel. 08036-4545

Krüger siehe Zubehör

Lust Motorrad GmbH
Bonner Wall 124
50677 Köln
Telefon 0221-340 4444,
Fax 0221-343 302

Malossi
Karl Schmitt
Griegstraße 1
51107 Köln
Tel. 0221-874 826

Teasy's Scooter Service
Rathausstraße 70a
56203 Höhr-Grenzhausen
Tel. 02624-8575, Fax 02624-5135

Rollernest
Elefantengasse 19
60313 Frankfurt/Main
Telefon 069-297 8890

Rollerzentrale
Anglerstraße 12
80339 München
Tel. 089-502 8843, Fax 089-502 8847

Stoffi's Garage
Forchtenau 92
A-4971 Auroltsmünster
Telefon 0043-7751-7569,
Fax 0043-7751-7818

4. Bekleidung und Zubehör

Difi - Dierk Filmer GmbH
Oldenburger Straße 65
26316 Varel
Tel. 04451/915200

Götz
Hinter Stöck
72406 Bisingen
Tel. 07476/933150

Hein Gericke
Postfach 10 28 44
40019 Düsseldorf
Tel. 0211/9898-9

Held GmbH
Rettenberger Str. 7
87545 Burgberg
Tel. 08321/664614

ixs Motorcycle-Fashion
Hostettler GmbH
Neuenburger Straße 33
79379 Müllheim/Baden
Tel. 07631/18040

JF Motorsport
Dieselstraße 10
61239 Ober-Mörlen
Tel. 06002/1771

W. Krawehl
Postfach 28 02 47
20515 Hamburg
Tel. 040/78919455

Krüger Motorroller-Zubehör
In der Schwarzerde 5-7
65549 Limburg/Lahn
Tel. 06431-9195-0
Fax 06431-919550

Louis
Detlev Louis Motorradvertriebs GmbH
Postfach 80 06 72
21027 Hamburg
Telefon 040/73 41 93 60

Modeka BikeWear
Ahlener Str. 74-76
59296 Beckum
Tel. 02521/17084

Motoport
siehe Difi

Polo Expreßversand
Postfach 10 41 22
40032 Düsseldorf
Tel. 0211/9796-695

Roeckl Handschuhe
Postfach 14 05 80
80455 München
Tel. 089/72969-44

Schuh Motorradzubehör
Essener Str. 7
66606 St. Wendel
Tel. 06851/89010

Storer Versand
Karlstraße 26
89129 Langenau
Tel. 07345/820

5. Roller-Reifen

Barum
Mefo Sport
Mühläcker 1
97520 Röthlein
Tel. 09723/7039
Fax 09723/5293

Bridgestone Reifen GmbH
Bredowstraße 20
22113 Hamburg
Tel. 040/733650
Fax 040/73365247

Continental AG
Königsworther Platz 1
30167 Hannover
Tel. 0511/93801

Dunlop
SP Reifenwerke GmbH
Dunlopstraße 2
63450 Hanau
Tel. 06181/6801, Fax 06181/681283

Heidenauer
Reifenwerk Heidenau GmbH & Co. KG
Hauptstraße 44
01809 Heidenau
Tel. 03529/552720, Fax 03529/512438

IRC
Reifen Meixner
Rigipsstraße 5
71085 Herrenberg
Tel. 07032/978010, Fax 07032/71569

Metzeler Reifen GmbH
Gneisenaustraße 15
80992 München
Tel. 089/149080-0, Fax 089/14908-534

Michelin Reifenwerke
Bannwaldallee 60
76185 Karlsruhe
Tel. 0721/86000, Fax 0721/8600290

Pirelli Motorradreifen
Gneisenaustraße 15
80992 München
Tel. 089/149080-0, Fax 089/14908-534

Vee Rubber siehe Barum

6. Roller-Museen

Deutschland

1. Deutsches Motorroller-Museum
Hans Krüger
Bohrenweg 15
D-65385 Rüdesheim-Assmannshausen
Tel. 06722-4696
Geöffnet von 10 bis 17 Uhr (im Sommer bis 18 Uhr), Montags geschlossen. Größtes Rollermuseum in Deutschland mit rund 120 ausgestellten Rollern

Deutsches Zweirad-Museum
Deutschordenschloß
Urbanstr. 11
D- 74172 Neckarsulm
Tel. 07132-35271
Geöffnet täglich von 9 bis 12 Uhr
und von 13.30 bis 17 Uhr
Eintritt: 7 Mark
Mit 350 Exponaten das größte
deutsche Zweiradmuseum

Museum für Verkehr und Technik
Trebbiner Straße 9
D-10963 Berlin
Tel. 030-2548 4106
Geöffnet Dienstag bis Freitag 9 bis 17.30 Uhr
Samstag und Sonntag 10 bis 18 Uhr
Eintritt: 5 Mark

Auto- und Technik-Museum
Obere Au 2
74889 Sinsheim
Tel. 07261-92990
Unter zahlreichen Autos und anderen
technikgeschichtlichen Exponaten gibt es
auch rund ein Dutzend Roller von Heinkel,
NSU und Vespa.
Geöffnet täglich von 9 bis 18 Uhr
Eintritt: Erwachsene 14 Mark, Kinder 9 Mark,
Gruppenpreise ab 20 Personen (Stand: Juli 1996)

Roller- und Kleinwagenmuseum
Charlottenburger Ring
D-49186 Bad Iburg bei Osnabrück
Tel. 0541-73291
Über hundert Fahrzeuge, Sonderschau 50 Jahre
Vespa, geöffnet bis November täglich 14 bis
18 Uhr, sonn- und feiertags 10 bis 18 Uhr

Automobil- und Zweiradmuseum Suhl
Meininger Straße 222, 98529 Suhl
Telefon 03681-514 210
Öffnungszeiten:
April bis September: Dienstag bis Sonntag von
9 bis 17 Uhr, Oktober bis März von 10 bis
16 Uhr.
Eintritt: 5 Mark
Zu sehen sind Schwalbe, Star, AWO-Motorräder,
Fahrräder und der Simson-Luxuswagen Supra

Motorradmuseum Schloß Augustusburg
09573 Augustusburg (bei Chemnitz)
Telefon 037291-20267
Geöffnet täglich von 9 bis 18 Uhr
Rund 150 Exponate
Eintritt: 5 Mark

Automuseum Störy
St. Adriansplatz 5
31167 Bockenem bei Hildesheim
Telefon 05067-759
Geöffnet vom 15. März bis 31. Oktober
samstags, sonntags und feiertags von
10 bis 18 Uhr
100 Roller, Mopeds und Motorräder,
dazu viele Kleinwagen der 50er Jahre

Italien

Lambretta-Museum
Vittorio Tessera
Via Marconi 8/ Ecke Via Cavour 4
I-20090 Rodano bei Mailand
Tel. 0039-2-9532 0438
Besichtigung nach telefonischer Anmeldung,
rund 30 Lambrettas und zahlreiche andere
italienische, aber auch amerikanische Roller

Motorradmuseum Rimini
Via Casalecchio 11
I-47037 Rimini
Telefon 0039-541-378 362
Geöffnet täglich außer Montag von
10 bis 12.30 Uhr und von 15 bis 17 Uhr
Eintritt: 7000 Lire (ca. 7 Mark)
Anfahrt: Richtung Flughafen, gegenüber
dem Restaurant »Quo vadis«

Piaggio-Werksmuseum
Viale Rinaldo Piaggio
I-56025 Pontedera (PI)
Das Piaggio-Werksmuseum soll am
20. September 1996 seiner Bestimmung
übergeben werden.
Zu sehen sind alle je gebauten Piaggio-
und Vespa-Modelle, dazu Renn-
und Rekordfahrzeuge sowie weitere
Exponate.

Österreich

Villacher Fahrzeugmuseum
Rudolf Pirker
Draupromenade 12
A-9500 Villach
Tel. 04242-25530
Ganzjährig geöffnet, typische Fahrzeuge für
Normalverbraucher (Roller, Mopeds, Motorräder
und Kleinwagen) aus den 50er und 60er Jahren,
fast die komplette Modellpalette von Lohner
und Puch sowie die seltenen Rumi-Modelle
Formichino und Scoiattolo

7. Roller-Sport

ADAC
c/o Malossi Deutschland
Karl Schmitt
Griegstraße 1
51107 Köln
Tel. 0221-874 826

DSSC
Martin Ollmann
Dahmstraße 5
23879 Mölln
Te. 04542-7877

MOTO aktiv
(Scooter Challenge)
Hohlweg 7
35091 Cölbe-Reddehausen
Tel. 06427-92300,
Fax 06427-923 030

MRSV Austria
c/o Sven Linhart
Franz Lisztgasse 33
A-2700 Wiener Neustadt
Telefon/Fax: 0043-2622-84928

Simsonfreunde
Jan Schreiner
Postfach 1204
16763 Kremmen
Tel. 033055-73070

VCVD
Manfred Brandt
(Sportkommissar)
Nelkenstraße 32
44289 Dortmund
Tel./Fax 0231-402120

8. Roller-Clubs

Auto Union Veteranen-Club e.V.
Friedrich Legahn-Straße 14
22587 Hamburg
(unter anderem DKW-Zweiräder)

Erster Hexagon Club
Deutschlands 1995 e.V.
Karl-Peter Normann
Burgweg 24
76694 Forst
Telefon 07251-14567
Fax 07251-82267

Heinkel-Club Deutschland e.V.
Klingenbergerstraße 90
74080 Heilbronn
Telefon 07131-32010
Fax 07131-33801

Heinkel Tourist Shop/
Internationale Heinkel Tourist-IG
Ludwig Kress
Mühlgasse 42
74930 Ittlingen bei Sinsheim
Telefon 07266-3615
Fax 3416

Honda Helix-Clubs sind
bisher ausschließlich regional
als Interessengemeinschaften
organisiert.
Einige von ihnen sind:

Helix-IG Bremen
Dieter Pietschmann
Donnerstedter Weg 35
38279 Bremen
Fax 0421-825 143

Helix-IG Peckeloh
(Bielefeld/Osnabrück)
Wolfgang Casper
Am Schulten Esch 1
33775 Versmold-Peckeloh
Tel./Fax 05423-8400

Helix-Freunde Saar
Kurt Robert
Sterresweg 6
66798 Wallerfangen
Tel. 06831-444337 (Büro)
Tel. 06837-1606 (privat)

Helix-IG Rhein - Mosel
c/o Hans Uwe Hauswald
Unterdorfstraße 14
56220 Kaltenengers
Telefon/Fax 02630-8103

Sofa-Club Baden
Guido Schuppisser
c/o Orcamedia AG
Täfernstraße 11b
CH-5405 Baden-Dättwil
Telefon 0041-56-470 0583

IG Bastert-Zweiradfreunde
Wolfgang Zimmermann
Turmstraße 19
B-4730 Raeren
Telefon 0032-87-852 812

IG Dürkopp Diana-Roller
F. Sommer und A. Lichtenfeld
Linner Waldweg 3
49143 Bissendorf

Lambretta Club Deutschland
Robert Back
Hauptstraße 34
57489 Drolshagen
Telefon/Fax 02763-7745

Lambretta Club Österreich
Alexander Frischauf
Gonetsrieth 1
A-4910 Ried
Telefon 0043-7752-89030

Lambretta Club Schweiz
Charles Diehl
Thiersteinerallee 73
CH-4053 Basel
Telefon 0041-61-331 2519

Maico-Freunde Deutschland
Volker Zogel
In der Rose 9
D-42579 Heiligenhaus

NSU Club Deutschland e.V.
Holtener Straße 72
46145 Oberhausen
Tel. 06441-63802

Rollerfreunde Bielefeld
A. Helfmann
Binnenkamp 15
D-33739 Bielefeld

Roller- & Kleinwagen-IG
Thomas Müller
Bredkamp 89
D-22589 Hamburg

Schwalbe-Clubs:
Infos bei Simson
oder über den Schwalbe-
Club Stadtlohn
c/o Klemens Holtwick
Hagenstraße 41
48703 Stadtlohn
Telefon 02563-5462

Veteranen-Fahrzeug-Verband (VFV)
Referat Motorräder
Karl Reese
Walter-Rathenau-Straße 105
D-64569 Riedstadt-Crumstadt

Vespa Club von Deutschland
Präsident Arthur Eichner
Alberichstraße 4
D-90461 Nürnberg
Tel. 0911-492594

Vespa Club Austria
Nußdorferstraße 34/5
A-1090 Wien
Tel. (0043)-0222-341213

Vespa-Clubs der Schweiz
Präsident Giogio di Vincenzo
Zinggenstrasse 15
CH-8953 Dietikon
Tel. (0041)-01-7414045

Vespa-Clubs international:
Féderation Internationale des
Vespa Clubs (FIV)
Präsidentin Christa Solbach
Lungotevore Flaminio, 80
I-00196 Roma
Tel. (0039)-06-8547732

Yamaha Majesty-Club Baden-Württemberg
Erwin Fill
Mittlere Holdergasse 3
71672 Marbach
Telefon 07144-15510

Zündapp Bella IG
Richard Jansen
Hügelstraße 170
60431 Frankfurt
Tel. 069-517 826
Fax 069-9529 7376

Zündapp Kleinvieh IG
Peter Weiser
Runzmattenweg 33
79110 Freiburg
Tel. 0761-892 336

Der ROLLER UND MOTORRAD-MAGAZIN MO ZUM NACHBESTELLEN

Der ROLLER sowie das monatlich erscheinende **Motorrad-Magazin MO** testen Motorroller. Die folgende Tabelle zeigt alle von uns getesteten Modelle. Falls Sie sich für einen oder mehrere Testberichte interessieren, nennen Sie uns den Rollertyp und die Bestellnummer. Der Roller kostet 4,50 Mark pro Ausgabe, Motorrad-Magazin MO sechs Mark. Hinzu kommen drei Mark Versandkosten pro Sendung. Sie können der Bestellung auch einen Scheck oder Briefmarken beilegen.

Wünschen Sie die Lieferung per Nachnahme, kommen fünf Mark Nachnahmegebühr hinzu. Bei Zahlung per Bankeinzug teilen Sie uns Ihr Geldinstitut, BLZ und Kontonummer mit. Sollte das bestellte Heft nicht mehr lieferbar sein (*), liefern wir den Artikel als Kopie gegen vier Mark inkl. Porto.

Bestelladresse:
MO-Verlag GmbH
Leser-Service
Straußstaffel 3
70184 Stuttgart
Telefax (0711) 168 50-64

Der ROLLER

APRILIA
Modell	Nr.
Aprilia Amico 50	9301 KT
Wartung Aprilia Amico 50	9402*
Aprilia Amico 50 Sport	9301 KT
Aprilia Gulliver Sport	9601 VT
Aprilia SR 50	9301 KT
Aprilia SR 50	9401 VT
Aprilia Scarabeo 50	9401
Aprilia Scarabeo 50	9501 VT

ATALA
Modell	Nr.
Atala Hacker Racing	9601 VT

BAJAJ
Modell	Nr.
Bajaj Sunny 50	9301 KT
Bajaj Chetak 150	9301 KT
Bajaj Chetak 150	9401 VT

BENELLI
Modell	Nr.
Benelli S 50	9301 KT
Benelli Scooty 25	9402 VT*

BETA
Modell	Nr.
Beta Tempo 50	9301 KT

CAGIVA
Modell	Nr.
Cagiva City 50	9301 KT
Cagiva City 50	9401 VT

DERBI
Modell	Nr.
Derbi Aventura 50	9601 VT
Derbi Vamos 50	9301 KT
Derbi Vamos 50	9401 VT
Derbi Vamos 25	9402 VT*

FANTIC
Modell	Nr.
Fantic Big Wheel 50	9501 VT
Fantic Pony SR 50	9301 KT

HERCULES
Modell	Nr.
Hercules Fox 50	9301 KT
Hercules Gipsy 50	9501 VT

HONDA
Modell	Nr.
Honda NH 50 Lead	9301 KT
Honda SA 50 Vision	9301 KT
Honda SA 50 Vision	9401 VT
Honda SA 50 Vision	9402 VT*
Honda SJ 50 Bali	9501 VT
Honda CN 250 Helix	9301 KT
Honda CN 250 Helix	9501 VT

HYUNDAI
Modell	Nr.
HMD Cab 50	9402*
HMD Cab 50	9501 VT

IMT
Modell	Nr.
IMT Axis 50	9301 KT
IMT Jog 50	9301 KT
IMT Axis 90	9301 KT

ITALJET
Modell	Nr.
Italjet Formula 50	9501 VT
Italjet Velocifero 50	9501 VT

KTM
Modell	Nr.
KTM Chrono 50	9501 VT

VT: Vergleichstest
DT: Dauertest
KT: Kurztest
* leider nur noch als Kopie lieferbare Testberichte

KREIDLER
Modell	Nr.
Kreidler Florett 50	9601 VT

KYMCO
Modell	Nr.
Kymco Fever ZX 50	9601 VT

LML
Modell	Nr.
LML NV 150	9301 KT
LML NV 150	9401 VT
LML T5/150	9301 KT

MALAGUTI
Modell	Nr.
Malaguti Centro	9402 VT*
Malaguti F-10 Jetline	9402 VT*
Malaguti F-12 Phantom LC	9601 VT

MBK
Modell	Nr.
MBK Booster 50	9301 KT
MBK Evolis 50	9301 KT
MBK Evolis 50	9401 VT

PEUGEOT
Modell	Nr.
Peugeot SV 50	9301 KT
Peugeot SV 50	9401 VT
Peugeot SV 80	9301 KT
Peugeot SV 125	9402 VT*
Peugeot SV 125	9601 DT
Peugeot Speedake 50	9501 VT
Peugeot Squab	9601 VT

PGO
Modell	Nr.
PGO Big Max 50	9501 VT
PGO Comet 50	9301 KT
PGO Galaxy 50	9301 KT
PGO Galaxy 50	9401 VT
PGO Star 50	9301 KT
PGO Star 80	9301 KT

SIMSON
Modell	Nr.
Simson SR 50/1C	9301 KT
Simson SR 50/1XC	9301 KT
Simson SR 50/1XCE	9401 VT
Simson SR 80/1XG	9301 KT
Simson SR 80/1C	9301 KT
Simson SR 80/1XCE	9301 KT
Simson SR gamma E	9501 VT

SUZUKI
Modell	Nr.
Suzuki AH 50 Address	9301 KT
Suzuki AH 50 Address	9401 VT
Suzuki CP 50	9301 KT

VESPA/PIAGGIO
Modell	Nr.
Vespa PK 50 XL2	9301 KT
Vespa Cosa FL 125/200	9402 VT*
Vespa Cosa 200	9401 DT
Vespa PX 125/200	9301 KT
Vespa PX 200 E	9401 VT
Piaggio Free 50	9301 KT
Piaggio Free 50	9401 VT
Piaggio Sfera 50	9301 KT
Piaggio Sfera 50	9402 VT*
Piaggio Storm 50	9501 VT
Piaggio Quartz 50	9301 KT
Piaggio TPH 50	9301 KT
Piaggio TPH 50	9401 VT
Piaggio TPH 50	9501 VT
Piaggio Zip 50	9301 KT
Piaggio Zip & Zip	9501 VT
Piaggio Sfera 80	9301 KT
Piaggio Sfera 125	9601 VT
Piaggio SKR 125	9301 KT
Piaggio SKR 125	9401 VT
Piaggio SKR 125	9402 VT*
Piaggio SKR 125	9501 DT
Piaggio Hexagon 150	9501 VT

WINKING
Modell	Nr.
Winking AT 50 Bunny	9301 KT
Winking AS 50 Bunny	9301 KT
Winking AS 50 X	9402 VT*
Winking Bunny E-Go	9402*

YAMAHA
Modell	Nr.
Yamaha Breeze 50	9501 VT
Yamaha BW 50	9301 KT
Yamaha BW 50 Spy	9601 VT
Yamaha YE 50 Zest	9301 KT
Yamaha YE 80 Zest	9402*
Yamaha Cygnus 125 R	9601 VT
Yamaha XC 125 Beluga	9301 KT
Yamaha XC 125 Beluga	9401 VT
Yamaha XC 125 Beluga	9402 DT*
Yamaha YP 250 Majesty	9601 KT

Motorrad-Magazin MO

APRILIA
Modell	Nr.
Aprilia Amico 50	M9206D VT
Aprilia Amico 50	M9211C VT

HERCULES
Modell	Nr.
Hercules Fox 50	M9211C VT

HONDA
Modell	Nr.
Honda CH 150	M9112C*
Honda CN 250 Helix	M9011C
Honda CN 250 Helix	M9302F*
Honda CN 250 Helix	M9502H VT
Honda CN 250 Helix	M9608 VT

LAMBRETTA
Modell	Nr.
Lambretta XS 200	M8407D*
Lambretta SX 200	M8812D VT*

MBK
Modell	Nr.
MBK Evolis 50	M9308E*

PGO
Modell	Nr.
PGO Star 50	M9206D VT

SUZUKI
Modell	Nr.
Suzuki AH 50 Address	M9211C VT
Suzuki AH 100 Address	M9501C

VESPA/PIAGGIO
Modell	Nr.
Vespa PK 50 XL	M8704C VT*
Vespa Sfera Bimodale	M9206F
Vespa Cosa 200	M8812D VT
Vespa Cosa 200	M9207 F
Vespa PX 200 E Lusso	M9212E VT*
Piaggio Sfera 50	M9206D VT
Piaggio SKR 125	M9309F
Piaggio SKR 125	M9406H VT
Piaggio Hexagon 150	M9407L
Piaggio Hexagon 150	M9502H VT

WINKING
Modell	Nr.
Winking Bunny AT 50	M9304F

YAMAHA
Modell	Nr.
Yamaha Axis 50	M9502
Yamaha BW 50	M9206D VT
Yamaha BW 50	M9203F
Yamaha BL 125 Beluga	M8812D VT*
Yamaha XC 125 Beluga	M9006E
Yamaha XC 125 Beluga	M9212E VT

210

9. Roller-Reisen

ACTION TEAM
70162 Stuttgart
Telefon 0711-1821 977, Fax 0711-1822 017
Jedes Jahr werden mehrere unterschiedliche Roller-Touren (1996: Alpen-Tour, Harzer Hexen-Tour, Schwäbische Jugendherbergs-Tour) angeboten. Gefahren wird auf sorgfältig ausgewählten Strecken mit eigenen Fahrzeugen in mehreren, auf das Leistungsvermögen der Roller abgestimmten Gruppen mit je einem qualifizierten Tourguide. Übernachtung und Halbpension, Eintrittsgelder, Mautgebühren etc. sind im Preis enthalten, ein Transporter zum Abholen eventuell liegengebliebener Fahrzeuge steht ebenfalls zur Verfügung.

10. Roller-Treffs

(Stand: Juli 1996)

10435 Berlin. Die Simsonfreunde Osten treffen sich jeden 1. Montag im Monat in Berlin Prenzlauer Berg, Oderberger Str. 56, Garagenhof.
Info: 033055/73070
13347 Berlin. Die 1. Schwalben-Interessengemeinschaft Berlin trifft sich jeden dritten Freitag in der Pizzeria Romantica, Utrechter Str. 29.
Infos bei Ingo: 030/4921790

14053 Berlin-Charlottenburg. Die Berliner Heinkelfreunde treffen sich jeden ersten Freitag um 20 Uhr in den Stadion-Terrassen (Olympia-Stadion), Jesse Owens-Allee 1

20097 Hamburg. Der Motorrollerclub Rollin' Fifties (50 cmü-Roller aller Marken) trifft sich jeden ersten Donnerstag im Monat in der »Münze«, 20097 Hamburg.
Infos: 04193/79749

21614 Buxtehude. Jeden 2. Montag trifft sich ab 19 Uhr der Lotterbuben Rollerklub (Blechvespen und Lambretta) zum Stammtisch im »Fofftein« in Apsen,
Infos bei Stephan: 04161/2273

22527 Hamburg. Heinkelfreunde Hamburg und Umgebung: Treff jeden zweiten Freitag im Monat ab 19 Uhr in der Gaststätte Am Sportplatzring, Sportplatzring 47, Tel. 040/5407503

22765 Hamburg. Simson-Schwalbe-Freunde Hamburg: jeden letzten Freitag im Monat ab 20 Uhr Treff in der Gaststätte »Buchholz«, Rothestr. 34,
Infos unter 040/4209715

24963 Tarp. Jeden zweiten Montag im Monat um 20 Uhr Treff der Heinkel-Freunde Nord in der Pizzeria Ristorante Italia, Dorfstraße 3. Tel. 0461/8462

28207 Bremen. Der Simson Schwalbe-Club Bremen trifft sich jeden ersten Donnerstag im Monat um 19 Uhr im Stresemann's, Stresemannstr. 13.
Infos: 0421/441802

30880 Laatzen. Jeden letzten Mittwoch um 20 Uhr treffen sich die Heinkelfreund Hannover im Klub-Restaurant in der Gutenbergstraße 21.
Info: 0511/5163900
32791 Lage (Lippe). Die Heinkel-Freunde Ostwestfalen/Lippe treffen sich jeden letzten Donnerstag im Monat um 20 Uhr in der Gaststätte Junghärtchen.
Infos unter 05232/88794

34260 Niederkaufungen. Clubabend der Heinkel-Freunde Kassel immer am ersten Donnerstag im Monat in der Hessenperle, Leipziger Str. 273, ab 20 Uhr.
Tel. 0561/53197

35394 Gießen. Der Vespa-Club Gießen t rifft sich jeden Mittwoch ab 20 Uhr in »Pits's Pinte« in der Grünberger Str. 31

40231 Düsseldorf. Der Vespa-Club Düsseldorf trifft sich jeden Mittwoch um 20 Uhr in der Gaststätte »Rondell«, Am Turnisch 3.
Infos unter 0211/212473

ÜBER DIE KUNST,
DIE RICHTIGE FRAU ZU FINDEN

[Oder: Verstand ist durch nichts zu ersetzen]

RTS RIEGERTEAM

GETRIEBE: VARIOMATIK, STUFENLOS · FEDERUNG: UPSIDE-DOWN-TELESKOPGABEL VORNE,

FARBEN: GELB, WEISS-ROT · AUSSTATTUNG: STAURAUM FÜR JETHELM · TANKVOLUMEN: 5,4 LITER BENZIN BLEIFREI MIT SEPARATEM ÖLTANK ·

Mit Schweiß

Eine starke Strategie. Kritisch wird es nur, wenn Ihre Auserwählte merkt, daß Sie beim Training eine kleine, wichtige Stelle übersehen haben.

Mit Bleifuß

Hier stellt sich die Frage, ob Ihre Braut nicht rasend wird, wenn Sie Ihr Geld viel lieber vertanken, anstatt sie mal zum Essen einzuladen.

Mit Speedake

Mit Abstand die beste Strategie. Und falls es mit den Frauen doch nicht so klappt, hilft Ihnen dieser treue Freund über alles hinweg.

DEN RICHTIGEN PEUGEOT-VERTRAGSHÄNDLER ZU FINDEN, IST KEINE KUNST

Schreiben Sie uns, und wir sagen Ihnen, wo Speeedake auf Sie wartet:

* * *

Name

Adresse

PLZ, Ort

Sachs Fahrzeug- und Motorentechnik GmbH, Nopitschstr. 70, 90441 Nürnber

HYDRAU-

![PEUGEOT] **PEUGEOT**

41334 Nettetal. Jeden ersten Samstag im Monat ab 20 Uhr Rollertreffen im Bahnhofs-Café in Nettetal-Kaldenkirchen. Tel. 02157/1693

42115 Wuppertal. Jeden zweiten und vierten Freitag im Monat ab 20 Uhr Treffen der Wuppervespen im Ottenbrucher Bahnhof, Funckstr. 94, Infos gibt Karl-Heinz: 0202/452874

44309 Dortmund-Brackel. Heinkel-Treffen jeden dritten Freitag im Monat ab 19 Uhr in der Gaststätte Am Funkturm, Holzwickeder Str., Infos 0231/258989

44797 Bochum-Stiepel. Der Roller-Club Ruhr trifft sich jeden Freitag ab 19.30 Uhr in der Gaststätte Surken, Surkenstraße 85

48163 Münster. Roller-Freunde VC-Münster: Clubabend jeden zweiten und vierten Samstag im Monat um 17.30 Uhr im Clublokal Zum Ausspann, Mü.-Albachten. Infos: 02536/8196

48432 Hauenhorst. Der Heinkel-Club Rheine trifft sich jeden dritten Dienstag im Monat in der Gaststätte Zur kühlen Quelle in der Mesumer Straße, ab 19 Uhr. Tel. 05976/7934

48527 Nordhorn. Der Rollerclub Nordhorn-Lingen trifft sich jeden dritten Donnerstag im Monat in der Gaststätte Lüken in Lohne. Infos Tel. 05921/5961

48703 Stadtlohn. Der Schwalben-Club Stadtlohn trifft sich jeden ersten Sonntag im Monat ab 11 Uhr im Vereinslokal Haus Goßling. Infos: 02563/5462

49076 Osnabrück. Jeden Donnerstag treffen sich ab 20.30 Uhr die Handsome Devils und andere Scooteristen in der Kneipe Merlin, Blumenthalstraße 1

49086 Osnabrück. Jeden zweiten Donnerstag im Monat treffen sich um 20 Uhr die Heinkelfreunde Osnabrück im Alten Gasthaus Uhlemann, Bremer Str. 353, Tel. 0541/72849

49638 Nortrup. Jeden ersten Freitag im Monat ab 19.30 Uhr Treff der Heinkel-Freunde Artland im Alten Jagdhaus Spark, Infos 05436/707

50321 Brühl. Der Heinkel-Stammtisch Köln-Bonn hockt jeden ersten Dienstag im Monat um 20 Uhr in der Gaststätte »Kreisch«, Rodderweg 38, zusammen. Tel. 02232/29876

51371 Leverkusen. Jeden letzten Mittwoch treffen sich die Heinkel-Freunde Leverkusen im Bergischen Hof, Rheinstr. 50, Leverkusen-Hitdorf, Infos gibt Wilfried: 0214/42592

57562 Herdorf. Der Vespa Club Hellertal trifft sich jeden ersten Dienstag im Monat in Wissen im Hollywood Inn und jeden dritten Dienstag in Herdorf im Gasthof Weschenbach. Infos: Tel. 02744/5879

58452 Witten. Jeden Mittwoch ab 19 Uhr tagt der Rollerstammtisch des Roller-Club Witten e.V. Alle Rollerfans sind willkommen. Infos bei Burkhard Bieler, Tel. 02302/3847

60594 Frankfurt. Der Vespa-Club Scooterlads trifft sich immer mittwochs gegen 20.30 Uhr in der »Wallnuß«, Wallstr. 6, F-Sachsenhausen.

61169 Friedberg. Jeden ersten Sonntag im Monat trifft sich um 17 Uhr der Rollerlümmel SC Bad Nauheim in der Gaststätte Brauhaus, Kaiserstraße in Friedberg.

63075 Offenbach-Bürgel. Jeden Mittwoch ab 20.30 Uhr Club-Abend des Vespa-Club Bürgel 1960 e.V. in Bürgel, Kurfürsten/Ecke Langstraße, Tel. 069/862606

66111 Saarbrücken. Jeden zweiten und vierten Dienstag Vespa-Stammtisch im Hotel Schloßkrug, Schmollerstr. 14. Infos über 0681/814633

67454 Haßloch. Die Heinkel-Freunde Pfalz treffen sich jeden zweiten Dienstag im Monat um 20 Uhr in der Gaststätte Zur Rennbahn, Rennbahnstraße. Tel. 06324/2788

68199 Mannheim-Neckarau. Hexagon-Treff jeden Freitag um 19 Uhr im Bistro Route 66, Casterfeldstraße 89-91a an der B 36. Infos: Tel. 0621/801173

68259 Mannheim. Roller-Szene Rhein-Neckar: Stammtisch jeden Dienstag um 19 Uhr im Caf, Petit Melange, MA-Feudenheim, Hauptstraße 55, Tel. 0621/801173

68309 Mannheim. Der Vespa-Club Mannheim trifft sich jeden Mittwoch um 20 Uhr in der Gaststätte Goldener Kegel, Koblenzerstr. 17, MA-Vogelstang, Infos bei Christian, Tel. 0621/788597

71229 Leonberg. Rollerfans aller Typen sind zum Leonberger Roller-Treff geladen. Jeden Sonntag ab 10 Uhr auf dem Leonberger Marktplatz

71634 Ludwigsburg. Jeden zweiten Freitag im Monat gibt es ab 20 Uhr den Heinkel-Stammtisch in der Krone in Eglosheim. Infos: 07042/7615

72649 Wolfschlugen. Der Heinkel-Stammtisch Bempflingen trifft sich jeden dritten Freitag im Monat ab 19.30 Uhr in den Hexenbanner-Stuben, Nürtinger Str. 77. Infos: 07123/34566

76694 Forst. Der 1. Hexagon-Club Deutschlands 1995 trifft sich jeden zweiten Donnerstag im Monat ab 20 Uhr im Athletenheim in Forst bei Bruchsal, Tel. 07251/14567

77756 Hausach. Jeden ersten Dienstag im Monat um 20 Uhr Treff der Heinkel-Freunde Kinzigtal im Gasthaus Schwarzwälder Hof, Info 07833/1041

79232 March-Holzhausen. Die Heinkel-Freunde Südbaden treffen sich jeden letzten Freitag im Monat um 20 Uhr im Gasthaus Zum Löwen. Infos bei Roland Birkenmeier, Tel. 07665/3060

81539 München. Jeden zweiten Freitag im Monat ab 20 Uhr Treffen des Vespa-Clubs München im Agfa-Sportheim am Ende der Firstalmstraße

81679 München. Die Freunde alter Motorroller München treffen sich jeden zweiten und letzten Mittwoch im Monat ab 20 Uhr im Oberföhringer Bürgerpark, München. Infos unter: 089/764081

86381 Krumbach. Jeden ersten Sonntag im Monat trifft sich ab 19.30 Uhr der Vespa-Club Krumbach zum Stammtisch im Gasthof Diem, Tel. 08282/4789

93413 Cham. Die Heinkel-Freunde treffen sich jeden letzten Donnerstag im Monat im Club-Lokal Luitpoldhöhe, Cham-Kalzberg. Infos: 09971/6611

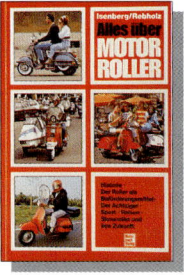